他影响了中国

陈云

叶永烈 | 著

天地出版社 | TIANDI PRESS

图书在版编目（CIP）数据

他影响了中国：陈云 / 叶永烈著．—成都：天地出版社，2019.1（2025年9月重印）

ISBN 978-7-5455-4163-2

Ⅰ．①他… Ⅱ．①叶… Ⅲ．①陈云（1905—1995）—传记 Ⅳ．①K827=7

中国版本图书馆CIP数据核字（2018）第223644号

他影响了中国：陈云

TA YINGXIANG LE ZHONGGUO: CHEN YUN

出品人　杨　政
著　者　叶永烈
责任编辑　杨永龙　李建波
封面设计　思想工社
内文排版　九章文化
责任印制　王学锋

出版发行　天地出版社
（成都市锦江区三色路238号　邮政编码：610023）
（北京市方庄芳群园3区3号　邮政编码：100078）
网　址　http://www.tiandiph.com
电子邮箱　tianditg@163.com
经　销　新华文轩出版传媒股份有限公司

印　刷　北京文昌阁彩色印刷有限责任公司
版　次　2019年1月第1版
印　次　2025年9月第15次印刷
成品尺寸　170mm×240mm　1/16
印　张　24.25
字　数　396千
定　价　48.00元
书　号　ISBN 978-7-5455-4163-2

咨询电话：（028）86361282（总编室）
购书热线：（010）67693207（市场部）

序

1995年4月10日，陈云病逝于北京。

诚如中共中央、全国人大常委会、国务院、全国政协、中央军委的讣告所指出：

> 陈云同志是伟大的无产阶级革命家、政治家，杰出的马克思主义者，中国社会主义经济建设的开创者和奠基人之一，党和国家久经考验的卓越领导人。
>
> 他的一生，是为中国各族人民彻底解放、为在中国建设社会主义社会而顽强奋斗的光辉的一生。

对于陈云，我很早就注意他。因为他是上海人，作为上海作家协会的专业作家，我理所当然应该把他的人生道路写成书，告诉广大读者。

我注意到，在党的第二代中央领导集体之中，陈云的地位和影响力，仅次于邓小平。如果说邓小平决策的改革开放彻底地改变了中国命运的话，那么，陈云几十年来非凡的贡献便极大地影响了中国历史的进程。但是关于陈云生平的书，却少之又少，就连关于陈云的报道，也鲜见于报刊。

他的身世，当时除了《简明大不列颠百科全书》中文版上登载着中共中央文献研究室为之撰写的一千多字的小传外，鲜为人知。

起初，我不明白其中的原因，在采访了陈云的老秘书之后，方知其中原委。

他们告诉我两件事：

一是在大型摄影画册《邓小平》出版之后，有关部门编了一本摄影画册《陈云》。理所当然，这样的书，在出版之前，应该送陈云过目。陈云收到书稿之后，不置可否，压在那里，既不点头，也不退还书稿。这样，这本《陈云》摄影画册就在陈云那里压了多年。

二是一家电视台拍了一部电视连续剧《陈云出川》，写的是陈云在长征途中，奉中共中央之命，从四川前往上海，然后从上海前往莫斯科向共产国际汇报遵义会议情况……电视台知道陈云的“脾气”，拍好后不送陈云过目。这部电视剧播出了几集之后，被陈云知道了。陈云马上要求电视台“停播！”这样，那部电视剧也就没有播下去。

陈云的老秘书告诉我：“首长很注意报纸、电视、出版物，不愿意宣传他个人。所以，谁要是写了关于他的书，写好了，必定要送他过目，而他一定会压在那里……”

秘书所说的“首长”，便是指陈云。他们习惯于这样称呼陈云。

后来，笔者在 1995 年 6 月 27 日来到中南海采访陈云夫人于若木，她证实了陈云老秘书所说的事完全属实。

于若木说，陈云确实是这样的脾气。

她也举电视连续剧《陈云出川》为例。那是中共四川省委组织部一名干部写的剧本，由四川峨眉电影制片厂拍摄的。这位干部在工作中了解到，陈云在红军长征途中，奉中共中央之命，从四川秘密前往上海，然后前往苏联。陈云出川的过程，富有戏剧性。有一位曾经担任四川雅安小学校长的席懋昭，在当时受组织之托，护送陈云出川。于是，那位干部根据这段历史，写成电视剧本《陈云出川》。

《陈云出川》拍好后，经有关部门审查通过，由中央电视台播出。

陈云晚年由于患白内障及青光眼，视力很差，不看电视，只听新闻广播——他每天一早一晚准时收听中央人民广播电台半小时的“新闻联播”节目。如果有事，总叫人把广播录下来，有空时补听。陈云不看电视，本来不会知道《陈云出川》的播出。陈云身边的工作人员都没有向陈云透露。不料，一位新来的护士却不知道要对陈云“保密”。她跟陈云说起，昨日在电视里看到《陈云出川》，很精彩！

陈云一听，连忙问:“什么《陈云出川》？”

当他知道拍了这么一部电视连续剧之后，当即叫秘书来，了解情况。他要秘书把剧本拿来给他看。看罢，他认为不能放这样一部片子，就写信给江泽民总书记，要求停播这部电视剧……

陈云不愿意宣传自己，他很谦逊，早在1945年5月，陈云便在中共七大上这么说:

> 假设你在党的领导下做一点工作，做得还不错，对这个功劳怎样看法？我说这里有三个因素：头一个是人民的力量，第二是党的领导，第三才轮到个人。[1]

陈云还写过这样的条幅:

> 个人名利淡如水，党的事业重如山。[2]

1982年，在出版《陈云文稿选编（1949—1956年）》时，陈云特别嘱咐编者，在后记中要加上这么一段话:

> 他在财政经济委员会主持工作期间，几乎所有的决策，特别是重大决策，除了他作了必要的调查研究以外，都是经过集体讨论作出的。在具体工作中，薄一波同志起了重要的作用。当然，许多重大决策都是根据以毛泽东同志为首的党中央确定的路线、方针、政策作出的，或者是经过党中央批准的。他强调指出，同志们在阅读这卷文稿的时候，如果觉得那一段工作还有成功之处，决不要把功劳记在他一个人的账上。[3]

正因为陈云非常谦逊，所以关于陈云的报道、回忆文章，在他生前就极

---

[1]《要讲真理，不要讲面子》,《陈云文选》第一卷，人民出版社1995年版，第293页。

[2] 牟信之等:《陈云同志最后的三百二十一天》,《人民日报》1995年5月29日。

[3]《陈云文稿选编（1949—1956年）》，人民出版社1982年版，第328页。

少见诸报刊。

于若木说，一位老同志写了关于东北解放战争的一篇回忆文章，送到陈云那里审看。陈云看后，虽然同意发表这篇文章，却把文章中关于他的内容全部删去了。

于若木又谈起，一家出版社的总编辑，对陈云的书法作品很有兴趣，收集了陈云每年写的条幅，想出版“陈云墨迹选”。可是，未得陈云同意，一直不敢贸然出版。

关于《陈云画册》，于若木告诉我，被陈云压了七八年，直至去年（1994年）陈云病重，中共中央文献研究室负责同志再三劝陈云“点头”，以便在陈云诞辰九十周年时出版。毛泽东、刘少奇、周恩来、朱德、邓小平、彭真的画册都已经出版了，陈云还是一个劲儿地“拖”。后来，他勉强“点头”，可是，等画册出版时，他已经离世了。

于若木还说及，陈云是上海青浦练塘人。练塘镇政府要修葺他的旧居，他不同意。后来，当地政府在他的旧居旁修建了青浦县革命历史纪念馆，要收集他用过的物品作为展品，他很坚决地说：“不能给！”

我深知，陈云健在的话，是无法出版关于他生平的书的。我的写作任务又很多。正因为这样，我只是作了写作准备，做了诸多相关的采访，没有动笔写书。

在陈云去世后，我这才着手他的传记的写作，经过较长时间的努力，几经增订，才终于写成这本《他影响了中国：陈云》。

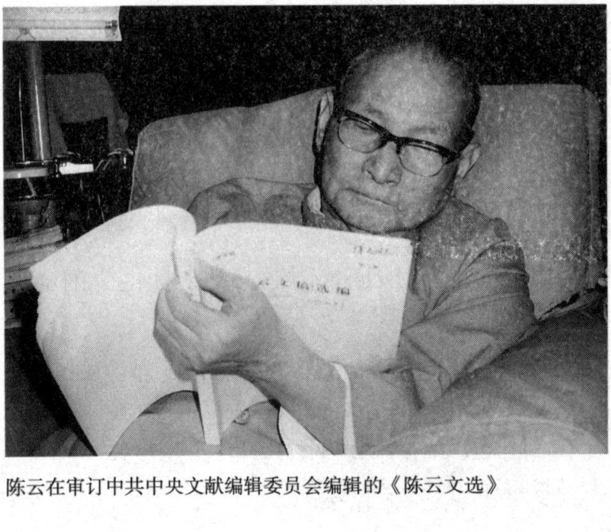

陈云在审订中共中央文献编辑委员会编辑的《陈云文选》

在全书之前，为了使读者诸君对于本书的传主——陈云——在中共历史中的地位有一概括性的了解，我认为，引用邓小平的一段话，最为清楚、准确。

1989 年 6 月 16 日，

邓小平对几位中共中央领导人所作的题为“第三代领导集体的当务之急”谈话中，说了这么一段话：

> 我们中国共产党现在要建立起第三代的领导集体。在历史上，遵义会议以前，我们的党没有形成过一个成熟的党中央。从陈独秀、瞿秋白、向忠发、李立三到王明，都没有形成过有能力的中央。我们党的领导集体，是从遵义会议开始逐步形成的，也就是毛刘周朱和任弼时同志，弼时同志去世后，又加了陈云同志。到了党的八大，成立了由毛刘周朱陈邓六个人组成的常委会，后来又加了一个林彪。这个领导集体一直到“文化大革命”。[1]

这就是说，陈云是属于以毛泽东为核心的中共第一代中央领导集体中的一个重要成员。

邓小平接着又说：

> 党的十一届三中全会建立了一个新的领导集体，这就是第二代的领导集体。在这个集体中，实际上可以说我处在一个关键地位。

邓小平所说的“关键地位”，其实也就是他所说的，“第二代实际上我是核心”。

在党的第二代中央领导集体中，陈云是仅次于邓小平的老一辈革命家。

在 1930 年的中共六届三中全会上，二十五岁的陈云，当选为中共中央候补委员。

此后，在 1931 年的中共六届四中全会上，陈云当选为中共中央委员。

在 1934 年的中共六届五中全会上，陈云成为中共中央政治局委员、常委。这时，陈云不过二十九岁。

从 1930 年到 1934 年，不过四年时间，陈云从中共上海法南区委书记，擢升至中共中央政治局常委，奠定了他在中共党内的领导地位。

---

[1]《邓小平文选》第三卷，人民出版社 1993 年版，第 309 页。

此后，陈云的党内最高职务是在 1956 年中共八届一中全会上，当选为中共中央副主席。1978 年，在中共十一届三中全会上，陈云再度当选为中共中央副主席。

陈云的革命人生，是在上海商务印书馆领导工人运动开始的；

随即在他的家乡上海青浦领导农民运动；

接着他领导中共中央特科，从事反奸工作；

到了延安后则从事组织工作；

此后，他转为经济领导工作，以至被人称为“中共经济专家”。

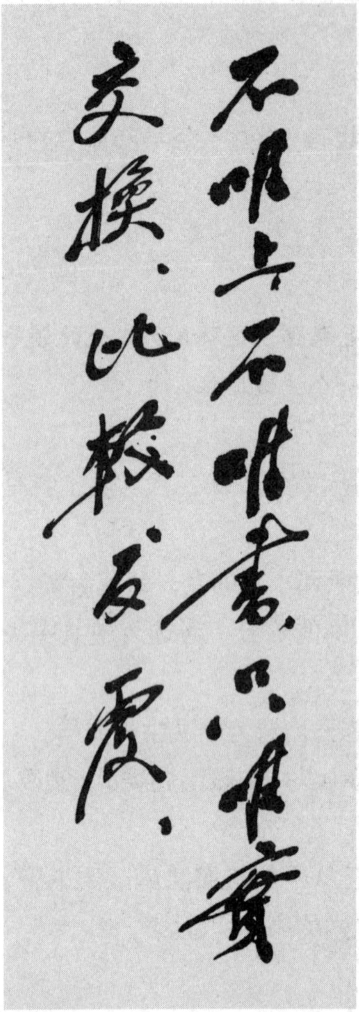

陈云题词

另外，陈云还负责过中共的白区工作，做过军队工作和工会工作。

陈云一生，虽然也有起落，但还是比较平稳，其中的原因大概是得益于他出身于印刷工人。所以，在共产国际强调要在中共领导层中加强工人成分时，他得以迅速提升；也正因为他出身工人，即便在“文革”岁月，虽不得不“靠边”，但还一直是中共中央委员。

陈云办事向来稳健。

陈云的座右铭是：

不唯上、不唯书、只唯实，

交换、比较、反复。

这十五个字，是陈云一生经验的高度概括。

笔者第一次接触陈云，是在 1978 年。当时，笔者在采写二十万字的《高士其传》。高士其是著名科学家、科普作家。笔者听高士其说，陈云在延安时曾称他为“红色科学家”。为了慎重起见，笔者希望能够得到陈云的证实。于是，笔者前往北京三里河中国科学院，拜访陈云夫人于若木。她在办公室里很热情地接待笔者。她谈了自己对高士其的印象之后，对于“红色科学家”之称表示无法肯定，要回家问一下陈云……

两天后，笔者给于若木打电话。她在电话中说，已经问过陈云，他记不清楚是不是说过那样的话……

这是陈云给笔者的最初印象。

1995 年我在中南海陈云家中再访于若木时，她又提起高士其。她说，陈云其实是很关心高士其的。在延安时，陈云去看望过病中的高士其，而且想方设法通过各种途径到国民党统治区重庆为高士其买药。那时，陈云担任中共中央组织部部长，很关心从全国各地奔赴延安的知识分子……

这本关于陈云的书很粗浅，期待着广大读者和中共党史专家们的指正。我将继续进行采访，加以补充，以求以后能够写出更为充实的陈云。

叶永烈

2018 年 10 月于上海“沉思斋”

目录

第十章　遭到冷遇

第十一章　“文革”蒙尘

第十二章　走出沉默

第十三章　德高望重

第一章
陈云之初

◎ 在人生的转折关头，机遇对于每一个人来说，都是至为重要的。就在这时，一个偶然的机遇，决定了陈云的一生。

◎ 穿着长衫的陈云，跨进位于上海河南中路的商务印书馆的大门，这是他一生极为重要的一步。

故乡一派江南水乡风光

陈云是上海市郊青浦区练塘镇人。笔者从上海出发，走访了他的故乡、旧居……

上海这地方，江南水乡风光，河流交错，湖泊却不多见。唯一的大湖，名叫淀山湖，像一面硕大的明镜，静静地镶嵌在上海城西南郊。用淀山湖水酿制的淀山湖酒，是上海的名产之一。夏日，那儿是游泳的好去处。

淀山湖属上海青浦区。浦，也就是河、江，上海的黄浦江具有很高的知名度。站在上海外滩，见到的黄浦江水一片黄浊，确实是"黄"浦。青浦的河水则一片"青"波。

青浦区有三个大镇，即青浦镇（区政府所在地）、朱家角镇和练塘镇。

练塘镇便是陈云的故乡。那儿地处上海市最西南隅，距市区约六十公里，距青浦区政府所在地十八公里。

"练塘"这名字，据说是这么来的：唐朝天祐年间，高州刺史章仔钧娶妻杨氏，曾住这里。杨氏世居练溪，人称"练夫人"。于是，便以"章练"命名此间一塘，曰"章练塘"，后来又称"练塘"。[1]

练塘一带，属长江三角洲冲积而成的湖沼平原。据《练塘镇志》记载，练塘一带大约成陆于七千多年前。

练塘在春秋时属吴国，秦朝时属会稽郡，明朝时属苏州府。清朝宣统二年，

[1] 青浦区练塘镇志编纂组：《练塘镇志》油印本，1987年版。

即公历 1910 年，划归当时的青浦县。

一条名叫市河（当地人称“市河港”）的小河，流经那里。小河两岸建起一幢幢房子，沿河便形成了长带形的练塘镇，河上架起八座桥梁。这座有着上千年历史的水乡古镇，米行、酱店、南北货店、竹木行、烟纸糖果铺，簇拥在市河两岸。淡水鱼、茭白、席草是练塘的三大出产。

清末光绪三十一年（乙巳年）五月十一日，即公历 1905 年 6 月 13 日，陈云出生在这座江南古镇。那时，这座小镇大约六千来人，尚叫“章练塘镇”。

章练塘镇有两条街，一条叫上塘街，一条叫下塘街。在下塘街潭业里闵宅旁边，有一座低矮的小屋，陈云在那儿出生。陈徐祠堂东面一座平房，那是陈云父亲早年居住的地方。陈姓是章练塘的“大姓”，沈、张、陈、王四姓在小镇上最多，陈徐祠堂，是陈、徐两姓宗祠。

陈云的故乡——上海市青浦区练塘镇

这是目前所能找到的陈云最早的留影，拍摄于1925年9月，此时陈云20岁

陈云出生后不久，1907年，父亲陈梅堂积劳成疾病逝。陈云父亲没有留下任何照片，所以陈云从不知道他的父亲是什么模样的。

陈云的母亲廖顺妹艰难地带着两个孩子——陈云和他的姐姐——过日子。

陈云的姐姐叫陈星。

疾病和贫穷紧相随。陈云尚不足四岁，母亲又被病魔夺去！

从此，陈云和姐姐陈星成了孤儿，只得靠外祖母抚养。

不久，就连外祖母也离开人世。这样，舅父母收养了他……

在贫困中艰难成长

离开上海市区，我沿着318国道驱车向南，迎面就可以看见巨大的广告牌："练塘，您理想的合作伙伴！"不言而喻，如今陈云的家乡，也敞开了对外合作的大门。十多米宽的市河上，小木船不时轻轻漂过。建于明代的朝真古石桥两侧，长满绿色的苔藓，又给我以古色古香的感觉。

我来这里之前，给中共练塘镇党委的老书记张宝华先生打了电话，他很热情，说是一定陪我进行采访。果真，有了他的陪同，我在陈云故乡的采访，非常顺利。[1]

张宝华是这里的"老土地"，在街上每遇上一个人，他都要点一下头，镇上老老少少都认识他。之后不久，满头飞霜的他退居二线，不再担任镇党委书记，而是成为《练塘镇志》编纂领导小组组长。

在老张陪同下，我走过石桥，步行在下塘街。

老张领着我来到河边一座白墙青瓦的房子前，说那是陈云舅父母家，是陈

[1] 笔者于1992年2月13日专程前往青浦练塘采访。

陈云故居

云度过童年、少年时代的地方。

这座房子一开间，前面临街临河为平屋，后进有小楼。

前屋临街，原本开店。窗子上有“窗踏板”，即窗的上方有一木板，白天可以用木棍撑开，晚间则收起棍子，放下木板，把窗遮起来，以求安全。

后楼为一楼一底，陈云小时候住楼下，舅父母和表弟住楼上。

据云，这座砖木结构、顶上覆瓦的老屋建于清朝，后来年久失修。陈云向来反对把他的旧居列为纪念馆，要求分配给居民居住，所以这座房子在解放后一直做办公室用。一位姓沈的干部说，她在这座旧房子里工作了好多年头。在“文革”中，由于旧居已成了危房，改为水泥结构。如今在原址上复建，焕然一新，难以给人“旧居”之感。所幸老张存有20世纪50年代这座陈云旧居的照片，使我得以见到老屋原貌。

此屋原为下塘街18号，现改为19号。

老张领我去看望当年陈云的邻居沈福宝。据告，陈云的舅父叫廖文光，乡亲们平日喊他“龙公子”。在练塘，廖姓极少。廖文光有一子，叫廖霓云（亦即陈云的表弟）。廖霓云自幼患风湿症，腿脚不便。舅父母收养了陈云，改姓廖，因此陈云小时候叫“廖陈云”，有时也写作“廖程云”。

老张出示廖文光和他妻子的照片，我即用照相机翻拍下来。这两张照片，

陈云的舅父廖文光，实际是陈云的养父。因此，陈云小时候叫廖陈云

陈云的舅母（她抚养陈云成人）

青浦区练塘镇颜安小学（现为青浦区练塘镇中心小学）

据告从未公开发表过。

陈云舅父以裁缝为业，家境也不宽裕。于是，舅母设法相助，在临街的小平屋里放了张四方桌、几条板凳，砌了个灶头，开起一爿小酒店。

不过，舅母亦患风湿症，手臂力弱，难以干重活。陈云稍长，便成了舅母的小帮手。

小店里劈柴、洗菜之类杂务，由陈云承担，还照看体质孱弱的表弟。

七岁时，陈云进入本镇贻善小学读书。贫困的舅父母无力支持他上学，不久他便陷入失学的痛苦之中。

所幸天无绝人之路。在舅母小店的顾客之中，有一位叫杜衡伯的，乃是小镇上颜安国民小学校长。杜衡伯常来喝酒，见陈云聪明伶俐，手脚又勤快，觉得失学太可惜，答应让他免费入学。这样，陈云有了求学的机会。陈云一直记得颜安小学给予他的帮助。1986 年 9 月，当颜安小学希望陈云题写校名时，陈云欣然命笔。

离陈云家咫尺之遥，有一“混堂浜”。那里在清朝末年，开设了练塘镇上第一家书场，名叫“畅园”。镇上的居民喜欢听评弹，“畅园”生意兴隆。于是，另一家名叫“长春园”的书场也在混堂浜冒出，跟“畅园”唱起“对台戏”来。

做完功课，忙完小酒店里的杂务，陈云的最大乐趣就是听评弹。好在小孩子家不收费，陈云成了“评弹迷”。不过，他只能站在书场外面听，这在当地叫听“壁书”。

从评弹中，他听到了许多历史故事，也增加了他的文学修养。后来，他一直是评弹的热心听众，人称“老听友”。陈云后来跟评弹界有着许多交往，这最初的渊源便始于“混堂浜”。

评弹引发他对音乐的兴趣，他学会了吹箫、吹笛，也会拉一手二胡……

我在陈云旧居附近，见到一幢气派不凡的大宅。入内，见花瓷砖铺地，颇为豪华。

那是吴宅，出了个吴开先。据云，吴开先最初也曾接近中共，但是后来跟陈云走上不同的道路，成为国民党政府上海社会局局长。吴开先于1988年病逝于台湾。老张告诉我，吴开先的儿子前几年曾从台湾来到练塘，来到老宅看望。当时，吴宅已成为镇政府的办公地（如今镇政府已迁另址）。

如今的练塘镇相当富裕。这里以“三水一草”为基础，发展农业。所谓“三水”，即水生蔬菜、水禽和水产养殖；“一草”，即蔺草。

在水生蔬菜中，收益最好的是茭白。练塘种植茭白已达一万五到两万亩，年产茭白九十万担，占上海茭白总产量的一半。

练塘现在年产淡水鱼四万担，是上海的重要淡水鱼生产基地。

至于练塘的特产蔺草，被日本商人看中，成为编织榻榻米的绝好材料。所以，我在陈云故乡采访时，遇上了日本商人，他们正在跟练塘“合资”生产榻榻米。

在练塘老镇之侧，如今还崛起一大片练塘新区。新区里有两横两直四条水泥马路，多功能文化中心、爱丽宫商厦以及银行大楼在这里落成，完全改变了陈云故乡的面貌。

商务印书馆成了陈云“红色的起点”

1919年5月4日，五四运动震撼全国。这一运动的冲击波，也冲击着小小的练塘镇。

陈云曾这样回忆：

"五四"的时候，我才十五岁（笔者注：指虚岁），是一个高等小学三年级的学生。

那个学校是在上海附近的乡间，很快就受到"五四"的影响。我们由一个姓张的教员领导着罢课之后，还进行了宣传和演剧。我还记得，我们演的剧叫做《叶名琛》（原注：清末两广总督，一八五七年英法联军进攻广州时，不作战守，广州城陷被俘，死于印度），我也扮了一个角色。有一次在茶馆里讲演，我讲演的时候手足似乎蛮有劲，把脚一顿，桌子上的茶壶都给碰翻了。我们这个小镇也罢了市，人民反对日本和反对卖国贼的情绪，确是很高涨。[1]

陈云所提及的姓张的老师，叫张行恭。

1919年，十四岁的陈云在练塘颜安小学毕业。贫苦的他，没钱进入中学学习。

从此，陈云的最高学历便是小学毕业。尽管他后来的文化水平早已是教授级的了，可是每逢填写各种登记表，在"文化程度"一栏里，陈云总是写上"小学"二字。他曾意味深长地说："我永远是小学生！"

失学之后，他很想到上海找一份工作。

在人生的转折关头，机遇对于每一个人来说，都是至为重要的。就在这时，一个偶然的机遇，决定了陈云的一生。

那是因为陈云的小学老师张行恭十分喜欢他，张行恭的弟弟在上海商务印书馆工作，于是就介绍陈云到那里当学徒。

这样，在1919年12月8日（农历十月十七日），陈云离开当时属于江苏省青浦县的练塘小镇，进入了大上海。

穿着长衫的陈云，跨进位于上海河南中路的商务印书馆的大门，这是他一生极为重要的一步。

商务印书馆是中国历史悠久的出版社，清光绪二十三年（1897年）创办于上海。最初印刷商业簿册、表报，故名"商务"印书馆。创办人之一夏瑞芳善于经营，由印刷簿册的作坊转为出版社，出版教科书、工具书、科学和文学著作。

---

[1]《陈云画册》，中央文献出版社1995年版，第76页。

1902年，清朝进士张元济（曾任刑部主事）因参加戊戌变法遭革职，由官场进入商务印书馆，创办广有影响的《东方杂志》《教育杂志》《小说月报》以及编辑中国第一部新式辞书《辞源》，于是商务印书馆名声大振。

至1949年，商务印书馆累计出书达两万多种。如今，商务印书馆则“日出一书”。[1]

陈云来到位于上海河南中路的商务印书馆，如同遨游于书海、书城，知识水平猛进。

1982年2月7日，陈云为商务印书馆建馆八十五周年写下了这样的题词：

> 商务印书馆是我在那里当过学徒、店员，也进行过阶级斗争的地方。
>
> 应该说商务印书馆在解放前是中国的一个很重要的文化教育事业单位。[2]

上海市河南中路商务印书馆旧址

[1]《商务印书馆喜庆九五华诞》,《文汇报》1992年4月22日。

[2]《陈云画册》，中央文献出版社1995年版，第78页。

最初，陈云在文具柜当学徒，后在发行所当店员。所以，多年以后，有一回，陈云用牛皮纸包书、用绳子捆扎，那动作极为利索，使他的秘书大为惊讶。陈云笑道，那是当年在商务印书馆当店员时练就的基本功。

陈云的毛笔字也写得不错，那也是因为在商务印书馆工作，每日要往外大批寄书，必须端端正正在牛皮纸上用毛笔书写地址及收书人的姓名所练就的。

对于陈云来说，进入商务印书馆，最为重要的是，他在这里受到了中国共产党的影响，成了他一生中红色的起点。

在上海，商务印书馆是中国共产党力量相当强大的地方。早在 1916 年 7 月 27 日，刚从北京大学预科毕业的沈德鸿，经亲戚介绍，来到上海商务印书馆编译所英文部工作。[1]

沈德鸿，字雁冰，后来以笔名“茅盾”闻名于世。

茅盾不仅是一位著作丰厚的作家，而且是中共资格最老的党员之一。在 1921 年 7 月中共召开第一次全国代表大会之前，上海便有了一个小组，亦即共产主义小组。这个小组的书记是陈独秀，小组成员共十七人，其中有后来成为中共一大代表的李达、李汉俊、周佛海，还有陈望道、林伯渠、俞秀松以及茅盾等人。中共一大，就是由这个小组负责筹备的。

中共一大之后，经常有各地的信寄往上海商务印书馆，写着“沈雁冰先生转钟英小姐台启”。这“钟英”其实就是“中央”的谐音，亦即“中共中央”。因为那时中共各地组织的信，直寄中共中央，诸多不便，就由茅盾代转。何况茅盾在商务印书馆主编《小说月报》，来自各地的稿件本来就很多，所以不容易引起警察局的注意。

也正因为这样，商务印书馆成了中国共产党一个重要的基地。

陈云进入商务印书馆时，茅盾也还在商务印书馆。陈云比茅盾小九岁。那时，陈云用的名字是廖陈云。

陈云思想活跃，又富于组织能力，很快就成了工人中的核心人物。

1925 年八九月间，陈云在上海商务印书馆加入中国共产党，他的入党介绍人是中国共产党上海商务印书馆第一任党支部书记、编译所编辑[2]董亦湘和

---

[1] 茅盾：《我走过的道路》（上），人民文学出版社 1981 年版。

[2] 中共中央文献研究室：《陈云年谱》（上卷），中央文献出版社 2000 年版，第 25 页注。

党员恽雨棠。从此，陈云在政治上迈出了至为重要的一步。

1925 年 5 月 30 日，上海发生了著名的“五卅运动”。那是上海纱厂工人、中国共产党党员顾正红在这月 15 日因罢工遭日本资本家枪杀，各界人士极为激愤。5 月 30 日，上海工人、学生举行示威大游行，途经南京路遭到英国巡捕房开枪射击，死伤数十人，造成震惊全国的“五卅惨案”。

1925 年 6 月，上海总工会成立。

就在上海工人运动非常高涨的时候，年方二十的陈云也投入了工人运动。

在“五卅运动”后不久，1925 年 6 月下旬，上海商务印书馆工会成立大会在上海虬江路广舞台举行。

据当时参加会议并发表讲话的上海印刷工人联合会代表徐梅坤回忆，到会的会员和各界代表多达四千人左右。担任会议主席的是王景云，廖陈云作为商务印书馆工会代表在大会上讲话。[1]

中共在商务印书馆工会中建立了党团，成员中除沈雁冰（茅盾），还有徐梅坤、杨贤江、章郁庵、丁晓先、邬家良、王景云、徐新之、陈醒华等十几人，

1925 年 9 月，陈云（前排左三）同上海商务印书馆发行所职工会第一届执行委员会委员合影

[1] 徐梅坤:《回忆 1925 年的商务印书馆大罢工》，上海《党史资料》丛刊 1983 年第 1 期。

党团书记为徐梅坤。

迄今尚存的商务印书馆发行所1925年9月所摄职工会第一届执行委员们的合影之中，身穿白色长衫、理平头的陈云居中而坐——因为他是发行所职工会执行委员会委员长！其余的委员有马惠群、陈合庆、徐新之、章秋阳、赵琨瑜、谢庆斋、赵耀全、王宝元、李兰阶、唐文先、吴志青、张慕良、姚松柏，而陈云是委员们中最年轻的一个。

商务印书馆工会包括“一处三所”，“一处”即总务处，“三所”为发行所、印刷所、编译所。

领导商务印书馆罢工

1925年8月中旬，陈云抓住了很好的机遇：商务印书馆当局打算裁减职工，此事预先被工人得知，陈云马上在商务印书馆发行所酝酿发起罢工，提出“薪金太薄”“工作时间太长”“男女工人待遇不平”等，随即得到了商务印书馆印刷所的响应。紧接着，商务印书馆“一处三所”统一行动，都赞成罢工。于是，陈云领导了商务印书馆的大罢工，这成为他平生头一回领导的工人运动……

茅盾当时正忙于编辑《文学小字典》一书，得知要进行罢工，也就放下手头的工作，担任罢工的临时党团主要成员，和陈云一起领导罢工。

据徐梅坤回忆，当时商务印书馆的中国共产党党员已经发展到三十多人。在罢工前夕，商务印书馆职工会执行委员会、工会党团以及工会积极分子共一百四十多人，在上海青云路的上海大学附属中学里举行了秘密会议。会议由陈云主持，茅盾出席会议。在这次会议上，决定了罢工日期——从1925年8月22日开始。会议提出了“增加工资”“缩短工作时间”“改良生活和劳动条件”等十一项复工条件。

罢工一开始，商务印书馆工会就通过报界，发表了茅盾起草的《罢工宣言》，一下子就把过去商务印书馆的“文明机关”“待遇优厚”“劳资感情融洽”之类印象打破，造成了很大的震动。

1925年8月24日，上海《时报》发表报道《职工会委员长之谈话》，这是陈云平生第一次见报的谈话。

报道全文如下：

昨日据该馆总发行所职工委员长廖陈云、（笔者注：按当时报纸的习惯，报道全文用的都是“、”，现照原文引用）声称自前日至今、公司方面虽屡有人来此接洽、但均非正式、且无结果、在工会方面、确认为有组织工会之必要、其理由有二、（一）增进公司与同人之感情、（二）排除公司与同人之种种隔阂、故先邀公司承认工会、然后再开谈判、在公司方面、增加若干俸金、或肯容纳磋商、但须打消工会之组织、由此以观、双方相差太远、风潮当不能即日平静、又昨日报载本馆某职员之谈话、所云一切、完全非实、本馆历年之赢余、及各职员所得之花红、在会计科均有翔实之统计、同人岂可捏造云云。

商务印书馆“一处三所”组成了“商务印书馆罢工中央执行委员会”，以此作为罢工的最高指挥机构。这个委员会共有十三个委员，陈云不在其中，茅盾在列。

现在尚保存于上海档案馆的商务印书馆罢工的《复工条件》，共十一页，用毛笔写在标着“商务印书馆工会用笺”字样的直格纸上，那娟秀的字体一望而知出自茅盾笔下。笺上还印着商务印书馆工会的地址——“上海闸北宝山路振盛里底”。

这《复工条件》其中九条，摘要如下：

一、公司应无条件正式公布承认工会；

二、增加工资，男女一律；

三、减短每日工作时间；

四、优给抚恤金及退俸金；

五、每年红利须平均分派，计算法应以薪水大小为标准；

六、改良待遇；

七、职工等不得无故辞退；

八、商务俱乐部应恢复同人名义，永远移交同人负责办理；

九、关于此次罢工人员不得藉端辞退，罢工期内工资照发。[1]

罢工期间，职工全部离开了工厂，只留十多名工人纠察队守厂。

商务印书馆总经理王云五和工人代表反复谈判，终于在 8 月 27 日劳资双方签订复工协议。这样，商务印书馆职工在 8 月 28 日宣布复工。

二十岁的陈云“初出茅庐”，成功地参与领导了商务印书馆发行所这次罢工。

1925 年，上海商务印书馆发行所职工会创办了《职工》杂志，陈云以“怀”“民”“怀民”等笔名，发表了《职工在现社会的地位》《总工会是什么》等文章。

上海各报纷纷刊载商务印书馆罢工的新闻，使这次罢工产生了颇大的社会影响。

返回故乡组织农民革命军

1927 年 9 月底[2]，陈云突然从上海回到了青浦练塘老家。那是因为蒋介石在上海发动“四一二”反革命政变，一时间，上海笼罩着恐怖气氛，中国共产党党员大批遭到屠杀。

陈云在 1926 年至 1927 年参加了中共发起的、为配合国民革命军北伐而举行的上海工人第三次武装起义。

在上海工人第三次武装起义时，陈云受上海总工会的派遣，和中共代表一起来到龙华，跟当时驻扎在那里的北伐东路军谈判，要求他们支持工人的起义。但是，谈判未获成功。

由于参加了上海工人第三次武装起义，在“四一二”反革命政变之后，陈云被列上通缉名单，无法再在上海立足。于是，陈云化名“陈明”，受中共江苏省委派遣，回到了家乡，从工人运动转到农民运动。

人熟地熟，陈云在练塘镇鲁国荣家中召开了中共党员和农会骨干的会议，开始做农民运动的发动工作。

---

[1] 王菊如、钱普齐：《沈雁冰和他手书的商务印书馆罢工〈复工条件〉》，上海《党史资料》丛刊 1983 年第 3 辑。

[2] 中共中央文献研究室：《陈云年谱》（上卷），中央文献出版社 2000 年版，第 41 页。

上海第三次武装起义胜利后的工人纠察队

练塘镇不远处，有个小蒸镇。小蒸镇地处黄浦江上游，紧靠沪杭铁路北侧，是金山、青浦、松江三县的交界处。陈云来到小蒸镇，和那里的中共党员吴志喜、陆铨生取得了联系。

这样，陈云在那附近二十多个村子都建立了农会，还发展了二十多个中共新党员。

农历十月初一（公历 10 月 25 日），按照当地习俗，四乡农民汇聚小蒸镇进香，举行庙会，人头攒动。陈云出现在小蒸镇东台基头，向数千农民发表演说，进行鼓动。

1928 年 1 月初，“沪杭路（松江段）农民革命军”成立，陈云出任党代表。正副总指挥为吴志喜和陆龙飞。这支农民革命军的军旗，上角为镰刀、斧头，中心为犁耙图案，含义为“犁尽天下不平地”。

小蒸地主汪倾文、地保胡祖文带领地主武装，要消灭陈云的农民革命军。

1 月 13 日，陈云获知枫泾地主丁育甫、张金龙在土地堂一带收租，把米装上了船，当即派农民革命军夺船，得到七八石大米，分给了贫苦农民。

此事惊动了枫泾大地主吴进澜和自卫团团总周怀青，他们连连向国民党江苏省政府以及松江县政府报告，并向驻扎在嘉兴的国民革命军二十六军周凤岐求援。

于是，周凤岐派出一个加强营向陈云的农民革命军发动进攻。

1月19日，在跟敌军作战中，农民革命军正副总指挥双双被捕。

1月26日，农民革命军十七岁的总指挥吴志喜在被拔去十个手指甲后，被枪杀于松江小校场。也就在这一天，农民革命军副总指挥陆龙飞在枫泾文昌阁被枪杀。

正副总指挥双双死于刑场，陈云处境非常危险。他转入了秘密工作，先后担任中共青浦县委书记、中共淞浦特委组织部部长、中共江苏省委委员兼农委书记。

小蒸农民武装暴动指挥所旧址

1928年9月下旬，陈云在练塘镇东胡秉钺家中召开秘密会议，有许多中共党员和积极分子参加。

翌日，陈云行踪被敌人察觉，面临着被捕的危险。千钧一发之际，他的老同学刘国桢把陈云藏进一条小船，悄悄离开练塘，前往上海……

从此，陈云离开了自己的故乡。直至1954年底，陈云在阔别二十六年之后，这才回到故乡探望。

第二章
进入中央

◎ **二十五岁的陈云，在中国共产党党内升迁如此之快，除了他的工作能力，还有一个重要的大背景：当时共产国际强调重视提升工人出身的干部，而陈云出身印刷工人，便得到了器重。**

出身工人使陈云“沾光”

在中共六届三中全会会议记录上，有一行令人费解的字：会议在“避暑的庐山”上召开。

其实，那是故意摆迷魂阵！因为万一这份会议记录落到了国民党手中，这一行字足以使国民党的特务们捉摸半天仍如坠五里雾中……

1930年9月24日，上海麦达赫司脱路（今泰兴路）一幢豪华的花园洋房里，神不知，鬼不晓，四十六名中国共产党高级领导人聚集在这儿，开了四天会。

这次会议，是中共六届三中全会。所谓在“避暑的庐山”召开，其实是在上海举行。

主持会议的是戴近视眼镜的“白面书生”式的人物，在会议上他用“之夫”为名。

其实，他便是瞿秋白。他那时和杨之华结婚，“之夫”就是“杨之华的丈夫”的意思。他于1930年7月末，刚和“少山”一起从莫斯科归来。

“少山”在会上传达了《共产国际执行委员会关于中国问题的决议》。

这“少山”，便是周恩来用的化名。

中共从一成立，便承认自己是共产国际的一个支部，接受共产国际的领导。因此，对于那时的中共来说，一直把共产国际视为自己的上级。也正因为这样，周恩来在会上所传达的《共产国际执行委员会关于中国问题的决议》，也就被视为来自莫斯科的上级对中共的指示。

这次会议执行共产国际定下的基调，那就是“批判柏山‘左’倾机会主义”。

“柏山”，也就是李立三。

二十五岁的陈云以“廖程云”这个名字出席会议。对于陈云来说，这是平生第一回出席中共中央会议。

自从那次匆匆逃离故乡青浦之后，陈云来到上海，先后担任了中共江苏省委委员兼农委书记、中共上海闸北区委书记、中共上海法南区委书记，从事地下工作。

在中共六届三中全会上，补选了中共中央候补委员八人。现存于中共中央档案馆的“(六届)三中全会补递中委名单”中，在标明“候补”的名单中，有“廖程云”三字。那“候补”的名单如下：

王凤飞，李子芬，周秀珠，邓中夏，袁炳辉（新），廖程云（新），林仲丹（新），王克全（新），朱德（新），黄平（新），恽代英（新），陈潭秋（新），徐兰芝，唐宏经，史文彬，罗章龙，黄灼。

凡是在名字旁注明“(新)”的，表示是新当选的。

朱德和陈云一样，也是新当选中共中央候补中央委员的。但是，朱德那时和毛泽东一起在江西井冈山，并没有出席会议。

就这样，陈云开始进入中共中央最高领导层之中。

陈云，论文化程度，只有小学毕业；论党内资历，入党不过五年；论理论水平，远不及那批留学苏联、满口马克思主义的“二十八个半布尔什维克”。

二十五岁的陈云，在中国共产党党内升迁如此之快，除了他的工作能力之外，还有一个重要的大背景：当时共产国际强调重视提升工人出身的干部，而陈云出身印刷工人，便得到了器重。

在中国共产党建立时，共产国际希望由在中国有社会威望的高级知识分子出任中国共产党领袖。这是考虑到高级知识分子懂外语，读过马克思主义原著，有理论水平，能够领导中国共产党沿着马克思主义道路前进。所以，中国共产党一成立，便以北京大学教授陈独秀这样的“大知识分子”为领袖。

在发现陈独秀犯了严重右倾机会主义错误之后，共产国际又选择了“大知识分子”瞿秋白。

很快，又发生了瞿秋白“左”倾机会主义错误。

两个“大知识分子”，一个右，一个“左”，在共产国际看来，这是知识分子的“动摇性”的表现。

1932年，瞿秋白在上海

于是，共产国际强调，必须大力提拔工人成分的中国共产党人。斯大林明确地说："应当更多地选拔工人到中共中央来。"

这样，1928年6月，当中共六大在莫斯科郊外的兹维尼果德镇银光别墅召开时，向忠发便当选为中共中央总书记，成为继陈独秀、瞿秋白之后的第三任中国共产党领袖。

向忠发是湖北汉川人，生于1880年，十四岁便入汉阳兵工厂做学徒，后来在轮船上当水手，1922年加入中国共产党。向忠发是道道地地的老工人，所以被共产国际选中，出任中共中央总书记。

在中共六大选出的中央委员三十六人之中，工人出身的占了二十一人，其中有织布工人出身的项英等。

正是由于共产国际重视提拔中共工人党员，陈云也就在这时被看中。陈云出身印刷工人，又成功地领导了上海商务印书馆的罢工，所以在中共六届三中全会上，他被选为中共中央候补委员。

对于陈云来说，中共六届三中全会是跃升的起点。

在六届四中全会面临尖锐斗争

陈云刚一进入中国共产党高层，便卷入了极为尖锐的斗争之中……

在中共六届三中全会召开后四个月，1931年1月7日，在上海武定路修德坊8号，秘密举行了中共六届四中全会。作为中共中央候补委员，陈云出席了这次会议。

这是一次非常短暂的会议，只开了一天，却又是一次错综复杂、斗争极为尖锐的会议。会议的“主角”是罗章龙。[1]

在早年，罗章龙跟毛泽东有着颇深的友情：早在1915年5月，22岁的毛泽东在长沙司马里第一中学贴出“二十八画生征友启事”（“毛泽东”三字繁体字共28画），第一个前往应征的，名曰“纵宇一郎”。这“纵宇一郎”便是罗章龙。

罗章龙，湖南浏阳人，生于1896年10月20日，小毛泽东三岁，1920年加入中国共产党。

不过，后来他和毛泽东分道扬镳了。

1971年夏，毛泽东在巡视大江南北时，谈及：“我们这个党已经有五十年的历史了，大的路线斗争有十次。”

毛泽东历数这十次路线斗争，数到了罗章龙。

毛泽东说：

“开头是陈独秀右倾机会主义。”

“接着是瞿秋白犯路线错误。”

“1928年党的第六次代表大会以后，李立三神气起来了。从1930年6月到9月，他搞了三个多月的立三路线。”

“1930年到1931年，罗章龙右派，另立中央，搞分裂，也没有成功。”

这样，毛泽东把罗章龙列为党内斗争的第四个“机会主义头子”。

罗章龙很风趣地告诉笔者，他对毛泽东的话作了别出心裁的“注释”：“陈独秀有个‘独’字，成了第一个‘机会主义头子’；瞿秋白的‘瞿’字，有双目，也就成了第二个‘机会主义头子’；李立三有个‘三’字，成了第三个‘机会主义头子’；至于我，姓‘罗’，头上顶着个‘四’字，成了第四个‘机会主义头子’……”

说笑归说笑。当罗章龙说及他那次党内斗争时，变得严肃起来。平日，他很少涉及这一敏感话题——中共六届四中全会。

在中共六届三中全会上，李立三下台。虽然当时中共名义上的领袖是向忠发，但是向忠发不论是组织能力还是理论水平，都够不上成为中共领袖。只是

[1] 笔者于1989年9月和1992年12月在北京两度采访了年已九旬的罗章龙（罗章龙已于1995年2月3日去世）。

共产国际和斯大林片面强调工人成分，才使向忠发成了中共中央总书记。

李立三的下台，引发了中共的领导权的一场新的争夺战——王明要夺权，罗章龙也想成为中共领袖。两派之间的激烈斗争，便在中共六届四中全会上展开了。

二十六岁当选中共中央委员

中共六届四中全会名义上由中共中央总书记向忠发主持，而实际上则是由共产国际代表米夫说了算。

会议颇为奇特，既然是中央全会，理应是中央委员出席，然而出席这次会议的三十七名代表之中，中央委员和候补中央委员为二十二人（其中，中央委员十四人，候补委员八人），其余十五人为列席代表。这些列席代表中，便包括王明、博古等。尽管王明、博古等连中央委员都不是，却成了米夫筹谋安排的中共中央领导人！

自从中共六届三中全会之后，王明在米夫一手扶植下，显山露水了。

王明竭力反对当时主持中共中央工作的周恩来，他散发了《两条路线》（也就是后来经过增订的《为中共更加布尔什维克化而斗争》）小册子，把攻击的矛头直指周恩来和瞿秋白，认为他们是“右倾机会主义”，实行“调和路线”。王明提出召开紧急会议，改组中共中央领导机构。

罗章龙当时也很活跃，虽说他与王明存在尖锐矛盾，但是在要求改组中共中央领导机构这一点上，两人却是一致的。罗章龙认为瞿秋白、周恩来、李立三“均是不堪教育的”，而向忠发、项英、关向应、邓中夏、贺昌、罗登贤等“亦须离开领导机关，施以严重的处罚”。

米夫在上海分别会见了王明和罗章龙，提出立即召开中共六届四中全会，会议的中心议题是“反右倾”。但是米夫支持的是王明，而不是罗章龙。于是，在会上，罗章龙和米夫、王明之间，发生了激烈争斗。

中共六届四中全会，全称是“中国共产党第六届中央委员会扩大的第四次全体会议”。这“扩大”，把不是中央委员的王明、博古都“扩大”进来了，而且他们居然跟中央委员们一样拥有表决权！

六届四中全会批判了瞿秋白，批判了李立三，改选了中央委员会。现存于中共中央档案馆的中共六届四中全会档案中，那份中央委员名单一望而知是周恩来亲笔所记。

在六届四中全会的中央委员及候补委员中，不见“廖程云”，却在“补选的中央委员”的名单中，见到了“黄苏”。这“黄苏”，其实就是陈云的化名。这样，陈云由中共中央候补委员升为中共中央委员。这时，陈云不过二十六岁。

关于“黄苏”进入中共中央，米夫曾在会上作了这样的说明：

> 中央委员会退出罗迈（笔者注：即李维汉）、贺昌两同志，而补选了韩麟会、沈先定、徐畏三、王尽仁、黄苏、陈韶玉、沈泽民、夏曦、曾炳春九同志，其中五人是工人同志。中央政治局的成分，十六人中十人是工人出身。[1]

显然，“黄苏”所以被选入中共中央委员会，其中重要的原因是因为他的工人出身。

中共中央委员名单中的“陈韶玉”，即王明。

会议改选了中共中央政治局，选出九人为政治局委员，即向忠发、周恩来、项英、张国焘、徐锡根、卢福坦、任弼时、陈郁、王明。这样，王明一跃进入了政治局。一个月后，在米夫的支持下，

1928 年至 1931 年中共中央政治局机关所在地——上海市云南路 477 号（今云南路 171 ～ 173 号）

[1] 中国人民解放军国防大学党史党建政工教研室编：《中共中央致共产国际执行委员会电——报告四中全会经过》（1931 年 2 月 22 日），载《中共党史教学参考资料》第 15 册。

王明又升任政治局常委，从而控制了中共中央，成为实际上的中共领袖。

在中共六届四中全会上，罗章龙成了米夫、王明反对派的领袖。他得到了不少人的支持，特别是工会系统出身的党员的支持。但是，罗章龙斗不过王明——因为王明得到米夫的支持，而米夫作为共产国际的代表，富有权威性。因此，在中共六届四中全会上，以王明胜利而告终。

会议刚结束，罗章龙和他的支持者们便强烈要求召开紧急会议，以否定四中全会。

罗章龙站出来领导反王明、反米夫，但同时又犯了一个大错误，那便是筹谋成立第二中央。在当时，中国共产党正面临着巨大的困难，罗章龙的行动，显然又给中国共产党带来了更大的不幸。

1931 年 1 月 27 日，中共中央政治局通过了《关于开除罗章龙中央委员及党籍的决议案》。从此，罗章龙从他政治生涯的巅峰跌了下来。

危难之际受命负责中共特科

当时的中国风雨如晦，就在陈云升任中共中央委员不久，发生了一桩出人意料的事，差一点使他落入国民党特务之手！

那是在六届四中全会结束后五个来月——1931 年 6 月 22 日上午 9 时，当一个高个男子在上海市中心静安寺英商所办的探勒汽车行打算叫出租车时，一群预伏在那里的便衣警察突然朝他扑来，不容分说，把他推入一辆轿车，押往善钟路（今常熟路）巡捕房。

审讯马上开始。这个高个男子用一口湖北话，声称自己姓余名达强。但是，审讯者抓起他的右手，指着那断了一截的食指说道："别演戏啦！你就是中共总书记向忠发！"

向忠发的被捕，是由于顾顺章在两个来月前——1931 年 4 月 25 日——在武汉被捕、叛变。

顾顺章，工人出身，在中共六届四中全会上被提升为中共中央政治局候补委员。顾顺章是中央特科三科科长。三科，即行动科，所以顾顺章深知中共中央的机密和中共中央负责人的行踪。

1981年11月，陈云会见当年的中央特科工作人员（左起）刘鼎、李一氓、陈养山、李强

顾顺章一被捕，当即叛变，供出中共中央在上海的五个秘密机关的地址，即向忠发、周恩来、瞿秋白的住处以及中共中央秘书处、中共中央特科所在地。这一重要情报用密电发往南京国民党中央组织部调查科，却落在潜伏在那里的中共特工钱壮飞手中，迅即告知周恩来等转移，才使中共中央在上海的机关避免了被一网打尽的灾难。

顾顺章的叛变，使中共中央极为震惊，决心调派最为可靠的人负责特科。周恩来把这一重任交给了陈云。

这样，陈云在危难之际，担任了极为重要的职务，即中共中央特科书记。

特科，中共专门负责惩处内奸、叛徒及保卫中共中央机关的工作，是中共中央的要害部门。

特科是这样建立起来的：

最初，在1927年6月，中共江苏省委机关的会议刚散，便被国民党特务包围，使陈独秀之子、中共江苏省委书记陈延年被捕。紧接着，又因原共产主义青年团江苏省委宣传部部长兼秘书长韩步先和上海总工会书记张保臣的叛变，使继任者中共江苏省委代理书记赵世炎被捕。

陈延年和赵世炎双双被杀害，促使中共考虑成立一个专门的机构，去对付国民党的特务，对付叛徒和内奸。于是，中共江苏省委便建立了一支“红队”。

不久，中共中央机关从武汉迁来上海，也建立了“红队”。

1928年秋，周恩来把这两支“红队”合并在一起，成立了一支“红色恐怖队”。

这支队伍最初由从苏联学习回来的谭保全负责。

“红队”，又称特务工作科，科长为顾顺章，直属中共中央军委领导。据当时参加过这一工作的周惠年回忆，特务工作科下属四个股，即特务股、情报股、保卫股和打击土匪的“土匪股”。[1]

特务工作科后来简称“特科”。

1928年11月14日，中共中央常委会作出决定，成立由向忠发、周恩来、顾顺章三人组成的“中共中央特别委员会”，专门负责反奸工作和中共中央机关保卫工作。

中共中央特科改由中共中央特别委员会领导，由周恩来直接指挥，顾顺章负责。

这时的特科，下分四个科：

第一科为总务科，负责总务，例如租住房、选择会议地址和掌管财务等。

第二科为情报科，负责搜集情报，掌握敌情，对敌方的侦控机构进行反间谍工作。陈赓为科长。那时，陈赓化名王庸，人称“王先生”。

第三科为行动科，负责打击对中共中央机关构成威胁的叛徒、特务，负责中共中央机关的安全工作。实际上就是原先的“红队”。以顾顺章为科长。

第四科为交通科，主要任务是保障上海及全国各地秘密交通网的正常运行，也负责中共中央的地下无线电台的报务工作。科长为李强。

其中，第二科建立后，便开展反间谍工作。1928年，杨登瀛便成了第一个中共特工。杨登瀛，又名鲍君甫，他是陈立夫的亲信，是国民党中央驻上海的特派员。他为中共提供了大量机密情报。

紧接着，在1929年底，第二科又派出三员干将，潜入国民党高级特务机关。这三名干将便是李克农、钱壮飞和胡底。其中，钱壮飞担任了国民党中央组织部党务调查科主任徐恩曾的机要秘书。

在顾顺章叛变千钧一发的关头，正是钱壮飞发挥了重要作用，才使中共避

---

[1] 王凡:《中共上海特科的故事——访革命老人周惠年》,《法制与新闻》, 1995年第4期。

免了重大损失。

顾顺章叛变后，中共急令钱壮飞以及李克农、胡底，还有陈赓，立即撤离上海。主管情报工作的周恩来着手重整特别委员会。

周恩来点将，调来陈云主持特别委员会。在新的特别委员会会议上，周恩来宣布，由陈云、康生、潘汉年三人领导，陈云负总责，康生为副。

周恩来还宣布：

陈云兼一科科长，直接领导总务、财务、交通等工作；

潘汉年任二科科长，负责搜集情报、侦察敌情和反间谍等工作；

康生兼三科科长，负责指挥、执行保卫及警报等工作。

这样，特别委员会在陈云领导下，重整旗鼓，开展工作。

向忠发叛变供出了陈云

一波刚平，一波又起。就在这时，叛变了的顾顺章仍在上海秘密跟踪，终于发现了向忠发的行踪。

于是，发生了静安寺探勒汽车行前的那一幕……

向忠发被捕后，迅即叛变，使任弼时夫人陈琮英[1]以及中共中央工作人员张纪恩[2]等被捕。

1992年7月2日，在笔者采访张纪恩时，他给笔者看了一本如今颇为鲜见的书，书名曰“转变”。这是国民党中统局编印的内部用书，供那些反省院中的中共被捕者“学习”使用，出版于1933年12月。书中收入80份中共高中级领导人被捕后所写的自首书。其中，便有《前共党中委兼总书记向忠发的自供》。

向忠发的自供中，有两处提及陈云。

一处是他交代了“特务委员会”（即中共中央特科）的组织情况，指出陈云为“总负责”（亦即中共中央特科书记），原文如下：

[1] 笔者曾于1993年11月23日采访了陈琮英。

[2] 笔者曾于1992年7月2日采访了张纪恩。

三、特务委员会。

从前是我和周恩来、顾顺章，但自顾顺章被捕后，经人报告，闻已自首，遂施行改组了。前由顾顺章负责，现改为廖成云（笔者注：即陈云）负责，其组织如下：

1. 廖成云，总负责（前江苏省委）

2. 赵云（笔者注：即康生）（第三科——红队）

3. 潘汉年（第二科——侦探）

4. 杨森（第一科——社会及各种技术）

5. 陈寿昌（第四科——交通）[1]

向忠发的自供另一处这样提到陈云：

赤区接济者：在赤区中所没收或抢掠的财物，统统都换成现金，再由在芜湖开设金铺子的同志张人亚兑换成现洋及钞票，交来上海给中央。前后由我经手有两次：第一次，一九三〇年六月由闽西运来七百两；第二次一九三〇年底，由赣西南运来二千零七两。由这两批款内提出八百元组织商业机关，派陈绍禹做老板——现由廖成云负责支付。此外尚有许多大批现金由赤区运来，但都不是我经手的。[2]

向忠发还供出了交通主任喻泽时住上海戈登路戈登里，共青团总书记秦邦宪（博古）住上海古拔路横路3号，等等。幸亏陈云及时获悉向忠发叛变的消息，通知中共中央机关及有关人员大转移。不然，连陈云自己也难以逃脱这场大搜捕……

向忠发虽然叛变，仍于被捕后的第三日——1931年6月24日——被枪决于上海龙华。向忠发曾跪下来苦苦哀求饶他一命，也无济于事。

向忠发一命呜呼，使王明惊惶失措。

本来，王明早就想当中共中央总书记，而向忠发之死，为他当总书记提供

[1]《转变》，国民党中统局编印，1933年12月印制。

[2]《转变》，国民党中统局编印，1933年12月印制。

了最好的机会。然而，王明深知留在国内工作，每时每刻都有人头落地的危险。于是，王明宁可不当总书记，而向共产国际表示，要去莫斯科，担任中共驻共产国际代表团团长。王明想坐在莫斯科进行“遥控”。

向忠发已死，王明又要远走，中共中央不能不进行改组。

经王明提出，经共产国际东方部批准，在 1931 年 9 月，中共中央临时政治局成立，成员共六人，即博古、张闻天、卢福坦、李竹声、康生、陈云。这六人之中，不设总书记，只指定博古为总负责。

这样，陈云进入了中共临时中央领导核心。

1931 年 10 月中旬，王明离开上海，前往莫斯科。

1931 年 12 月上旬，周恩来因工作需要离开上海，前往江西红区，亦即江西苏区。

1932 年 3 月，27 岁的陈云在上海担任中共临时中央政治局常委，兼中华全国总工会党团书记。

在“一个深晚”会见了鲁迅

1932 年 12 月 11 日夜晚，在上海北四川路拉摩斯公寓 3 楼 4 室，鲁迅设家宴招待客人。据当天的《鲁迅日记》载：

> 治馔六种邀乐扬、维宁及其夫人。夜晚，三弟亦至。

“维宁”，即瞿秋白，而“乐扬”则是冯雪峰。

那时，国民党政府悬赏 2 万元捉拿瞿秋白。在 1932 年 11 月下旬，瞿秋白和夫人杨之华不得不躲避到鲁迅家中。当时，鲁迅因去北京探望生病的母亲，不在家。许广平曾这样回忆瞿秋白的到来：

> 我还记得：他和杨大姐晚间来到的时候，我因鲁迅不在家，就把我们睡的双人床让出。

1933年，鲁迅在上海

11月30日，鲁迅回到上海家中，就安排瞿秋白夫妇住在公寓中的另一房间。

瞿秋白夫妇在鲁迅家住了半个来月，中共地下组织派陈云前来接出他们，以便转移到另一安全的处所。

在一个细雨蒙蒙的夜晚，陈云来到鲁迅家里，见到了鲁迅。

陈云陪着瞿秋白夫妇在雨中离开了拉摩斯公寓。

1936年10月26日，为了纪念鲁迅，陈云写了回忆文章《一个深晚》，记述这个难忘的夜晚。这篇文章署名“史平”，最初发表于中共在法国巴黎创办的《救国时报》第64期。

陈云写道：

一九三二年阴历十一月的某一天[1]，大约是深晚十一时许了，我坐着一辆黄包车，把戴在头上的铜盆帽挪低到眉毛以下，把吴淞路买来的一件旧的西装大衣的领头翻起盖满两颊，由曲曲弯弯的小路到了北四川路底一路电车掉头的地方就停下了黄包车。付了车钱，往四边一看，没有人“盯梢”，我就迅速地走进了沿街的一座三层楼住宅房子的大门。这是一座分间出租的住宅，走进大门就是楼梯。大约是在三层楼的右首的那间房间的门口，门上有着一个同志预先告诉我的记号。我轻轻地扣了两下，里面就出来了女主人。我问：“周先生在家吗？我是 × 先生要我来，与 × 先生会面的。”女主人就很客气地请我进去。

秋白同志一切已经准备好了，他的几篇稿子和几本书放在之华同志的包袱里，另外他还有一个小包袱装着他和之华的几件换洗的衣服。我问他：“还有别的东西吗？”他说：“没有了。”“为什么提箱也没有一只？”我奇

[1] 1932年12月23日。

怪地问他。他说："我的一生财产尽在于此了。"

他问我："远不远？""很远，我去叫三辆黄包车。"我说着，正想下楼去叫车子，旁边那位五十以外庄重而很关心我们的主人就说："不用你去，我叫别人去叫黄包车。"说着就招呼女主人去叫黄包车去。这时候，秋白同志就指着那位主人问我："你们会过吗？"我和那位主人同时说："没有。"秋白同志说："这是周先生，就是鲁迅先生。"同时又指着我向周先生说："这是 × 同志。""久仰得很！"我诚恳地尊敬地说了一声。的确，我是第一次见鲁迅。

他穿着一件旧的灰布棉袍子，庄重而带着忧愁的脸色表示出非常的担心，恐怕秋白、之华和我在路上被侦探、巡捕捉了去。他问我："深晚路上方便吗？""正好天已下雨，我们把黄包车的篷子撑起，路上不妨事的。"我用安慰的口气回答他。我是第一次与鲁迅会面，原来不知他哪里人，听他的说话，还多少带着绍兴口音。后来我把秋白、之华送到了他们要去的房子里，问起秋白同志，才知道鲁迅确是绍兴人。

一会儿女主人回来说："车子已经停在门口。"我说"走吧"，就帮助之华提了一个包袱，走到门口。秋白同志向鲁迅说："我要的那两本书，请你以后交 ×× 带给我。"又指着我向鲁迅说："或者再请 × 同志到你这里来拿一下。"我就顺便插口："隔几天我来。"

上海市北四川路拉摩斯公寓（今北川公寓）。1932 年 12 月的一个深夜，陈云受党的委托，秘密到该公寓鲁迅先生的寓所，把曾经主持过党中央工作的瞿秋白及其夫人杨之华，安全地转移到别的地方

正想开门下楼去，之华还在后头

与女主人话别。我们稍微等了一下，鲁迅就向秋白同志说：“今晚上你平安到达那里以后，明天叫 ×× 来告诉我一声，免得我担心。”秋白同志答应了。

一会儿，我们三人就出了他们的房门下楼去，鲁迅和女主人在门口连连地说：“好走，不送了。”当我们下了半只楼梯的时候，我回头去望望，鲁迅和女主人还在门口目送我们，看他那副庄严而带着忧愁的脸色，表现出非常担心我们安全的神气。秋白同志也回头望了他们一眼，说：“你们进去吧。”他们默不做声地点了点头。当我们走到了二层楼梯口，才听到三层楼上啪的一声关上了房门。

秋白同志自从一九三二年 ×× 同志被捕以后，侦探到处在追逐他。他病得又很重，住在鲁迅家里已经好久了。虽然鲁迅当时也为暗探四面跟踪着，但是鲁迅终于把秋白同志安全地保护了几个月。后来因为外面已经有些“风声”，所以我们就把秋白同志搬到另一个地方。

我们本来还要到鲁迅家去替秋白同志拿那几本书，我也很想再去会会鲁迅，后来因为别的原因，很快地离开了上海，所以没有再去。我这第一次的会见鲁迅也就成了最后一次的会见鲁迅了。

第三章
进入红区

◎ 在写于1935年的《随军西行见闻录》中，陈云极为巧妙地借“军医廉臣”之见闻，写出了当时被国民党称为“赤匪”的红军及其领袖的真实面貌。

在去苏区的秘密交通线上遇险

上海不断吃紧。在上海的中共临时中央，受到国民党特务越来越紧的追踪……再说，在毛泽东的领导下，江西的苏区在不断扩大。

1932 年 10 月下旬，在上海的共青团中央机关遭到了国民党特务的大搜捕，共青团书记袁炳辉在被捕后叛变。

博古和张闻天原本都住在上海共青团中央机关，如果不是及早获知风声，也会落入魔掌。

国民党特务在破坏共青团中央之后，便把搜捕的目光紧盯着中共临时中央。

看来，如果中共临时中央继续留在上海，迟早会落进特务手中。

为此，中共临时中央向共产国际报告处境的危险，共产国际同意“中央首脑机关迁入江西中央苏区”。

这样，在上海的中共临时中央于 1933 年 1 月 13 日作出决定，迁往江西苏区。

中共临时中央的“三驾马车”——博古、张闻天、陈云——决定前往江西苏区。

留在上海的中共机关，改称“中共上海中央局”（又称“白区中央局”），指定由康生、卢福坦、李竹声三人负责开展白区工作，并与共产国际保持联系。

1933 年 1 月下旬，张闻天先走一步，几天后陈云和博古同行。他们三人秘密地离开了上海，向江西苏区进发。

就在他们三人离开上海不久，1933年4月[1]（据国民党中统特务庄祖方回忆，是在1933年2月），卢福坦便落入了国民党特务手中——这件事也证明了上海当时的环境确实险恶，博古、张闻天、陈云如果不早走一步，也极有可能被国民党特务抓捕。

卢福坦，工人出身的中共党员，1927年任中共山东省委书记。他在被捕之后，也和向忠发、顾顺章一样叛变。卢福坦后来甚至加入国民党中统特务组织，担任中统上海区情报行动股股长。

解放后，卢福坦在1951年5月被公安机关逮捕，1969年11月被处决。

当时，从上海前往江西苏区，也颇为艰难。一路上，国民党特务设置了一道道关卡。笔者采访了当年奉命接应陈云进入江西苏区的卓雄[2]，这才弄清了其中的秘情。

笔者费尽周折，在北京高干住宅区里，找到了卓雄。年近八旬的他，看上去如同一尊弥勒佛，很难想象这就是当年以机灵能干出名的“小侦察”。

卓雄原名赵才廉，由于其表叔思想激进，他十二岁就被表叔带出去参加革命。1927年，十五岁的他加入中共。中共赣西南特委书记刘士奇（毛泽东前妻贺子珍之妹贺怡的前夫）为他改名“卓雄”。

小小年纪，他当上团长，在湖南文家市战斗中立了功，人称“小将”。可是，肃AB团[3]时，居然肃到他的头上！幸亏毛泽覃（毛泽东之弟）、黄公略保了他。王稼祥也说：“笑话！这么个小鬼，也是AB团？”这一句话，就“解放”了他。于是，他调到国家政治保卫局（今国家安全局的前身）。局长邓发手下有个执行部，部长是李一氓，就叫他当执行科长。

来来回回，在秘密交通线上迎接、护送从上海来的首长，便是执行科长的任务。

卓雄这位科长，带着十几个十七八岁的小红军，清一色挎双枪（一支盒子枪、一支小手枪），出没在闽西的山区里。

[1] 陈蔚如（又名陈俊德）：《我的特务生涯》，载《江苏文史资料选辑》第23辑《中统内幕》，江苏古籍出版社1987年版。

[2] 1991年7月3日、7月5日，笔者两次采访卓雄于北京。

[3] AB，“ANTI-BOLSHEVIK”的缩写，即“反布尔什维克”。AB团在当时被作为重要的反革命组织加以肃清，称为“肃AB团运动”。

卓雄对笔者说，共产国际的军事顾问李德进入江西苏区时，是他去接的。林伯渠进入苏区，也是他接的。还有许多人，进入苏区时，用的是化名，他不知道接的是谁。他记得，陈云是和博古一起进入江西苏区的，是他去接的。

据卓雄回忆，从上海到江西苏区，曾有好几条秘密交通线。由于屡遭国民党特务破坏，后来只剩下"奉星社"这一条秘密交通线仍保持畅通。"奉星社"是沿途地下交通站的组织。这条秘密交通线是从1928年逐步建立起来的，大体上的路线是从上海坐船到广东汕头，从那里乘车到潮州，坐小船沿韩江北上，到达粤北大埔。由那里进入闽西，经永定县、上杭县来到汀州，转往瑞金。沿途有"奉星社"的一个个秘密交通站。聂荣臻曾经由这条秘密交通线进入瑞金，他记得："我们和秘密交通站接上头以后，一切行动都听向导的，不该问的，什么都不能问，你问他，他也不会告诉你。靠近城镇地区，你只是远远地跟在向导后边走就行了。他说白天走就白天走，他说晚上走就晚上走。"项英是这样进来的，周恩来也是这样进来的。

"奉星社"秘密交通线的那一头，由中共特科在上海安排，这一头，由国家政治保卫局护送。

在卓雄去接博古、陈云的那一次，差一点出了大事：卓雄已经护送他们来到闽西永定县境内，夜里，他安排博古和陈云住在一个小煤窑里，不知怎的，消息走漏，1000多敌军包围过来，而卓雄手下只十几个小青年。幸亏卓雄急中生智，带着两名队员绕到西山上打了几枪，一下子把敌军吸引过去了。趁着夜色如黛，趁着大雪纷纷扬扬，另一批队员带着博古、陈云突围，总算化险为夷。

卓雄记得，在护送时，每人腰间都捆了一袋盐，因为当时被国民党封锁，食盐成了奇货。他们昼伏夜行，专拣山野上荒僻的"野鸡路"行军。好在全是十七八岁的小青年，跳跳蹦蹦就过去了。

他们夜里行军，白天休息，路过"奉星社"的每一个交通站时，并不住在站内，而是住在野外的"马架子"下。所谓"马架子"，就是"人"字形的木棚、竹棚，上面用树枝伪装，他们挤在里面睡觉。"奉星社"的人给他们送来吃的，即红米、山芋、南瓜和苦菜。只有卓雄知道"奉星社"的交通站在哪里、谁是交通员，站与站之间、交通员与交通员之间，没有横的联系。这是一条极其机密的交通线，不是重要人物，不走这条线……

卓雄记得，当历尽艰险，终于到达苏区时，陈云往地上一躺，伸开手脚，呈“大”字形。陈云大声笑了起来，说道：“总算到‘家’了！”

在瑞金进入中共领导核心

陈云来到了江西“红都”瑞金，住了下来。

瑞金这地方，据云在1000多年前盛产黄金。古语道：“人以金为瑞。”于是，便得名“瑞金”。

其实，瑞金是江西东南部一座贫困的小县城。

1931年8月，邓小平和他的前妻金维映来到瑞金，邓小平出任中共瑞金县委书记。

1931年11月7日（这天是苏联十月革命节），以毛泽东为主席的中华苏维埃共和国临时中央政府在这里宣告成立，建都瑞金，改瑞金为“瑞京”。

自从设在上海的中共临时中央迁来瑞金之后，便与原本在这里的中共苏区中央局合并，称“中共中央局”，由博古任总负责。这个“中共中央局”，亦即中共中央。

江西瑞金县沙洲坝乡胡岭背村的全国总工会旧址。当年陈云同刘少奇在这里办公、居住

陈云到了瑞金，仍负责工会工作，在瑞金县沙洲坝乡胡岭背村的全国总工会，和刘少奇一起办公。

陈云细细阅读了《中华苏维埃共和国劳动法》。这部劳动法是1931年11月制定的。陈云发现，这部劳动法虽然是想为工人阶级和其他劳动人民谋利益，但是有许多地方照搬苏联的一些做法，完全脱离了江西苏区的实际情况。例如：

工人们实行八小时工作制（这在当时是“超前”的），青工们甚至只工作六小时。星期天发双薪，工人参军前要预支服役工资……

为此，陈云于1933年4月25日在中国共产党苏区中央局机关报《斗争》上发表了《苏区工人的经济斗争》一文。陈云以为，这是一种“左”的错误，他写道：“这种‘左’的错误，非但不能提高工人阶级的觉悟和积极性，相反的，只能发展一部分工人不正确的浪漫生活。”

1933年6月，陈云来到福建省长汀县城，考察那里的工人运动。

陈云还在1933年7月15日出版的中共苏区中央局机关报《斗争》第18期上，发表《怎样订立劳动合同》和《这个巡视员的领导方式好不好？》两篇文章，对江西苏区的工会工作谈了自己的意见。

就在陈云到达江西苏区不久，那里形势日益严峻。1933年10月，蒋介石采取“步步为营”的新战略，对江西苏区发动强大的第五次“围剿”。在中共党内，博古掌握大权，加紧排斥毛泽东。邓小平这时受到点名批判，即所谓批判“邓（小平）、毛（泽覃）、谢（维俊）、古（柏）”。

1933年9月，共产国际派来的德国籍军事顾问李德到达瑞金。从此，博古把军事指挥权交给这位实行“左”倾军事路线的“洋高参”。

1934年1月15日至18日，中共六届五中全会在红都瑞金举行。会议的基调是“反对右倾机会主义”。这“右倾机会主义”，实际上就是指毛泽东。

在这次会议上，陈云被选为中共中央政治局委员。

全会选举产生的中共中央政治局委员为：博古、张闻天、周恩来、王稼祥、项英、陈云、王明、康生、任弼时、张国焘、毛泽东。

中共中央政治局候补委员为：刘少奇、朱德、关向应、邓发、凯丰。

陈云还被选为中共中央政治局常委。

全会选出的政治局常委会（书记处）为：博古、张闻天、周恩来、陈云、王明、张国焘。

此外，据钱听涛《他们，完成了一次历史的转折——从六届四中全会至遵义会议期间中共中央政治局常委会（书记处）组成人员考析》（原载《上海党史研究》1995 年第 2 期）等文献，项英是否进入了常委，尚待考证。

关于陈云在中共六届五中全会上当选政治局常委一事，陈云本人曾持否定的态度。

陈云在 1982 年 12 月 28 日所写《对遵义会议调查报告中几个问题的答复》中说：

（六届五中全会）没有设书记处和常委。

为什么在有的历史文件中或一些同志的回忆中会出现书记处书记、常委的名称呢？我想，这是由于当时中央虽然没有正式设书记处、常委，但有一个处理日常工作的领导核心，而这个核心的名称又不那么固定，不那么严格的缘故。[1]

但是，在陈云去世后，《中共中央、全国人大常委会、国务院、全国政协、中央军委讣告》中却写明：

1934 年在中共六届五中全会上被选为中央政治局委员、常委，兼任白区工作部部长。[2]

为什么《讣告》所述与陈云所忆不一致呢？中共中央党史研究室钱听涛先生曾作了如下考证：

经中央档案馆李云龙查阅了许多文件、电报和会议记录，发现：六届五中全会时开始正式成立书记处。当时一切组织问题是请共产国际决定的，因此五中全会召开前曾拟出政治局、书记处名单，向共产国际请示。今有一九四三年九月七日、十一月二十一日张闻天两次在政治局会议上发

[1]《遵义会议文献》，人民出版社 2009 年版，第 73—74 页。

[2]《人民日报》1995 年 4 月 12 日。

言记录为证，还存有一九三三年十二月五日博古发给共产国际的一份电报及一九三三年十二月十二日共产国际对此电的复电，均提到成立书记处。这是可靠的原始档案。至于陈云所以会产生以上回忆，我认为是由于当时党内民主生活不健全，重大问题并未召开书记处（常委会）会议讨论，特别是在博古主持工作的一段时间内。如召开六届五中全会这样重大的事情，中央政治局常委周恩来就未让参加会议的准备工作，而不是政治局成员、仅是共产国际派来的担任军事顾问的李德却在一九三三年九月到达瑞金后就取得了中央军事指挥上的决定权。所以陈云记忆中未有书记处（常委会）。五中全会成立的书记处，其职权相当于过去的常委会，而且两种名称常常混用。[1]

陈云在中共六届五中全会上被选为政治局常委，表明他进入了中共领导核心，同时还兼任中共中央白区工作部部长。

1934 年 1 月 21 日至 2 月 1 日，中华苏维埃共和国第二次全国苏维埃代表大会在瑞金召开。

据 1934 年 2 月 12 日《红色中华》报道：

1934 年中华苏维埃共和国第二次全国苏维埃代表大会主席团成员合影。后排左二为陈云

[1] 钱听涛：《他们，完成了一次历史的转折——从六届四中全会至遵义会议期间中共中央政治局常委会（书记处）组成人员考析》，《上海党史研究》1995 年第 2 期。

2月3日中央执行委员会召开第一次会议，一致选举：毛泽东、项英、张国焘、朱德、张闻天、博古、周恩来、瞿秋白、刘少奇、陈云、林伯渠、邓振询、朱地元、邓发、方志敏、罗迈、周月林等十七人组成主席团，为执行委员会闭幕后之最高政权机关，并以毛泽东为中央执行委员会主席，项英、张国焘为副主席。

1934年夏，陈云负责中央苏区的军需工作。

刘英回忆长征中的陈云

在中共六届五中全会结束之后，江西苏区的形势越来越紧张。国民党军队对江西红军的第五次"围剿"屡屡得手，包围圈越缩越小。

1934年10月10日，这是一个载入史册的日子。在这一天，中央红军悄然开始向西突围，当时叫作"西征"。后来，这"西征"竟然"征"了二万五千里，变成了"长征"。

1934年10月18日，陈云率中央红军后卫部队第五军团，从江西兴国曲利出发，踏上了长征之路。当时，陈云担任第五军团中央代表（后来改任军委纵队政治委员）。第五军团为后卫军团，共1.2万多人，军团长为董振堂，政委李卓然，参谋长刘伯承。由于是后卫军团，所以成了最后一支开拔的长征部队。

在长征中，第五军团断后，而蒋介石部队紧紧尾追，所以第五军团格外艰辛。

刘英（后来成为张闻天夫人）曾在陈云手下工作，陈云跟她同庚。长征途中，陈云还担任地方工作部部长，刘英、贾拓夫、蔡畅等都在这个部。

刘英向笔者讲述了长征中的陈云。[1] 刘英的客厅里，挂着陈云所书条幅："横眉冷对千夫指，俯首甘为孺子牛。"这是陈云借用鲁迅的诗句，"书赠"刘英的。

---

[1] 1991年7月3日、7月11日笔者采访于北京刘英寓所。

江西省于都县罗坳村于都河石尾渡口。1934 年 10 月 20 日夜，陈云随中央红军后卫部队第五军团从这里渡河

刘英告诉笔者，地方工作部是做群众工作的，用毛泽东的话来说，那就是宣传群众、组织群众。在长征途中，红军每打下一座城市，地方工作部都要派出一支先遣队，进入城市做群众工作。

刘英说，陈云全身心投入工作，办事很细心，经常是先开会布置，然后又严格地进行检查。陈云平时话不多，不抽烟、不喝酒，穿着也很朴素。他喜欢听评弹，可是在长征途中，哪有评弹可听？

刘英记得，在过金沙江的时候，岸边挤了许多部队，都想早点过河，秩序有点乱。这时，陈云担任总指挥，有条不紊地指挥过河。他很沉着、冷静，大家都佩服他，听他指挥。

那是在 1935 年 5 月中旬，中央红军在云南禄劝县西北的皎平渡口北渡金沙江。

为了指挥渡江，专门成立了渡江司令部，由刘伯承担任司令员，陈云任政治委员。

陈云自己也曾这么回忆：

各部队按到达江边之先后，依次渡河，不得争先恐后。并在未到江边前，沿途贴布渡河纪律。部队到江边时，必须停止，不能走近船旁，必须听号音前进。而且每一空船到渡口时，依船之能渡多少人，即令多少人到渡口沙滩上，预先指定先上哪一只船。每船有号，船内规定所载人数及担数，并表明坐位次序。不得同时几人上船，只能一路纵队上船。每船除船夫外，尚有一船上司令员，船中秩序必须听命于这个司令员。而红军之对于服从命令纪律之严，亦非国民党军所可及。即如红军中军团师长渡河时，亦须按次上船，听命于渡河司令部，不稍违背。[1]

1992 年 4 月 9 日，陈云为那里渡口所建的“红军渡江纪念碑”题写了碑名。

在渡过金沙江之后，1935 年 5 月下旬，红军飞渡四川省泸定县内的铁索桥……

刘英说，陈云办事有条有理，讲话也是如此。他原是上海商务印书馆学徒，很早就跟书打交道，养成了读书的习惯。陈云看书不是东翻西翻，而是一本一本地钻研。他很稳重，肯学习，本来不懂经济，后来，很仔细钻研经济理论，成了党内的经济专家。

刘英说，那时对毛泽东习惯于称“主席”，朱德称“朱老总”，对刘少奇、陈云则称“少奇同志”“陈云同志”，而对邓小平则直呼“小平”。

假托军医之口述长征

除了刘英向笔者回忆长征中的陈云外，笔者还见到陈云化名“廉臣”所写的关于长征的颇为风趣的小册子。

说实在的，当时，在我准备写陈云传记之后，才比较仔细地读了陈云的著作。

他的著作大部分是关于经济和组织建设方面的，全是政治论文的严肃笔调。这些文章和陈云在屏幕上出现时的严肃面孔仿佛是一致的。

---

[1] 陈云（廉臣）:《随军西行见闻录（1935 年秋）》，红旗出版社 1985 年版。

陈云总是给人一种不苟言笑的印象，就连他的老秘书萧华光也对笔者说：“我们在为首长编《陈云与新中国经济建设》一书时，特地挑选了一帧他大笑的照片，以改变往常人们对他过于严肃的印象。”[1]

直至得知“廉臣”是陈云的笔名，我这才明白，原来陈云还写过如此风趣、生动、活泼的文章……

我是喜欢看“闲书”的人，在好多年前便读过署名“廉臣”的《随军西行见闻录》。那是一篇富有趣味的文章，所以我读过之后，便留下了深刻的印象——只是我万万没有想到，这样的文章居然出自陈云笔下。

《随军西行见闻录》写于 1935 年，翌年 3 月在法国巴黎中共主办的《全民月刊》创刊号上开始连载，同年 7 月在苏联莫斯科出版了单行本。

《随军西行见闻录》在《全民月刊》首次发表时，注明“廿四年八月于沪滨”，意即 1935 年 8 月写于上海。

不久，此书在当时的国民党统治区广为流行，出现各种不同的版本。其中，明月出版社出版时，把书名改为《从东南到西北》。大文出版社出版时，书名用《长征两面写》，除收入“廉臣”的文章之外，还收入美国著名记者斯诺《两万五千里长征》一文。

《随军西行见闻录》的若干版本

陈云正是为了便于此书在国民党统治区广为流传，所以不仅署了个鲜为人知的笔名“廉臣”，而且用“假托”的笔法来写。这可能由于陈云从小受到评弹的熏陶，所以在文学方面也有一定修养。

据称，这位“廉臣”先生是一位国民党部队的军医，“服务于南京军者四年，前年随南京军五十九师于江西东黄陂之役，被俘于红军。被俘之初，

[1] 1991 年 7 月 9 日笔者采访于北京。

自思绝无生还之望，但自被押解至赤色区域后方之瑞金后，因我系军医，押于赤军卫生部，赤军卫生部长贺诚亲自谈话。当时因赤军中军医甚少，他们要我在赤军医院服务，并称愿照五十九师之月薪，且每月还可寄回六十元安家费。我系被俘之身，何能自主，惟红军尚有信用，除每月支薪外，即每月之安家费，亦曾得着家母回信按月收到。自此以后，我几次被遣至石城之赤军预备医院，时而调回瑞金之卫生部”。

在编造了这么一大套假托之词后，陈云便描述他以“军医”身份，如何为“朱、毛”——朱德、毛泽东——治病。

“廉臣”写道：

这些名闻全国的赤色要人，我初以为凶暴异常，岂知一见之后，大出意外。我第一次为毛泽东与朱德诊病时，毛泽东似乎一介书生，常衣灰布学生装，暇时手执唐诗，极善辞令。我为之诊病时，招待极谦。朱德则一望而知为武人，年将五十，身衣灰布军装，虽患疟疾，但仍力疾办公，状甚忙碌，我入室为之诊病时，仍在执笔批阅军报。见到我，方搁笔。人亦和气，且言谈间毫无傲慢。这两个红军领袖人物，实与我未见时之想象，完全不同。

“廉臣”还写道：

赤军……之作战方法，常以出奇制胜，此均为毛泽东、朱德之特长。故在红军中，毛泽东有诸葛亮之称。

赤军军官之日常生活，真是与兵士同甘苦。上至总司令下至兵士，饭食一律平等。

赤军军官所穿之衣服与兵士相同，故朱德有“火夫头”之称。不知者不识谁为军长，谁为师长。

赤军领袖自毛泽东、朱德起，从无一人有小老婆者；赤军军官既不赌博，又不抽大烟；赤军军官未闻有贪污及克扣军需者。

我觉得毛泽东、朱德非但是人才，而且为不可多得之天才。因为没有如此才干者，不能做成这样大的事业。此外，如周恩来、林祖涵等远在国共合作时，已是当时国内政治上之要人。周恩来为黄埔军官学校的政治部主任，国内各方军队之黄埔学生很多与周熟悉者。

周恩来之勇敢、毅力之办事精神，黄埔学生对之仍有好感。

陈云极为巧妙地借“军医廉臣”之见闻，写出了当时被国民党称为“赤匪”的红军及其领袖的真实面貌。

陈云十分生动地描述了红军长征过老山界时的情景：

老山界这个山高得非常使人发急，到了一个山顶，见前面只有一个高峰了，不料上了那个高峰，前面还有一个高峰。这样一个又一个地爬着高山，大家不停喘气和汗流浃背。

正在这个时候，忽听见隐隐有留声机的声音，正唱着：“骂一声毛延寿你卖国的奸贼……”

一片子唱完，又听见一阵歌声：“同志们快起来拿刀枪，我们是人民的武装，要打倒帝国主义国民党……”原来是政治部的宣传队正摆着宣传棚，为鼓励行军、提起部队精神，使之忘却行军之疲劳。在宣传棚旁边的石头上，拿粉笔写着：“同志们努力啊！还有二十五里就到山顶了。”“竞赛一下，谁先上山顶？”经过宣传棚的留声机和唱歌，的确我们爬上山的疲倦忘掉了。我们队伍内那些小看护生也唱起来了：“……骂一声 × × × 你卖国的奸贼……为什么投日本，你丧尽了良心。”这样一唱，又到处引起唱着：“粉碎了国民党的乌龟壳，我们真快乐……”唱了一阵以后，大家还是照着路向上走，这样走了共有十二个高峰，才到山顶。当然到了山之最高顶，大家就兴高采烈，精神也兴奋了。时间已经下午四时了，但是八十里路的高山，终于走到了山顶。

陈云还这么细腻地描述了红军渡金沙江的情景：

金沙江宽约等于黄浦江之一半，立于江边不能闻对岸之呼声。水流自西而东，流速极快，计每秒钟约有四五米。上游山高，水如瀑布而下，平时水浪已有一二尺，但风雨作时，则水浪骤增至三四尺，金沙江之风势，真是吓人。我渡过之时正值怪风骤起，沙滩上之沙，随风飞舞，河边居民在石洞所筑之草屋被风吹去。我站立路中，忽来一阵巨风，竟立足不住而被吹倒于地下，因此我等莫不叹金沙江风威之大。但半小时后，风停雨止，且见太阳。询问居民，始知金沙江边之风雨每吹不过半小时，过后就晴。中国西部气候变化之巨，由此可见一斑。

金沙江如此水急，因此不能通船只，自宜宾以至泸州，才通木船，泸州以下则通轮船。但金沙江之渡船在东川、巧家以下则船只较多。巧家以上每渡口最多十余只。龙街以上则只通皮船。船以兽皮制造，每船只渡一人。上游之所以用皮船者，因水流太急，江中礁石极多，木船易破。

赤军渡河时，不能架浮桥，只在交西渡渡口及其附近上下渡口搜集六只木船，大者可渡三十人，小者可渡十一人。而且船已破烂，常有水自船底流入，每次来回，均须专人在船舱将流入之水以木桶倒入江中，才能复渡，故危险异常，渡河速度因水流太急，故每小时只能来往三四次。而赤军全部人马，几乎都从此渡河，故除日间渡河而外，夜间则于江之两岸，燃烧木材，火光照耀江面，终夜渡河。

赤军之渡过金沙江而仅凭此六只破烂之船，国人未目睹此或不信之。但事实赤军确仅仅靠这六只破船以渡江。当然赤军之所以能如此从容渡江，最大原因，是由于南京军、滇军中了它的声东击西调虎离山之计，故有充裕之时间渡过全部人马。而且全部渡完两天之后，追军才到，所以掉队落班者亦极少。但另一个原因，则因赤军之渡河技术，有极好的组织。

云南省禄劝县金沙江皎平渡口

试想，如无较好的组织，则在渡河时，人马拥挤，一不小心，小船即可翻身，而船只有损失，即将延长渡河时间矣。故赤军在各方面之组织能力，确远优于南京及各省之军队。

陈云假托“廉臣”这么个“小百姓”的眼光，记述了当时鲜为人知的红军长征。由于陈云是长征的亲历者，他又善于抓住种种细节，所以写得如临其境、如闻其声，极具可读性。可以说，这是一本比美国记者斯诺的《西行漫记》早面世一年多的书，1936年7月当斯诺到陕北采访时，陈云此书已在巴黎和莫斯科公开出版了。

果真如同陈云所料，这本以“小百姓”身份写的书走俏于当时的国统区……

我由此注意起陈云的种种笔名和化名。

“陈云”此名，是他的本名。前已述及，因他从小过继给舅舅，而舅舅姓廖，所以改叫“廖陈云”，又写作“廖程云”。

1929年，陈云在中共江苏省委工作期间，用“廖仲仁”为化名，党内简称为“廖”，这便源于舅姓。

此后，1935年，当陈云到了苏联之后，曾用笔名“廉臣”。

1936年12月，陈云受共产国际特派，准备前往新疆时，化名“施平”。

1937年4月，陈云从苏联回国后，负责八路军驻新疆办事处工作，化名“史平”。

显然，这“史平”是“施平”的谐音。他曾以“史平”为笔名，发表过散文《一个深晚》。

此外，陈云还用过许多化名，诸如“陈明”“成云”“金生”“廖陈氏”，等等，总共十几个。[1]

从陈云手稿弄清遵义会议之谜

长征途中，发生了一件大事，那就是1935年1月15日至1月17日，中

[1] 陈玉堂：《中共党史人物别名录》，红旗出版社1985年版。

共在遵义召开了政治局扩大会议，批判了博古、李德的“左”倾军事路线，确立了毛泽东的领导，成为中共党史上的一个里程碑，史称“遵义会议”。

红军占领遵义期间，刘伯承任遵义警备司令员，陈云任政治委员。

陈云化名“廉臣”所写的《随军西行见闻录》中，有这么一段记述遵义的情景：

> 我以驻军有暇，曾步游遵义全城。遵义地处黔北要冲，有汽车路北通川边之松坎场。自遵义向南，越乌江而直达贵阳。遵义为黔省通川重庆之要埠，因地处川边，故风俗习惯及商业情形，均与川省有密切关系。遵义城有新旧两城，新城为商业集中之区，旧城为官署与住宅区域。两城之间有小河，中贯以石桥。城中官署庙宇，当时悉被赤军驻满。据闻黔军柏辉章师长之公馆（在旧城）驻有赤军总司令部，毛泽东、朱德即驻于此。遵义全城有男女中学校五六所，赤军对于学校机关不驻兵，以示维护教育，但各校均未上课。惟赤军对于青年学生曾特殊注意，派人组织抗日救国会及赤军之友社，等等。所以赤军进城之第一日即有几十男女学生，大部为中等学校学生，执旗上街演讲，为赤军演说。当我步至县立三中时，见操

遵义会议会场

场上有该校学生之篮球队与赤军篮球队正在比赛。赤军球艺甚精，因平日提倡体育甚力。赤军想尽方法鼓动青年学子，由此亦可见赤军对于青年学子之注意焉。

尤有一事可记者，当赤军在遵义成立革命委员会时，有一女学生名叫李小侠者，年约二十，同情赤军，在大会上演讲，后被举为革命委员之一，为当地学生中之长于交际者。

当赤军退出遵义时，李小侠亦随赤军而去。

当我步行遵义全城时，只见三种店铺门庭若市：一为洋货铺，套鞋、面巾莫不售卖一空；二为书店，遵义城有书店三家，间有上海、南京之杂志出售，此三家书店之新旧书籍、铅笔、抄簿，均售卖一空；三为酒肆，全城面馆、酒楼，莫不利市三倍。遵义城酒肆中颇饶川菜滋味，我亦同二三人去过一次，回锅肉、辣子鸡及各种泡菜，均饶川味，且价极廉。

陈云提及的中学生李小侠，笔者曾于1991年5月26日在遵义采访她，当时她已是一白发苍苍的老妪了……

随着毛泽东的影响日益扩大、政治地位日益提高，对于长征途中所召开的遵义会议的研究也就日益深入。然而，由于在档案中没有找到遵义会议的记录，关于遵义会议的许多问题找不到答案。例如，遵义会议究竟何时开始，何时结束，出席者有谁……

一份关于遵义会议的手稿的发现，一下子解决了许多历史难题，引起广泛注意。

遵义会议会址

这份手稿，是

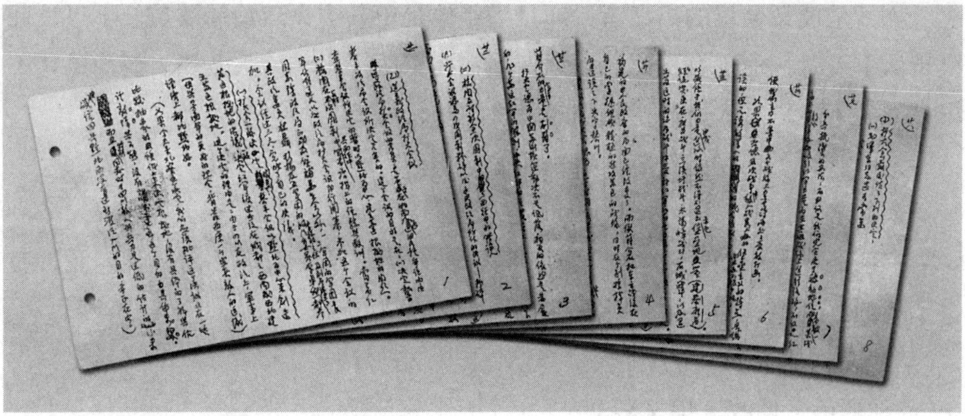

陈云撰写的《遵义政治局扩大会议传达提纲》

1956年中共八大之后，中共中央办公厅主任杨尚昆前往莫斯科，从苏联运回的一批中共档案中的一件。手稿用蓝墨水直行书写，标题便是“(乙)遵义政治局扩大会议”，共八页四千余字。一看内容，便可知是当年传达遵义会议情况的提纲，是一份不可多得的历史文献，其中记载了许多关于遵义会议的重要而前所未闻的史实。

可是，这份手稿显得不完整，首页上标明(乙)，显然还有(甲)。(甲)是什么？不得而知。再则，这份手稿是谁写的，没有署名，也不得而知。因此，这份手稿在未得到正式确认之前，无法公开发表。

1991年5月26日，笔者在遵义会议纪念馆查阅有关档案时，曾在1959年5月28日中共中央档案部门[1]致该馆的一份公函中，见到引用过这份手稿中部分内容，注明那是“一件未署名的文件”。

那份公函表明，早在1959年，当时的中共中央档案部门已经注意到这份未署名的手稿。

岁月飞逝，1985年1月，遵义会议五十周年纪念日快到了。为了使遵义会议研究深入一步，确定这份手稿的“身份”提到了议事日程上。

于是，中共中央档案馆派人把手稿送到遵义会议出席者手中辨认，以弄清是谁写的。

手稿送到了在北京的邓小平、聂荣臻、杨尚昆那里，都认不出是谁的笔迹。

[1] 中共中央档案馆成立于1959年6月。此前只有中共中央档案部门。

陈云是遵义会议的出席者，而且当年他是中共中央政治局委员。不过，此次辨认手稿时，他正在杭州。所以，当在北京的邓小平、聂荣臻、杨尚昆认不出是谁的笔迹之后，这份手稿被送往杭州。

笔者访问了当时担任陈云秘书的朱佳木。[1]

朱佳木回忆道：

“我收到手稿原件，交给了陈云同志。大约过了一个多小时，他叫我，我进了他的办公室。

“他说：‘这是我写的！’

“他的话，使我又惊又喜。

“他的夫人于若木同志看了手稿，也说是陈云同志写的字。

“据陈云同志说，这是遵义会议结束不久，他向部队传达遵义会议决议时写的传达提纲……”

这下子，手稿的来历查清了：又是出自陈云笔下！

这份手稿，是在遵义会议后，陈云作为中共中央政治局常委到各军团干部会上传达遵义会议决议的传达提纲。这份手稿，成了关于遵义会议的极为重要的历史文献。

经胡乔木对这份手稿进行考证，认为这份手稿是在遵义会议后不久从云南省威信县到贵州省仁怀县鸭溪镇的行军途中写成的，因此写作时间应为 1935 年 2 月 11 日至 3 月 11 日之内。

陈云看了胡乔木就这一问题写给他的信说：“具体时间我记不清了，但我同意你们考证的时间。”

这样，这份提及许多前所未知的关键性史实的手稿，署名陈云，先在《中共党史资料》第 6 辑上发表，接着，在遵义会议五十周年纪念日——1985 年 1 月 17 日——又全文公开发表于《人民日报》。

陈云手稿的发表，一下子澄清了许多关于遵义会议争执不休的疑案……

陈云手稿指出：遵义会议“经过三天，完成了自己的决议”。由于从周恩来的一份电报中已查明遵义会议是 1935 年 1 月 15 日开始的，“经过三天”，也就是 1 月 17 日结束。这样，遵义会议的日期查明了。

---

[1] 1991 年 7 月 9 日笔者在北京采访朱佳木。

毛泽东

周恩来

刘伯承

陈云

陈云手稿指出：

参加这个会议的同志除政治局正式及候补委员外，一、三军团的军团长与政治委员林、聂、彭、杨及五军团的政治委员李卓然、李总政主任及刘参谋长都参加了。

这一段话，给历史学家们帮了大忙。历史学家们把那些当时不在遵义的政治局委员和候补委员排除在外，一下子就确定了遵义会议出席者名单：

中共中央政治局委员六人，即毛泽东、朱德、陈云、周恩来、张闻天、博古。

中共中央政治局候补委员四人，即王稼祥、邓发、刘少奇、凯丰。

陈云提及的“林、聂、彭、杨”，即林彪、聂荣臻、彭德怀、杨尚昆。

再加上陈云提及的李卓然，“李总政主任”（李富春），“刘参谋长”（刘伯承）。

此外，再加上李德和翻译伍修权，还有中共中央秘书长邓小平，总共二十位出席者。

陈云手稿如实地记录了遵义会议的主要精神，指出：

扩大会议指出军事上领导错误的是A、博、周三同志，而A、博二同志是要负主要责任的。

A，也就是李德；博，即博古；周，是周恩来。长征时，他们三人组成“三人团”，是中共最高领导机构。

陈云在会上和周恩来、张闻天等一起支持毛泽东，批判博古、李德。会议增选毛泽东为政治局常委（毛泽东原为政治局委员），确立了毛泽东在党内、军内的领导地位。

陈云曾经回忆说，他是在1933年进入江西中央苏区才认识毛泽东的，最初对毛泽东并不了解。到了遵义会议时，陈云对毛泽东已经有了相当深刻的了解。陈云称毛泽东“非但聪敏，且有才能”，“是中国共产党的领袖人才”。正因为这样，陈云在遵义会议上支持毛泽东。

第四章
四处奔波

◎ 在出席遵义会议后不久，在红军队伍中便不见了陈云的踪影。有人说，陈云失踪了。也有人说，陈云牺牲了。

◎ 其实，陈云是奉中共中央之命，担负重要任务，秘密离开了红军，前往上海……

中央委以重任

在出席遵义会议后不久，在红军队伍中便不见了陈云的踪影。

有人说，陈云失踪了。

也有人说，陈云牺牲了。

其实，陈云是奉中共中央之命，担负重要任务，秘密离开了红军，前往上海……

当时，中共上海中央局遭到严重破坏。

当博古、张闻天、陈云在1933年1月从上海到江西中央苏区之后，在上海成立了以康生、卢福坦、李竹声为领导人的中共上海中央局。但是，由于卢福坦不久被捕、叛变，康生则于1933年6月赴苏联，而李竹声后来又于1936年6月26日晚在上海马立斯新村被捕，不久叛变。中共上海中央局只得改由盛忠亮任书记。

此后，中共上海中央局又几次遭到破坏，到了1935年夏，几乎停止了工作。

李维汉曾回忆道：

> 有一次，我路过博古、洛甫（笔者注：即张闻天）的房间，无意中听到博古对洛甫说："上海完了。"（原注：指上海党组织被破坏完了）我猛听到这句话非常吃惊。[1]

---

[1] 李维汉：《回忆与研究》上册，中共党史资料出版社1986年版，第353页。

中共中央决定派人到上海去的另一个重要原因，则是向共产国际汇报遵义会议的情况。

原本中共上海局是中国共产党和共产国际联系的通道，由于中共上海中央局遭到破坏，中共中央失去了和共产国际的联系。由于这一联系中断，所以中国共产党在 1935 年 1 月 15 日至 17 日所召开的遵义会议，事先未向共产国际请示，事后又未向共产国际报告，而这一会议又事关重大，改换了中国共产党领袖，改变了党的路线。在当时，中国共产党仍属共产国际领导，按照组织关系，中国共产党是共产国际之下的中国支部，因此以毛泽东为首的新的中共中央，急于派人向共产国际汇报。

显然，这样的汇报必须通过上海，因为上海有共产国际派驻的秘密代表……

最初，中共中央决定派红军总政治部宣传部部长兼地方工作部部长潘汉年前往上海。

那是在 1935 年 2 月 28 日，就在红军第二次打下遵义的时候，潘汉年重入遵义，在街头忽然接到通知，说是洛甫有要事找他。洛甫也就是张闻天，当时为中共中央总负责人。

潘汉年赶紧到张闻天那里，才知中央决定派他去上海，去寻找上海地下党，寻找共产国际在上海的代表。潘汉年理所当然是最合适的人选。跟国民党十九路军谈判，跟粤军陈济棠谈判，点将都点到他头上。他灵活机智，富有地下工作的经验。

潘汉年出发前，张闻天找他谈话，对他说：

“中央研究决定，让你到白区去，在上海长期埋伏，并设法打通和共产国际的关系。我们现在和共产国际的联系电台早已中断了。你知道，我们同共产国际的联系是至关重要的。你如在上海联系不上，就得设法到莫斯科去。总之，应当尽快地和共产国际打通联络线，向共产国际报告遵义会议的结果以及红军的情况。”[1]

潘汉年后来曾对李一氓说起自己前往白区的经过：

---

[1] 王朝柱:《功臣与罪人——潘汉年的悲剧》，海天出版社 1993 年版，第 88—89 页。

贵州一带，那时盛产鸦片。贵州军阀王家烈的部队，便以“双枪兵”而闻名。所谓“双枪”，除了一支步枪，还有一支“烟枪”。于是，潘汉年便先让红军抓了个鸦片贩子，跟他关在一起。然后，他“救”那鸦片贩子，一起逃出监狱。他化名“杨涛”，混在一群鸦片贩子之中，到达贵州省会贵阳……

又据李维汉回忆，在红军第二次打下遵义时，一位名叫林青的当地人前来找他，经过谈话，知道对方是当地的中共地下党员。由此，作为中共中央组织部部长兼红军总政治部地方工作部部长的李维汉，跟贵州当地的中共地下组织有了联系。李维汉让潘汉年到了贵阳后，找到中共贵州工委委员秦天真。秦天真又指派中共地下党员蓝云臧，护送潘汉年由贵阳经广西到达香港，再由香港来到上海……

不过，潘汉年不是遵义会议的代表，他并不了解遵义会议的情况。要向共产国际汇报遵义会议的情况，中共中央显然需要派出比潘汉年级别更高的代表，最好是一位政治局常委。在毛泽东、张闻天、周恩来、陈云、博古这五常委之中，毛、张、周无法离开红军，博古是在遵义会议上遭到批判的对象，显然不合适，唯有陈云去上海是最恰当的人选。陈云在遵义会议上明确支持毛泽东，所以毛泽东派陈云去向共产国际汇报遵义会议，完全信得过。再说陈云是上海人，本来就在上海工作，熟悉那里情况，何况那时陈云是中共中央政治局常委中分工负责白区工作的，所以去上海的中央代表非陈云莫属。

派陈云作为中共中央代表前往上海，是在 1935 年 5 月 29 日红军夺取泸定桥当天晚上召开的会议上决定的。由于处于行军之中，这次会议并没有留下文字记录，在中共党史、军史、长征史和中国现代史上，都没有记载。但据陈云 1985 年 2 月回忆，参加此次会议的有毛泽东、朱德、周恩来、张闻天、王稼祥和陈云等人。[1] 会议主要作出了两项决定：关于红军的前进线路，红军向北走雪山草地一线，避开人口稠密地区，与在岷江流域一带活动的红四方面军会合；再者就是派陈云到上海恢复党在白区的组织，并与共产国际取得联系。

据刘晓回忆，陈云是和潘汉年一起去上海的。[2]

---

[1] 中共中央党史资料征集委员会办公室：《陈云同志谈泸定桥会议》，《中共党史资料》第 16 辑。

[2] 刘晓：《我所知道的潘汉年同志》，《党史征集通讯》，1985 年第 9 期。

但是，有人作了仔细考证，证明陈云和潘汉年是分头去上海的。[1]

实际上，潘汉年和陈云确实是分头出发的，陈云是在潘汉年动身后才启程的。

就是在泸定桥会议后，陈云奉命伺机离开长征的队伍，这时潘汉年早已出发。陈云是在红军到达懋功雪山脚下的灵关殿后，离开红军，前往上海的。

“收账先生”的艰险历程

从长征途中前往上海，颇为危险，也颇为艰难。当年，陈云从上海通过秘密交通线进入江西苏区，差一点落入敌军包围圈；现在，又要冒一次很大的风险。陈云对四川人生地不熟，而且他有浓重的上海口音，在四川只要一开口，就会被知道是外地人……

此行必须轻装。临行前，陈云把有关的文件整理后，装在一个箱子里，交给组织。他的那份关于遵义会议的传达提纲，很可能是此时放入箱子的。后来这些文件被作为重要档案，转运到了苏联。

据陈云秘书朱佳木告诉笔者，陈云是由一位名叫席懋昭的中共地下党员护送的。[2] 朱佳木说，在中共十一届三中全会之后，他在整理陈云的文件时，发现一份席懋昭写的自传。席懋昭在四川天全县当过小学校长，他在自传中写及护送陈云出川。

席懋昭又名席哲明、席克进，是朱德的同乡，1912 年出生于四川仪陇县观音乡。1930 年在仪陇中学读书时，席懋昭因领导学生运动被捕，在押解途中脱险。1931 年席懋昭入保宁高中，次年秋在成都天府中学读书，1933 年春在成都加入中国共产党。1933 年 10 月党组织遭到破坏，叛徒出卖了席懋昭，他按上级指示转移到了荥经县，后来又转到天全县，依靠他在川军二十四军五旅二十八团一营任营长的长兄席伦的关系，被天全县长委派到灵关殿小学任校长，他的妻子贺伯琼（也是中共地下党员）则担任教导主任。有了这样的公开

[1] 王炎离:《长征途中潘汉年和陈云不是一起去白区的》,《贵州党史通讯》, 1988 年第 8 期。

[2] 1991 年 7 月 9 日笔者采访朱佳木于北京。

四川省天全县灵关殿镇

身份做掩护，席懋昭在天全县与二音院（观音寺）主任教员、中共地下党员魏守端取得了联系，开展地下工作。

1935年6月6日晚，席懋昭带领游击队在天全县城附近迎接红军，并带领红军先遣队一军二师四团避开敌人重兵把守的大路，抄小路经十八道水、苦蒿坪直抵灵关殿镇。从此一连六天，红军源源不断从灵关殿镇经过，向宝兴进发。席懋昭和魏守端带领红军战士打开了地主的粮仓，把粮食分给乡亲。

6月12日，红军先遣部队胜利翻越了夹金山。就在红军的中央纵队即将从灵关殿镇启程赶往夹金山时，席懋昭接到中央纵队两名红军指挥员交给的重要任务，要他护送陈云出川。

当时，陈云就住在灵关殿小学。当席懋昭来到陈云住处，一位名叫陈梁的中共地下党员也来到这里。陈梁是四川冕宁县中共沙坝党支部负责人，红军经过冕宁时，他随红军北上，来到了天全县灵关殿镇，奉命与席懋昭一起护送陈云出川。

为了对付沿途的盘查，当时席懋昭、陈梁与陈云一起商量，陈云的“身份”

有两种：通常说成“小学教员”，因为席懋昭是小学校长，容易掩护陈云；有时也可以把陈云说成是到川西做药材生意的“收账先生”，化名“廖家骏”。陈云的算盘打得飞快，熟悉“收账先生”的“业务”。考虑到大批国民党军队正在追击红军，他们商定避开大路，走山路，绕道荥经，再折回雅安，到达成都，再从成都前往重庆。席懋昭在荥经县工作过，对那一带很熟悉。

为了确保陈云能够顺利“过关”，中央纵队红军的指挥员根据席懋昭的建议略施妙计，以给陈云一道“护身符”。

当天，陈云一行在细雨中离开灵关殿小学，踏上征途。就在他们走出灵关殿镇不远的地方，忽然有一个满身是泥水的三十多岁的男子急急忙忙从后面追了上来。席懋昭认得此人，大声喊道：“局座，怎么落得这个样子？”

此人正是席懋昭的顶头上司、天全县教育局局长熊某人。他作为国民党官员，在红军攻下天全县城时被抓。这天，他从县城被押解到灵关殿镇，红军“一不小心”，被他逃脱——逃脱的时间，恰恰是在席懋昭等刚刚离开灵关殿镇的时候。熊某人的家在荥经县，他是荥经县的地主，红军料定他会从灵关殿镇逃往荥经县，在山路上与席懋昭等“不期而遇”。

席懋昭向熊局长介绍陈梁说，是他冕宁的远房亲戚。接着又介绍了“收账先生”，说是做药材生意的商人（席懋昭随机应变，由于熊某人是天全县教育局长，倘若把陈云说成小学教员，容易“露馅”），他们都是为了躲避“梅老二”（当地国民党方面对红军的代称），结伙从山路逃往荥经县的。

那位熊局长信以为真，也就跟他们三人同行。一路上遇见民团设置的哨卡，见到熊局长，民团一边点头哈腰，一边连查都不查就放行了。

翌日，陈云一行顺利到达荥经县城，这天恰巧是陈云三十岁生日。陈云出生于 1905 年 6 月 13 日，当天正是他的“而立之年”。

毕竟是“患难之交”，熊局长热情地邀请陈云一行到他家做客。盛情难却，陈云等在他家住了一晚，毕竟重任在身，不敢久留，第二天一早就朝雅安进发。

就这样，走了五六天，顺利地过了一关又一关，陈云一行来到了成都。

成都风声甚紧，这是因为蒋介石正坐镇成都，亲自指挥“围剿”红军。蒋介石从 1935 年 3 月 2 日入川，在四川坐镇 150 多天，发誓要全歼红军于四川。就在陈云到达成都的前几天——1935 年 6 月 14 日——蒋介石还在成都发布命令，在四川正式实行保甲制，提出“编组保甲，清查户口”，以“追堵”红军

及時
鐘表
眼鏡
公司
介紹痔漏專科
同啟
廖家駿啟事
家駿此次來省路上遺失牙質圖章一個文爲「廖家駿印」特此登報聲明作廢

1935 年 6 月 28 日陈云在《新新新闻》上刊登的《廖家骏启事》

于长征途中。

进入成都时，陈云为了减小目标，与席懋昭、陈梁分头活动。

陈云单独前往联络点——美丰银行——找到董事胡公著先生，出示了刘伯承的一封亲笔信。胡公著先生乃是刘伯承好友，当即招待陈云住下。

陈云还交给胡公著先生一张文稿，请他派人于次日早上把文稿送至春熙路中段 31 号的《新新新闻》报馆刊登。文稿上《廖家骏启事》是事先拟好的：

> 家骏此次来省，路上遗失牙质图章一个，文为“廖家骏印”。特此登报，声明作废。

这是陈云与周恩来约好的联络暗号，倘若在《新新新闻》上看见《廖家骏启事》，就表明陈云已经顺利抵达成都。

陈云不敢在成都久留，住了一晚，便与席懋昭、陈梁在约定的地点会合，结伴从成都乘长途汽车前往重庆。

在重庆，陈云这位做药材生意的“收账先生”真的来到一家药铺，向店主出示刘伯承的一封亲笔信，立即受到了店主的热情接待。原来，这位店主就是刘伯承的弟弟。

刘伯承弟弟家是在重庆较场口附近的大户人家，那里叫“十八梯坎”——也就是十八层台阶的意思。陈云一行在刘伯承弟弟家得到很好的休息。

几天之后，刘伯承弟弟为陈云买到从重庆到上海的船票。陈云在朝天门码头与席懋昭、陈梁告别，只身东去上海。

陈云在席懋昭、陈梁的护送下，居然长驱七百多公里，穿过国民党军队的重重包围圈，从蒋介石的眼皮底下，安然前往上海……

席懋昭护送陈云出川，过程也颇为曲折，四川峨眉电影制片厂就是根据这一内容，改编成了电视连续剧《陈云出川》。

在上海重逢潘汉年

一路风险，陈云于1935年7月上旬到达上海，化名李介生。

据当年从无锡赶往上海掩护陈云的孙诗圃回忆，陈云到了上海之后，住进了上海法租界天主堂街（今四川南路）新永安路新永安旅馆，那里离苏州河不远。

上海笼罩在白色恐怖的气氛之中。陈云一时没有与地下党取得联系，因为他翻阅报纸，发现公开声明脱党的叛徒名单中有七十多人认识自己。

据陈云之子陈元回忆，当时陈云曾经被国民党特务认出：

> 当时苏州河上有十几座桥，每座桥头都有国民党特务，很多都是叛徒，认识他，而且很多地方都挂着通缉他的像。那一次，他不幸碰见一个特务，立即对特务说，我警告你，如果你敢揭发我，共产党饶不了你，早晚一天要找你算账！陈云做那么多年地下工作，特别能掌握叛徒的心理。果然那个特务被吓住了，把帽子往下一压，一扭头，就装作没看见过去了。

陈云打电话给当时担任上海浙江实业银行副总经理的章乃器，请章乃器转告章秋阳，约他见面。

章乃器这人，曾两次名震中国：一是1936年11月和全国各界救国联合会的领袖沈钧儒、邹韬奋、李公朴、王造时、沙千里、史良等一起被国民党当局逮捕，成了轰动全国的“七君子”事件的当事人之一；二是在1957年被错划为“右派分子”，成为“反右派运动”的重点批判对象。

其实，章乃器和中国共产党有着密切关系，并曾给了中国共产党许多帮助。

据《七君子传》载：

> 早在一九二七年“四一二”大屠杀期间，中共地下党领导人杨贤江在武汉活动，经常有款项汇给上海的同学郑文利。郑托章乃器经手存入浙江实业银行。有次杨汇来六千元巨款，国民党当局跟踪追查，章乃器得到消息，迅速将存款转移，结清账户。国民党查到银行，一无所获。党的经费安然无恙，郑文利亦避免了一场灾祸。[1]

又据路易·艾黎回忆，他曾经手把一笔中国共产党的经费带到上海，交给宋庆龄，凑足一万元，由章乃器以银行的名义汇给了在西安的中国共产党地下党负责人刘鼎。这笔钱，后来被刘鼎派了很重要的用场。[2]

章乃器的三弟章秋阳，又名章郁庵，是中国共产党党员，曾和陈云一起在上海商务印书馆工作，与陈云颇熟。

章秋阳离开商务印书馆之后，从事地下工作，公开身份则是上海证券交易所经纪人。他曾多次把从苏区运来的金银换成钞票，作为中共经费使用。

陈云通过章乃器，与章秋阳联系上了。[3]

于是，章秋阳立即把陈云从上海新永安旅馆转移到上海法租界霞飞路（今淮海路）358 弄尚贤坊 21 号。

当时，在无锡以新监书记员为公开身份的孙诗圃，奉中共组织之命来到上海，和章秋阳接上了头。

据孙诗圃回忆，章秋阳曾考虑把陈云转移到无锡，以求更加安全。这是因为孙诗圃和无锡新监主管邢源堂交情很深，可以借这个关系掩护陈云。于是，孙诗圃回到无锡，对邢源堂说，有个姓李的朋友在交易所里亏了几千元，为了筹款还债，到无锡避一下风头。邢源堂答应给“李先生”安排食宿。

当孙诗圃再次来到上海，章秋阳又改变了计划，决定陈云仍留在上海，因为陈云急于要与先期来沪的潘汉年接头。

---

[1]《七君子传》，中国社会科学出版社 1989 年版，第 186 页。又据，史林《章乃器出走浙江实业银行》，《上海政协报》1986 年 5 月 6 日。

[2] 路易·艾黎：《刘鼎，杰出的中国人》，《人民日报》1987 年 12 月 31 日。

[3] 陈云办公室致章乃器之子章立凡的复信，1984 年 2 月 22 日。

这样，经陈云同意，章秋阳把陈云从尚贤坊转移到上海英租界山西北路老泰安里111号唐文云家中。唐文云是章秋阳的妻子，当时在华商证券交易所工作。

后来，陈云再度转移。章秋阳把陈云安排在上海北京路靠近浙江路的一家钢铁商店楼上，每天由唐文云的幼子俞三元，给陈云送来三餐和报纸。

陈云终于按照事先的约定，秘密地与潘汉年的表妹夫潘企之（即潘渭年）和表妹吕鉴莹接头。

潘企之把陈云来沪的消息告诉了中共中央临时上海局宣传部部长董健吾、中共中央临时上海局负责人浦化人以及潘汉年。

陈云和潘汉年在上海重逢了！

从董健吾和浦化人那里，陈云得知，中共上海中央局遭到国民党中统特务的严重破坏，直至不久前才成立了中共中央临时上海局。另外，连共产国际远东情报局负责人华尔敦（即劳伦斯）在上海也遭逮捕，因此在上海已无法跟共产国际进行联系。

这样，中共驻共产国际代表团指示陈云和潘汉年赴苏联，直接向共产国际汇报中共的遵义会议以及红军的情况。

在莫斯科争得斯大林的支持

陈云在上海秘密会见了孙中山夫人宋庆龄，请求她帮助安排赴苏。

宋庆龄安排陈云搭乘一艘苏联货轮，由潘企之护送。与陈云同行的有中共一大代表陈潭秋，瞿秋白夫人杨之华，还有何叔衡的女儿何实楚。

这样，陈云一行于1935年夏离沪赴苏联。

这是陈云第一次出国。

潘汉年没有和陈云同行。因为担心万一遇上麻烦，两人同遭不测，就无法完成肩负的重大使命——他俩分头来沪，也是基于这样的考虑。

陈云从上海乘苏联货轮到达海参崴之后，经西伯利亚大铁路到达莫斯科。

潘汉年则于1935年8月下旬离开上海，前往苏联。严朴与潘汉年同行。

严朴乃严慰冰之父，严慰冰乃陆定一夫人。在严慰冰所写的《严朴生平》

中曾提及严、潘二人这次苏联之行：

> 一九三五年秋末（笔者注："秋末"有误），严朴与潘汉年由上海乘船赴苏联。到达莫斯科时，正值十月革命节。那天晚上，他第二次见到斯大林。[1]

据严朴次女严昭告诉笔者，陈云与严朴友谊甚笃。[2] 所以，当严朴于1949年6月5日病故时，陈云亲自为他写了《严朴同志传略》，发表于1949年6月9日的《人民日报》……

1935年9月上旬，陈云到达莫斯科之际，正值共产国际第七次代表大会刚刚结束。

共产国际七大举行时，虽然还不知道中国共产党召开了遵义会议，但是毛泽东和王明、张国焘、朱德均被选为共产国际执行委员，王明被选入主席团。季米特洛夫受命直接负责处理中国问题。王明、康生、王荣（吴玉章）、梁朴（饶漱石）在大会上发言。

就在共产国际七大期间，出于对断了线的中国共产党的关注，共产国际派出一位重要的密使前往中国，寻找中共中央。

此人是资深的中共党员，作为中共驻共产国际代表团成员在莫斯科已生活了近三年。

在莫斯科时他叫"李复之"，受命回中国时临时取了个化名"张浩"。回到中国后，在中共内部，他又使用"林育英"这名字。然而，在他赴苏之前，国民党曾以高额赏金缉捕此人，而悬赏布告上却写着他的化名"林仲丹"——其实，他的本名叫林育英，字祚培，湖北黄冈人，是林彪的同乡、堂兄（林彪本名林育蓉）。他的母亲姓张，因此取名张浩。

林育英的名字如今鲜为人知，可是当他作为共产国际特使回国后，曾起过重大作用。

就在林育英刚刚启程离开莫斯科时，陈云和潘汉年到达莫斯科。共产国际正急切地想知道中国共产党的近况，陈云和潘汉年的到来，可谓"及时雨"，把

[1]《中共党史人物传》第31卷，陕西人民出版社1987年版。

[2] 1988年10月30日笔者在北京采访严昭。

断了的线接上了。

当时，在共产国际执行委员会之中，王明任候补书记，康生、毛泽东等为常委，陈云等为执行委员。

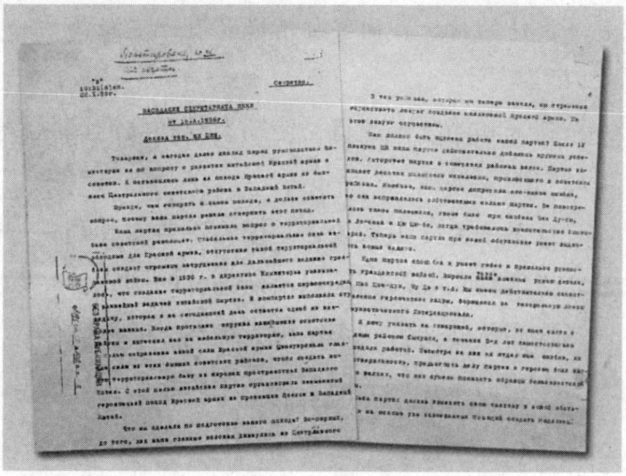

陈云向共产国际执行委员会书记处会议所作的关于中央红军长征经过和遵义会议情况报告的俄文记录稿

陈云作为共产国际的执行委员，从长征途中来到莫斯科，使共产国际喜出望外。陈云和潘汉年向中共驻共产国际代表团作了汇报，向共产国际领导作了汇报。这一报告的俄文原始记录稿题为“共产国际执行委员会书记处会议（1935 年 10 月 15 日）史平同志的报告”，1996 年中国驻俄使馆工作人员在俄罗斯找到了这一报告的俄文记录稿。

陈云的报告在当时被整理成文章《英勇的西征》，于 1936 年春发表在共产国际主办的《共产国际》杂志（中文版）第一、二期合刊上，详细介绍了红军的长征、中国共产党的遵义会议以及新的领袖毛泽东。

杨云若[1]、杨奎松著《共产国际和中国革命》一书，写及了陈云、潘汉年向斯大林及共产国际汇报遵义会议情况：

> 陈云潘汉年等一行人从上海辗转来到莫斯科，带来了中共中央《关于反对敌人五次“围剿”的总结决议》（笔者注：亦即遵义会议决议），说明了中共中央和中国红军领导机构的变动情况，并且介绍了中央红军长征至四川一段的作战和损失情况。陈云等人的汇报，使共产国际执委会和中共代表团自红军长征后第一次了解到中国革命真相。共产国际肯定了遵义会议的决定，对确立毛泽东的领导地位表示赞赏，但对主力红军人数的锐减颇为震惊。季米特洛夫等人敏感地意识到，共产国际对于中国革命形势和

[1] 1989 年 9 月 18 日笔者在北京中国人民大学党史系采访杨云若教授。

条件的估计，同实际情况是有一定距离的……[1]

陈云和潘汉年此行，使斯大林和共产国际肯定了遵义会议的决定，肯定了毛泽东的领导地位。

这对于毛泽东来说，是极为重要的胜利——因为当时中国共产党改换了领袖，必须得到共产国际以及斯大林的同意。

这当然使博古、李德极为扫兴。

李德后来在他的回忆录《中国纪事》中曾写及：

博古指望，或迟或早会同共产国际执行委员会（王明是中共在共产国际的代表）恢复联系，并“纠正”现时的政治路线。他所希望的，正是毛所疑惧的。

连李德也承认，陈云成功地完成了毛泽东交付的使命，向共产国际陈述了遵义会议的决议，争取到了共产国际的支持。

陈云和潘汉年的苏联之行，使博古的希望落空，也使李德失去了“告状”的勇气。

陈云有着强烈的学习愿望，他在莫斯科一边参加中共驻共产国际代表团的

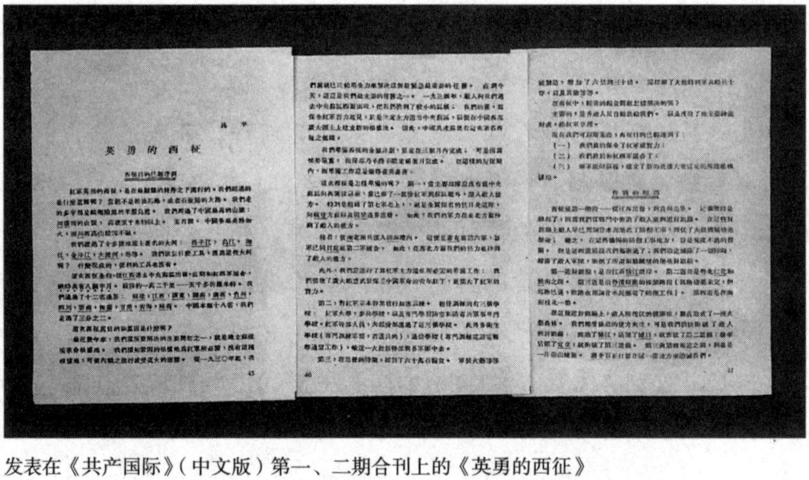

发表在《共产国际》（中文版）第一、二期合刊上的《英勇的西征》

[1] 杨云若，杨奎松：《共产国际和中国革命》，上海人民出版社 1988 年版，第 337 页。

工作，一边在列宁学校学习。

列宁学校是共产国际创办的专门为各国共产党培养干部的学校。1935 年 10 月 9 日，列宁学校召开学生资格审查会议，听取并同意接收中国共产党选派的陈云等十一名学员入校学习。陈云的学生证编号为 4572 号。10 月 11 日，列宁学校副校长签署了录取陈云等十一名中国学生入校学习的第 103 号决定，陈云开始了为期一年的学习生活。

列宁学校开设的课程，主要是列宁主义问题、政治经济学、社会发展史、中国革命问题和中共党史等。陈云非常珍惜这样的系统学习马列主义理论以及中共党史的机会。

陈云过去在商务印书馆工作时学习过英语，这次有机会重新学习英语。他每天背三十个英文单词。陈云后来说："1935 年我到苏联，看不懂英文报纸，要人家翻译成中文。后来我旁边住了一位大学生，我就跟他学英文，用了几个月工夫，马马虎虎能看懂报上一点消息了。"

由于学习刻苦，1936 年 5 月 8 日，陈云获得列宁学校学习"突击手"称号。

陈云不光是当学生，后来还当了"代理副教授"。那是共产国际执委会为了进一步为中共培养干部，于 1936 年 2 月 11 日推出了《关于为中国共产党培养干部的决议》，委托陈云等九人组成专门委员会。3 月 1 日，莫斯科斯大林东方劳动者共产主义大学干部处聘请陈云担任"党建、工会建设代理副教授"，从 1936 年 3 月 1 日起，每年 100 课时，每课时报酬 16.66 卢布。

尽管陈云有着在莫斯科列宁学校学习的学历，甚至在莫斯科斯大林东方劳动者共产主义大学曾担任"代理副教授"，可是陈云在填写履历表时，文化程度一栏一直写着"小学"。

搭乘王明专机飞回延安

1937 年 11 月 29 日，毛泽东、张闻天、周恩来、朱德、博古、张国焘等中国共产党领导人，齐集延安机场，静候着一架专机的降临。

一个黑点在天际出现，隆隆机声由远而近，一架苏制军用运输机终于降落在机场。

1937年11月底，陈云（前排左一）等从新疆回到延安，在机场受到毛泽东（前排左三）等的迎接

这架飞机来自莫斯科。只是由于续航能力有限，不得不中途在新疆迪化（今乌鲁木齐）和甘肃兰州降落、加油。当时，正处于抗日战争时期，根据苏联政府和国民党政府签订的协定，开辟了西北航线，从苏联运输军用物资来中国，帮助中国抗日。这样，苏联运输机就不定时地在莫斯科、迪化、兰州之间飞行。这架运输机在飞抵兰州之后，原本要返航苏联，却从兰州秘密地飞往了延安……

自从红军经过艰难的长征，到达陕北之后，便以延安作为“红都”。

从机舱里走出一位个子矮小的人物，那双高筒发亮的黑皮靴显得格外醒目。他摆着一副领袖的架势，在机舱门口站了片刻，频频向欢迎的人们招手，留下充分的时间给摄影记者拍照。

此人便是王明——陈绍禹。自从1931年10月18日和妻子孟庆树在上海登上赴苏海轮，匆匆六个春秋。离去时，上海一片白色恐怖；眼下，陕北不仅拥有南北长九百里、东西宽八百里的红色区域，有十多万人的红军，而且红都延安居然有飞机场——虽说这机场那般简陋，不过是一片山间平地罢了。

和王明同机来延安的，还有陈云和康生。

当时在场的张国焘，后来在他的回忆录《我的回忆》中，这么写及：

我们到达飞机场，毛泽东、张闻天等也同时来了，我们站得远远的；机场已有相当的戒备，似乎都不知道飞机里面载的是甚么人物。大概毛泽东早已接到了莫斯科的电报，告以王明等要来，毛并未公布；王明等回来的确实日期和如何来法，连毛泽东也不知道。直等到王明从飞机走出，陈云、康生也跟着下来，我们才急步向前，彼此握手拥抱。当时一堂欢叙，所谈都是高兴的事。我已有八年没有看见王明，陈云大约十二年没见，康生也有六年半了。叙起旧来，材料当然特别多。这种欢欣鼓舞的气氛，似乎以前延安从未有过。[1]

张国焘还回忆了当时王明所说的这次秘密飞行的经过：

座中，不记得是哪一位提到，以后莫斯科与延安间可否通航，以便运输大批武器和军用物资来延安。毛泽东闻言大感兴趣。王明立即解释说：根据中苏谅解，苏联空军飞机在中国境内，只供国民政府调遣；他们这次乘空军飞机来，是秘密的和非法的行动。王明继续说及：他们在兰州等了几天，等到今天天气好才上机。一路由飞机师按照地图，好不容易才摸索到了延安上空，低飞到看见延安城门口的大标语时才降落机场。因此王明指出由苏联飞机输运军火来延安的事恐怕办不到。毛泽东听了感慨再三地说：拿那么多军火给蒋介石，为什么不可以少少分给我们一点呢！[2]

陈云虽然和王明、康生同机飞抵延安，但他并不是跟王明、康生一起从苏联回来，而是在迪化搭上他们的飞机。

陈云在 1935 年 9 月到达莫斯科，向斯大林和共产国际作了汇报之后，便留在莫斯科，参加中共驻共产国际代表团的工作。当时，代表团的团长为王明，副团长为康生。

[1] 张国焘：《我的回忆》第三册，东方出版社 1998 年版，第 417—418 页。

[2] 张国焘：《我的回忆》第三册，东方出版社 1998 年版，第 418 页。

陈云在莫斯科，以化名“廉臣”写出了那本《随军西行见闻录》，以便能让国外以及国内的国民党统治区的读者了解红军、了解中共。这本书自 1936 年 3 月起，在法国、苏联和中国出版发行。

陈云在苏联住了一年多，在苏联的这一段时间里，陈云比较详细地研究苏联，了解苏联的经济模式。

就在陈云离开莫斯科，踏上回国之途，1936 年 12 月 12 日，爆发了“西安事变”。

陈云不得不在阿拉木图停留。直至 1937 年 4 月，陈云才来到新疆迪化，担任中共中央驻新疆代表。

当时的新疆，是一个十分特殊的地方：这里离苏联很近，中国共产党的力量颇强。

1935 年 6 月，苏联共产党中央就派出在苏联多年的俞秀松等二十五名中共党员，进入新疆。

俞秀松是资深的中共党员，早在 1920 年就在上海参加发起成立共产主义小组，是中国共产党最早的党员之一。1920 年 8 月，上海社会主义青年团成立，他担任第一任书记，后于 1925 年到苏联莫斯科中山大学学习……

新疆、甘肃交界处的星星峡是新疆通往内地的重要关口

俞秀松来到新疆，担任“反帝总会”秘书长。“反帝总会”实际上是在中共领导之下的组织，各部部长几乎都是中共党员，而名誉会长却是盛世才。盛世才为新疆省政府主席，当时愿与苏联、中共建立联系，支持中共的抗日民族统一战线的主张（他在1941年后又转为反苏反共）。

陈云到了新疆，和俞秀松一起工作，使中国共产党在新疆的力量更加壮大。

盛世才同意西路军余部四百多人进入新疆迪化。

西路军是1936年红军经过长征到达甘肃后组成并西渡黄河的。西路军与数倍于己的国民党“马家军”——马步青、马步芳部队——血战于河西走廊。

两万多人的西路军，几乎全军覆没……

陈云和化名“李广”的滕代远一起，到甘肃、新疆交界处的星星峡，去接应李先念所率的西路军左支队，来到迪化。这支部队当时对外称“新兵营”，实际上是西路军左支队。

1992年7月21日，陈云在《悼念李先念同志》一文中写道：

> 我和先念同志相识，是在一九三七年四月。那时他率领西路军余部四百多人，浴血奋战，历尽艰辛，到达甘肃、新疆交界的星星峡，我以中央代表名义从苏联回到迪化（今乌鲁木齐），然后去星星峡接应他们。这在当时极为困难的条件下，为党和红军保存了一部分力量，尤其是保存了一批干部。[1]

当时，陈云、滕代远等率几十辆汽车，带着大批的生活用品来到星星峡。陈云同李先念等紧紧握手。

看到西路军战士个个衣衫褴褛、面黄肌瘦，陈云非常难过。他大声地对这些九死一生的战友说：“有什么话，有什么事，以后慢慢说，你们先给我执行两项任务：第一吃好饭，第二要睡好觉。”陈云把从迪化带来的物资分给大家，“每人一套棉衣、一套单衣、一件衬衣、一双皮靴、一双皮鞋、一双袜子、一个瓷杯、一双筷子”，还有“大批的羊肉，苏联的纸烟和白糖”。陈云还发电报请盛世才再空运一批物资。盛世才答应了，两次派飞机空投衣物、粮食、枪支、

---

[1]《人民日报》1992年7月23日。

新兵营部分战士合影

弹药。这样，聚集在星星峡的西路军四百多名指战员装备一新。5 月 4 日，西路军坐上大卡车。5 月 7 日，西路军在迪化一个尚未启用的纺织厂工人宿舍里住下。中国革命的一支重要力量，终于在中国西北边疆得以保存。

陈云还在新疆组建了第一支由中国共产党领导的航空队。1986 年 2 月 9 日，陈云为中国人民解放军空军党史资料征集委员会编著的《天山风云录》一书题写了书名。这本书便记述了中国共产党在新疆组建第一支航空队的历史。

陈云在新疆工作了半年。后来，中共中央决定由邓发接替陈云在新疆的工作。

这样，当王明、康生从苏联回延安之际，陈云便搭王明、康生的飞机，同机抵达延安。

第五章
延安岁月

◎ 陈云用十二个字、四句话来概括干部政策。他说：我现在来讲干部政策，只想用十二个字，分成四个问题来解释：第一，了解人；第二，气量大；第三，用得好；第四，爱护人。

出任中共中央组织部部长

陈云回到延安不久，作为中共中央政治局委员，便在 1937 年 12 月 9 日至 14 日出席了中共中央政治局会议。

对于陈云来说，已经很久没有参加政治局会议了。在这次中共中央政治局会议上，决定由张闻天、毛泽东、王明、康生、陈云、周恩来、张国焘、博古、

1937 年 12 月，陈云（前排右二）同出席中央政治局会议的人员合影

项英9人组成中共中央政治局常委会，增补王明、陈云、康生为书记处书记。

另外，会议还决定，陈云接替博古，出任中共中央组织部部长。

那时，中共中央组织部在延安城内西山半山腰的一座小四合院里办公。这座四合院有三孔窑洞，两间平房。陈云这个南方人，头一回住进了窑洞。

当时，中共中央组织部副部长为李富春。整个组织部，在那时只有十几个干部。组织部设有秘书处，秘书长为邓洁。组织部干部科的科长为王鹤寿。

抗日战争初期陈云在延安

陈云的小女儿陈伟兰回忆说，父亲陈云有一种很善于识别人的眼光："他只要跟这个人谈三分钟，就大概知道他是哪种类型的人，适合搞什么工作。"陈云具备这样独到的眼光，使他很适合担任中共中央组织部部长。

就在这时，陈云面临着一场严峻的考验：支持毛泽东呢，还是支持王明？

王明在回到延安之后，俨然以来自共产国际的"钦差大臣"自居，颐指气使，凌驾于毛泽东之上。

陈云虽然跟王明在莫斯科共事了一年多，但他并不支持王明。

陈云在回到延安之后，是相当谨慎的。尽管陈云在莫斯科多次见到过斯大林，跟共产国际的头头脑脑也很熟悉，但是他绝无王明那种"钦差大臣"的派头，很尊重毛泽东。

1938年武汉失守前，王明曾写信要陈云去汉口，陈云拒绝了。不久，博古回延安，陈云对博古说："王明应回延安与毛主席一起工作。"博古说："王明讲，延安的中央书记处人数并不比国民党统治区的多，延安发电不应用中央书记处名义。"陈云当即报告了毛泽东。以后，中央给长江局的电报就不用书记处名义，改用毛泽东、洛甫（张闻天）、康生、陈云共同署名，即"毛、洛、康、陈"。

1941年10月8日，中央书记处工作会议讨论王明的错误时，陈云坚定地站在毛泽东一边。陈云发言说，过去我认为毛泽东在军事上很行，因为长征中遵义会议后的行动方针是毛泽东出的主意。毛泽东写出《论持久战》后，我了解到毛泽东在政治上也是很行的。王明回国后自以为政治上高明，对中央不尊重，犯了许多错误。我素来对王明是尊重的，但对他武汉时期的许多做法不同意。陈云也检讨了自己，是20世纪30年代王明路线的“坚决执行者之一，应负一定责任”。

1942年元旦，陈云在中共中央举办的新年团拜会上指出：中国共产党已成立二十多年，经历了各种严峻的考验，有成功，有失败，现在看来，最大的成绩就是我们党培养出了一个领袖，我们选择了这个领袖，他就是毛泽东同志。

当时，大批的青年、知识分子，从四面八方涌向延安。这些人一到延安，头一件事就是接受组织审查。所以，那时中共中央组织部担负着非常繁重却又异常重要的任务。

陈云曾这么说及当年各界奔赴延安的盛况，也说起了各色人等纷纷来到延安所造成的“复杂”局面：

我说今天许多人归向了共产党，天下英雄豪杰云集延安。我记得一九三二年在上海开办一个学校，训练工人干部，只讲六天，学生也只有六个。今天我们抗大就有几千个学生，再加上陕公、鲁艺、党校，在延安就有一万多个学生。一万个跟六个比一比，相差多少？

所以我说十年以来，人心大变，不管男女老少，都不怕艰苦，不远千里而来延安。抗大在武汉登报申明不招生了，一点没有用，仍旧是络绎不绝地来，没有汽车用两条腿走，男男女女从几千里外都来了。主要是革命青年，也有大学教授，有工程师，有一个七十五岁的老头子也来了。西北旅社住的什么人都有，各党各派，新闻记者，还有青年组织的参观团，等等。这些人不见得是在外面没有饭吃，要到延安来吃小米。从这种

担任中央组织部部长时的陈云

情况看来，复杂是复杂的，但是到底是复杂好还是简单好呢？从前办学校只有六个学生，倒很简单。今天各种各色的人都有，复杂得很。我看要干大事情，就免不了要遇到复杂情况。[1]

陈云于1938年9月在延安抗日军政大学作了题为“论干部政策”的演讲。这一演讲，可以说是集中反映了陈云对于组织工作的见解。

陈云的演讲，明明白白，思路清楚。陈云说：

干部政策，拿俗话来讲，就是用人之道……有一句这样的话：“干部决定一切。”这是通用于全世界的，不但外国通用，中国也通用，其他政党也通用。

陈云用十二个字、四句话来概括干部政策。他说：

我现在来讲干部政策，只想用十二个字，分成四个问题来解释：第一，了解人；第二，气量大；第三，用得好；第四，爱护人。

陈云的十二个字、四句话的意思是：

了解人，就是要全面地、历史地看待干部，分析其本质好坏，用其所长。陈云说，分配干部时往往能听到许多不好的话，说明我们有些同志总是看到别人坏的多、好的少；使用干部也有这种情形，今天看他表现好点就把他抬上天，明天表现得差点就一下打到地下去。对于一个人没有基本的估计，用人就会造成很大的错误。用人要用他的长处，使他的长处得到发挥，短处得到克服。

气量大，就是必须善于用人，有一技之长就要用。陈云说，孙中山领导革命成功的原因之一就是气量大，三教九流的人他都要。共产党是先锋队，要领导广大的后备军，要与广大群众打成一片，它周围必然是复杂的。如果怕复杂，只有几个人，不要发展才简单，但革命一定不会成功。要有大的气量，善用各种人才。

---

[1]《陈云文选》第一卷，人民出版社1995年版，第112—113页。

用得好，就是使干部敢说话、敢做事。陈云说，要人敢说话，就不能给人戴大帽子，不能把每个微小的错误都提到原则的最高度。要能善意地、诚恳地批评人，态度要好，还要指出犯错误的原因以及纠正错误的方法。要人敢做事，就不要怕下级犯错误，要让他们充分发挥自己的能力。

爱护人，就是要做到：提拔干部时要全面估计他的德和才，提拔后要多方帮助；对干部一切不安心的问题都要很耐心很彻底地解决；对关系干部政治生命的问题处理起来要很郑重很谨慎；对干部要实事求是，不要“抬轿子”。

陈云的讲话，反映出他能够很辩证地看待当时组织工作中出现的复杂问题。

比如，当时发展中共党员，怕发展那些“有胡子”的，以为这样的人“背景复杂”。

陈云很直率，以自己为例，加以说明：

> 拿我自己来说，我的背景就非常复杂。我先是相信吴佩孚的，后来相信国家主义，后来又相信三民主义，最后才相信共产主义，因为经过比较，认识到共产主义是最好的主义。我们说这种人复杂是复杂的，但他从自己的经验中真正了解共产主义，本质也是纯洁的。青年是纯洁的，但纯洁的不仅仅是青年，老头子也可以是很纯洁的。[1]

陈云具有很强的记忆力，在延安担任中共中央组织部部长七年，他能够记住的干部名字不下三千。陈云还调阅了大量的干部档案，对于党内干部的情况非常熟悉。所以1978年中共十一届三中全会之后，需要重新起用许多干部时，中共中央组织部常常征询老部长陈云的意见，称他是“活字典”。

做干部工作要“不怕麻烦”

作为中共中央组织部部长，陈云要亲自处理许多复杂的干部历史问题。

[1]《陈云文选》第一卷，人民出版社1995年版，第111页。

陈云不断收到一封封“上诉书”，他总是一一认真处理、答复。也常常有“不速之客”，不顾卫兵的劝阻，闯进陈云的窑洞，向陈云当面“上诉”……

陈云曾很坦率地说起面对“不速之客”的感受：

> 我住在那个山上，有时候也烦得很，刚刚看文件，就会有人来找你，到底会不会他呢？很犹豫。可是，设身处地想一想，人家热心来找你，一定有什么重要的事情需要解决，所以还是应该会一会。有时候正在写一件东西，一个不速之客，事先不打招呼就跑进来了，你不能还是直挺着腰板坐在那里不睬人家，只得放下笔来，倾听他说话；谈话的时候，还要聚精会神，耐心地郑重地解答各种问题，这样才能满足人家的要求。如果花了几个钟点，替一个干部把事情办好，也还是值得的。做干部工作，无论大事小事，都要不怕麻烦。[1]

陈云很认真地处理一起起干部问题。其中有一起“复杂”问题，陈云是这样处理的：

> 有一男一女，有人告发他们，说男的是托派特委委员，女的是托派分子。他们到这里来读书，要求进党校，进训练班，便来找我想法子，但是人家已经控告了他们，于是我就照实告诉他们：有人说你们是托派。这年轻的一男一女听了我的话，马上惊异得哭起来。我便保证替他们解决这个问题。他们来的时候一跳一蹦的非常活泼，走的时候都哭了回去。后来只花了两个星期工夫，查清他们不是托派，解决了这个问题，不是很值得吗？[2]

在陈云担任中共中央组织部部长时，刘家栋自1938年5月起担任他的秘书，成了陈云的第一任秘书　在此之前，陈云没有秘书。

[1]《陈云文选》第一卷，人民出版社1995年版，第119页。

[2]《陈云文选》第一卷，人民出版社1995年版，第120—121页。

据刘家栋回忆，那男的叫丁秀，解放后曾任中共鞍山市委副书记；那女的则是北平女师大附中的学生。

陈云约他俩谈话，当面告诉他们："有人说你们是托派。"

陈云以为，像这样的事，应该正面与本人讲清楚。

两星期后，陈云经过调查，查清他俩不是托派，做了结论。

事隔几十年，这一对男女在回首往事时，对刘家栋这么说：

"当初，要不是陈云同志亲自审查，问题不会那么快就澄清。要是落在康生手中，这一辈子就完了。"

陈云作为中共中央组织部部长，很关心那些投奔延安的知识分子，尽心尽力做好知识分子工作。

刘家栋回忆了陈云和一对知识分子夫妇这么一段曲折而有趣的故事：

> 一九三九年的一天，南方局书记周恩来同志从重庆发来了电报。电报说，重庆的著名外科医生何穆和他的作家妻子陈学昭，经八路军驻重庆办事处介绍，前往延安，请为他们安排工作。
>
> 陈云同志见了电报，对此事很重视。等何穆夫妻来到延安后，陈云同

1939 年 6 月，陈云（右四）出席延安抗日军政大学建校三周年纪念会并发表讲话

志亲自接待，与他们两人谈了话，安排他们继续从事自己的本职工作。何穆到了中央医院，搞外科工作；陈学昭去了延安鲁迅艺术学院，从事写作。在生活上，也对他们采取了优待政策。但是，那时延安生活条件很差，就是优待，也比他们在重庆差得多。他们两人又都是江浙一带人，生活习惯上和陕北差距还是很大的。

他们刚来时，积极性还是挺高的。陈云同志对此很高兴，还抽空找他们谈谈，做些思想工作，鼓励他们好好干。可是，不到一年的时间，两个人在感情上发生了矛盾，互相告状，闹着要离婚。陈云同志再三给他们做工作，连着两次找他们谈话，劝解他们之间的矛盾。陈云对他们两人说，总要凑合一年看看吧？

经过做工作，两人不提离婚了，但感到生活不习惯，他们要求回重庆去，实际上还是感情矛盾没有解决好。陈云同志又找他们谈话，希望他们留下来工作。并说："你们两人来了，我们欢迎，如果一定要走，我们也欢送。你们出去以后有什么困难，愿意回来，我们随时欢迎。"陈云同志和他们谈这番话时，我就在旁边听着，我心里挺受感动的，认为陈云同志真正是大将风度，话说得入情入理。

一九三九年八月十日，陈云、李富春同志给中央书记处写了一封信，信中讲："何穆又提出来要出去休养，我们与之谈了三次无结果。他提出的问题是：（一）无医生；（二）医生工作的适当条件。而最近原因大概是由于恩来同志手臂未弄好给以刺激。我俩谈无结果，提出：（一）允许暂时出去给以任务（请医生、买器具，弄一个好医院）；（二）书记处有位同志与之谈或可留下，不出去。"此信经洛甫、尚昆同志签名阅过，尚昆同志还提出"请恩来同志谈一次"，周恩来同志也签了名。从此信中可看出我们党的组织和领导同志帮助他俩的诚心。

他们坚持要走，陈云同志就介绍他们回到重庆。尔后，他俩慢慢恢复了感情，和好了。一九四一年，我还没有调离中央组织部时，两人又一块儿回到了延安。陈云同志还是同他们谈话，欢迎他们回来，并依照诺言再次给他们安排了工作。陈云同志以自己的耐心帮助、教育，充分体现了我们党对知识分子的信任、热情、关怀。这件事，使广大知识分子很受教育，成为知识分子之间流传的佳话。广大知识分子通过这件事，看到了我们党对待知识分子是真心诚意的，坚定了他们为革命多做工作的决心。何穆和陈学昭更是如此，他们终生为革命做出了优异成绩。何穆上前方了，他在战争环境中受到锻炼，无论在思想上还是在技术上都有很大进步，加入了中国共产党，在解放前夕，担任过白求恩医院院长，十一届三中全会后任卫生部顾问。陈学昭一生从事写作，解放后曾为浙江省文联的负责人。[1]

批评了江青

在陈云担任中共中央组织部部长时，所遇到的种种“复杂”人物之中，便有一位来自上海的女明星。

此人在上海时，艺名叫做“蓝苹”。1937年8月，她从上海来到延安，改名“江青”，意即“青出于蓝而胜于蓝”。这“蓝”，便是蓝苹之“蓝”。

江青，虽说当时不过二十四岁，却确实是个“复杂”的人物：她不仅已经有过三次婚姻，有过三个前夫，即黄敬、唐纳、章泯（如果把她在山东时的“小丈夫”裴明伦算进去，该是有过四次婚姻），而且加入过中国共产党，中间又失去组织关系，来延安时并无正式的中国共产党组织关系……

江青于1933年2月在山东青岛经当时中共青岛市委宣传部部长黄敬介绍，加入中国共产党。此后，1933年8月，因黄敬突然被捕，她仓促逃往上海，从此失去了中国共产党组织关系。

江青在上海，加入左翼教育团体“晨更”工学团，做小学教员。“晨更”工学团的负责人是中国共产党党员徐明清。

据徐明清告诉笔者[2]，她在上海曾介绍江青加入了共青团。

又据孙达生（当时化名宋介农）告诉笔者[3]，在上海，左翼教育联盟的中共党团组织曾准备批准江青重新入党，由他出面与江青作了两次谈话。准备要

---

[1] 刘家栋：《陈云在延安》，中央文献出版社1995年版，第96—97页。

[2] 1989年9月12日笔者采访徐明清于北京。

[3] 1993年4月3日笔者采访孙达生于北京。

作第三次谈话，并正式通知江青入党，江青却在此时被捕入狱，也就没有重新入党……

江青一到延安，便要求恢复她的中国共产党党籍。这不能不说是一个“复杂”的问题。不过，江青到延安时，陈云尚在新疆，还没有担任中共中央组织部部长。江青的党籍问题，是由当时的中共中央宣传部郭潜（后改名郭华伦，笔名陈然，在台湾国际关系研究中心任副主任）负责处理。

这时，江青的入党介绍人黄敬已抵达陕北，为江青提供了党籍证明；另外，徐明清也已来到延安，证明曾介绍江青加入共青团。这样，郭潜经过两个月的审查，确认江青为中国共产党党员。

于是，江青进入延安的中共中央党校学习，编入第十二班。

江青是在从中共中央党校要求调入鲁迅艺术学院（当时简称“鲁艺”）时，去找陈云的。

美国R.特里尔所著《江青全传》，这样描述了江青跟陈云谈话的情景：

陈云同王稼祥等在延安。左起：王稼祥、陈云、吴玉章、邓发、王明、博古、张闻天

尽管带着怀疑，一九三八年的三四月间，蓝苹还是提出了申请，要求转到鲁迅艺术学院学习。她这样做，可能是为了躲避党校的那种僵硬的政治学习。陈云接见了她，这是一位工作有条有理的实干家，后来成为北京制定经济政策的高级领导人。陈云没有答应她的要求。蓝苹在讲话时犯了一个错误，她总是喜讲连自己也不怎么懂的马克思主义，生怕这位不懂艺术的陈云认为她只知道戏剧。再说，蓝苹的性子也太急，她带着自己的行李去见陈云，好像她当天就想进鲁迅艺术学院似的。

正在这时，一座“靠山”给蓝苹帮了忙。康生从苏联回来了，而且成了党校的代理校长。在中国，从同一个地区来的人彼此有一种亲近感，他们常常是互相帮忙。如果在一个很大的群体中，有少数几个人来自同一地区，他们会像兄弟姐妹一样。蓝苹和康生也是如此。

从山东得到的信息说，蓝苹的母亲曾在康生家做过女佣。不管康蓝的关系始于何时，有多么亲密，在青岛时，康生曾引导蓝苹参加左翼活动，并把她引见给情人俞启威。

蓝苹去见康生。他们用诸城口音交谈，谈过去，谈山东。可能他们的关系还较为暧昧。过了不久，蓝苹不仅进了鲁迅艺术学院，而且当上了教学助理。有人曾听蓝苹说：“有康生这位可靠的朋友，就没有敌人能伤害我了。”陈云没有像康生那样为蓝苹开后门，他很不高兴的是，康生干扰了正常的工作程序，在鲁迅艺术学院为蓝苹找了位置。不久，在一次校内演出结束后，陈云就找到了批评蓝苹的机会。

后来，陈云和蓝苹在政治上有了交往，但是彼此一直互无好感。陈云和康生也是多年的仇敌。[1]

细细查考，可以发现，陈云批评了江青，此事最初出于江青之口。因为在美国露克珊·维特克所著《江青同志》一书中，有类似的记载。众所周知，维特克的《江青同志》一书，是她在“文革”中来华采访了江青后写的，这一细节显然是江青向她说的。

[1] R. 特里尔：《江青全传》，河北人民出版社 1994 年版，第 115—116 页。

维特克这么写道：

她（笔者注：指江青）到“鲁艺”申请入学时，接见她的是当时的组织部主任陈云。

她知道陈云个人掌握着入学许可的一切权力，她苦心惨淡地要给他印象：她如何真挚地想在“鲁艺”学习马克思主义。她不能使他觉得这女子的兴趣只在演戏。她对陈云说，她把日用必需品都装在箱子里带来了，她是这样渴望进这个学校。她这场表演，大概使陈云相信对组织部的任何决定她都乐于接受，所以当场准许她入学（现在她把当年如何拼命当做笑话说，然后又急忙加了一句说，当时自己真是为了学习）。实际上，陈云从来没有捧过她的场。准她进“鲁艺”后不久，他曾到学校看她演戏，对她出演的戏，批评苛刻，使她难堪。

据陈云秘书刘家栋回忆，作为中共中央组织部部长的陈云，对于江青和毛泽东的婚事曾提出过不同意见：

一九三九年（笔者注：据笔者查考，江青和毛泽东结婚在一九三八年十一月。有关考证，见笔者由作家出版社出版的《江青传》一书），在延安发生了一件影响不小的事件，这就是毛泽东同志和江青结婚一事。那时候，毛泽东同志已是我们党主持日常工作的主要负责人。由于毛泽东同志所处的领导地位，加上党内外对江青有着很多反映，导致这一婚姻问题成为中央书记处会议的讨论议题。

记得就在这一年春季的一天，当时的总政治部组织部副部长胡耀邦同志，带着另外两个同志来到中央组织部，找陈云同志反映问题。他们在陈云同志的窑洞里谈了两个小时左右。等他们走后，我曾问陈云同志，什么事情谈了这么久？陈云同志说，他们反映部队很多干部反对毛泽东同志和江青结婚。一九七八年七月，我在北京见到陈云同志时，问他还记得这件事吗？他说还记得。他还回忆起当时的情景：那时正是初春，天气还挺冷，他们都还穿着棉衣棉裤，因为坐在火盆旁，一边烤着木炭火，一边交谈，听胡耀邦等三位同志反映问题。

陈云同志身为组织部部长，对当时的很多人的情况，有着比较多的了解。由于工作性质决定，还容易听到来自不同方面的各种各样的反映。他就是根据自己对江青的了解，根据党内军内广大干部的意愿，在中央书记处会议上，提出了不同意毛泽东与江青结婚的意见的。

但是，在中央书记处讨论时，多数同志表示同意毛泽东同志和江青结婚，只是附有一个条件，就是结婚后，江青不得干预毛泽东同志的政治工作。在这种情况下，陈云就坚决服从中央书记处会议决议。这反映出，陈云同志既坚持了原则，提出了自己的意见，又严格遵守党的纪律，服从组织决议。

几十年以后，我才知道，康生在毛泽东同志和江青结婚的问题上，起了极坏的作用。

康生妄图通过江青来影响毛主席，以达到他的一些个人目的。康生用尽了心机，恰恰使他成为害党害国的千古罪人。[1]

当时，对毛江婚恋，反对最力者是张闻天和刘少奇，此外还有王明、博古和王若飞。最为支持者是康生。陈云早已讨厌“大明星”蓝苹，但是他并不溢于言表。

大量读书　不断写作

在延安，环境相对安定，陈云得以大量读书，不断写作。他写了一系列关于组织建设的文章。其中，最为著名的是 1939 年 5 月 30 日在中共中央机关刊物《解放》所发表的《怎样做一个共产党员》，被列为延安整风运动的学习文件。

在《怎样做一个共产党员》中，陈云第一次提出了共产党员的六项标准：

一、终身为共产主义奋斗；

[1] 刘家栋:《陈云在延安》，中央文献出版社 1995 年版，第 159—160 页。

二、革命的利益高于一切；

三、遵守党的纪律，严守党的秘密；

四、百折不挠地执行决议；

五、群众模范；

六、学习。

后来在1989年成为中共中央政治局常委的宋平，当时是在台下听讲的学生。

宋平曾这样回忆当年听陈云《怎样做一个共产党员》讲演的体会：

我印象最深的是听陈云同志讲怎样做一个共产党员。抗战开始，大批青年怀着抗日救亡的激情来到延安，他们向往共产党，但对党的性质、纲领并不甚了解。我当时已经入党，但怎样做一个共产党员，在一些问题上也若明若暗，还不能说思想上完全入党了。陈云同志提出了共产党员的六项标准，第一项就是为共产主义奋斗。他说，不是每个积极参加抗日战争的人都可以成为共产党员的。仅仅愿意抗日是不够的，共产党员奋斗的最终目标是实现共产主义。也就是说，共产党员不仅应该为党在各个时期的具体任务而奋斗，而且应该确定自己为实现共产主义而奋斗到底的革命人生观。怎样才算奋斗到底呢？陈云同志风趣地用上海话说，就是要奋斗到"翘辫子（死）"。由于我们党始终用共产主义伟大理想教育自己的党员、干部，使大批革命青年从民族的觉醒提高到阶级的觉醒，在世界观上实现了一个新的飞跃。

1939年5月30日，陈云在《解放》第72期上发表《怎样做一个共产党员》一文。该文后来在各解放区出版了单行本。1943年这篇文章被编入《整风文献》。这是在解放区出版的《怎样做一个共产党员》的各种版本

正是有了这样的思想基础，我们党才能团结一致，领导全国人民完成新民主主义革命，并顺利实现了向社会主义的历史性转变。[1]

作为中共中央组织部部长，对于干部问题进行深入研究，陈云提出了任用和提拔干部的标准：

“用干部的标准，概括起来有二：政治，能力。两者不能缺一，以政治为主。”

陈云还说，选拔干部必须：“德才兼备，以德为主。”

从哲学中总结出十五个字

1942年，延安开展著名的整风运动，历时三年。1942年5月，延安成立了以毛泽东为主任的中央总学习委员会，领导整风运动。陈云是总学委的成员之一。

延安整风时期的陈云

在延安，毛泽东曾三次对陈云说，要学习马克思主义哲学。陈云听从了毛泽东的劝告，在中共中央组织部把主要干部组织起来，成立了一个学习小组。

陈云非常推崇毛泽东的哲学论文《矛盾论》和《实践论》。

薄一波曾经说：“陈云把他学哲学的体会精辟地概括为两句话：‘学习哲学，可以使人开窍；学好哲学，终身受用。’”

陈云在1987年7月17日跟中共中央负责人谈话时，这么回忆起

[1] 宋平：《缅怀陈云同志》，《光明日报》1995年5月23日。

当年在延安的学习情况：

那时，中央组织部成立了一个学习小组，一共六个人，有我、李富春、陶铸（当时任王稼祥的政治秘书）、王鹤寿、陈正人、王德，还有几位旁听的“后排议员”。学习小组不要很多人，大体上都要处在同一理论水平。学习方法是，规定每周看几十页书，然后讨论一次，研究学习中遇到的问题，各种意见都可以争论。

我们从一九三八年开始学习，坚持了五年。先学哲学，再学《共产党宣言》，然后再学哲学和政治经济学等。那时我们读的书，除了马克思、恩格斯、列宁、斯大林的有关著作外，还有毛主席的《中国革命战争的战略问题》《实践论》《矛盾论》《论持久战》等，也读点别人的著作。毛主席《论持久战》这篇文章，给我的印象特别深。[1]

经过学习，陈云深有体会地在延安整风中提出了十五个字，即：

不唯上、不唯书、只唯实，
交换、比较、反复。

这十五个字，成为陈云的行动总则，成为他的座右铭。

1990 年 1 月 24 日，陈云在与浙江省党政军负责人谈话时，作了这样的回忆：

在延安的时候，我曾经仔细研究过毛主席起草的文件、电报。当我全部读了毛主席起草的文件、电报之后，感到里面贯穿着一个基本指导思想，就是实事求是。那么，怎样才能做到实事求是？当时我的体会就是十五个字：不唯上、不唯书、只唯实，交换、比较、反复。[2]

---

[1]《陈云文选》第三卷，人民出版社 1995 年版，第 360—361 页。
[2]《陈云文选》第三卷，人民出版社 1995 年版，第 371 页。

陈云这样论述了“不唯上、不唯书、只唯实”和“交换、比较、反复”：

不唯上，并不是上面的话不要听。不唯书，也不是说文件、书都不要读。只唯实，就是只有从实际出发，实事求是地研究处理问题，这是最靠得住的。交换，就是互相交换意见。比方说看这个茶杯，你看这边有把没有花，他看那边有花没有把，两人各看到一面，都是片面的，如果互相交换一下意见，那么，对茶杯这个事物我们就会得到一个全面的符合实际的了解。过去我们犯过不少错误，究其原因，最重要的一点，就是看问题有片面性，把片面的实际当成了全面的实际。作为一个领导干部，经常注意同别人交换意见，尤其是多倾听反面的意见，只有好处，没有坏处。比较，就是上下、左右进行比较。抗日战争时期，毛主席《论持久战》就是采用这种方法。他把敌我之间互相矛盾着的强弱、大小、进步退步、多助寡助等几个基本特点，作了比较研究，批驳了“抗战必亡”的亡国论和台儿庄一战胜利后滋长起来的速胜论。毛主席说，亡国论和速胜论看问题的方法都是主观的和片面的，抗日战争只能是持久战。历史的发展证明了这个结论是完全正确的。由此可见，所有正确的结论，都是经过比较的。反复，就是决定问题不要太匆忙，要留一个反复考虑的时间。这也是毛主席的办法。他决定问题时，往往先放一放，比如放一个礼拜、两个礼拜，再反复考虑一下，听一听不同的意见。如果没有不同的意见，也要假设一个对立面。吸收正确的，驳倒错误的，使自己的意见更加完整。并且在实践过程中，还要继续修正。因为人们对事物的认识，往往不是一次就能完成的。这里所说的反复，不是反复无常、朝令夕改的意思。[1]

陈云总结道：

这十五个字，前九个字是唯物论，后六个字是辩证法，总起来就是唯物辩证法。[2]

---

[1]《陈云文选》第三卷，人民出版社 1995 年版，第 371—372 页。

[2]《陈云文选》第三卷，人民出版社 1995 年版，第 372 页。

1942年3月，陈云同毛泽东等在延安。右起：高岗、毛泽东、张闻天、陈云、任弼时、贺龙、杨尚昆、李克农、邓发

陈云在延安时形成这十五个字的思想，成为他思索、考虑问题的原则。我在采访陈云夫人于若木时，她说："这两句话十五个字，后来成为陈云一生的写照。"[1]

1962年2月8日，在"七千人大会"结束的翌日，陈云在向出席会议的陕西省干部讲话时，明确地阐述了"交换、反复、比较"这六个字的含义。

此外，陈云还写了许多著作。例如：

《为什么要开除刘力功的党籍》(1939年5月)；

《党的支部》(1939年6月10日)；

《巩固党和加强群众工作》(1939年6月10日)；

《学习是共产党员的责任》(1939年12月)；

《巩固党在大后方及敌占区秘密组织》(1940年10月1日)；

《关于干部工作的若干问题》(1940年11月29日)；

《关于党的文艺工作者的两个倾向问题》(1943年3月10日)；

……

当上"红色掌柜"

自从陈云担任中共中央组织部部长以来，毛泽东非常满意，曾对刘少奇、

[1] 1995年6月27日笔者采访陈云夫人于若木于北京中南海陈云家中。

任弼时说："陈云同志不妄言、不虚夸，实事求是，人才难得。"

1944 年，已经当了七年中共中央组织部部长的陈云，忽然奉命向彭真移交工作。彭真被任命为中共中央组织部代理部长。[1]

在刘少奇的房间里，陈云当着刘少奇的面，向彭真移交：中共有多少党员，多少干部，有多少张"党表"（亦即"党员、干部情况登记表"，其中包括入党志愿书），多少小册子……陈云移交得一清二楚。

陈云有过多次工作调动。这一回调动工作，对于他却是至关重要的：中共中央调他担任西北财经办事处副主任兼政治部主任，主持陕甘宁边区的财政经济工作。

当了七年中共中央组织部部长，陈云已经发表了一系列著作，成为组织工作的专家，可是，这一回却完全"改行"，去做经济领导工作。

毛泽东为什么调动了陈云的工作？那是因为当时国民党和日伪军加紧了对陕北红区——陕甘宁边区——的封锁，使中共的财政经济处于空前的困难之中。毛泽东于是便调他主管财经。

不料，这一次工作调动，却使陈云在经济领导工作中"定位"。陈云细细

陈云同邓小平等在延安。左起：邓小平、谭政、陈云、林彪、罗荣桓、罗瑞卿、王稼祥、杨尚昆、滕代远、贺龙、李富春

[1] 中共山西省委党史研究室：《彭真生平大事年表》，中共党史出版社 1994 年版，第 15 页。

钻研经济工作，竟然成了中共党内的经济专家，以至博得“党的理财能手”的荣誉。

陈云找到了两本国民党政府出版的《中国经济年鉴》，细细钻研起来。陈云说，他对经济工作不太懂，找这些书来读，为的是能对中国的经济情况有所了解。

陈云上任不久，便于 1944 年 12 月 3 日在陕甘宁边区第二届第二次会议上，作了《陕甘宁边区的财经问题》[1] 的发言。这可以说是陈云对财经问题的最早的理论文章。

陈云说：“1941 年以来，陕甘宁边区就在军事上和经济上处于封锁的环境。为了克服困难，坚持抗战，党中央和西北局确定的边区财政经济工作基本方针，就是‘自力更生’四个大字。”

陈云还说：“我们以发展生产解决财政困难的办法，与国民党当局用加重老百姓的负担来解决财政危机的办法，是一个明显的对照。前者达到丰衣足食，后者弄得民穷财尽。这两种办法谁好谁坏，何去何从，中国人民自然看得清楚。”

陈云提出了这样的方针：“平定物价，调剂市场，购进必需品，抵制奢侈品，发展边区生产和贸易。”

接着，1945 年 2 月 1 日，陈云在陕甘宁边区财政厅工作检讨会上，作了题为“怎样做好财政工作”的讲话。

陈云指出：“财政工作是什么方针？是生产第一，分配第二；收入第一，支出第二。”

陈云还说：“财政与金融、贸易的关系，基本上是金融、贸易为了财政，这是大政方针。但有时财政要服从金融、贸易。”

陈云告诫他的部下，人人要做“红色掌柜”。他说：“我们是‘掌柜’态度呢，还是出纳态度？每一个同志，局长、科长、科员，都要有‘掌柜’态度，当家的态度，应该把责任心提高到这个程度。这不是一个小问题，而是主动或被动的问题。”

陈云很生动地说：“要说老实话，有就有，没有就没有。‘先小人后君子’，在同志们面前点钱不是丢脸的事情。不该给的东西，一定不含糊；许可了的东

[1] 发表于 1944 年 12 月 7 日延安《解放日报》。

1943 年底，陈云（中）同毛泽东、林伯渠参观陕甘宁边区农业生产展览时的合影

西，则大体不能变更，空头支票不要开。”

1973 年 6 月 7 日，陈云曾对中国人民银行副行长乔培新说：

“乔培新同志你还记不记得，在延安的时候我们研究边币对法币的关系，你那时是货币发行处处长，崔平同志是兑换所主任，那时每星期都要开会研究盐的价格和运费……”[1]

陈云算得上“干一行，爱一行”。他最初从领导工人运动起家，又领导过农民运动，主持过特科工作，又负责过工会工作，指挥过军队，当过组织部部长，一下子又当上“红色掌柜”……

成为中共“第六号人物”

延安的杨家岭，有着延安“中南海”之誉。

自从毛泽东在延安城内凤凰山的窑洞挨了日军炸弹之后，当天夜里就迁往延安郊区的杨家岭。那位曾是郭沫若“创造社”成员的作家成仿吾，让出了自

[1]《陈云文选》第三卷，人民出版社 1995 年版，第 218 页。

己的窑洞给毛泽东住。

中共中央的首脑们，也纷纷迁来杨家岭。于是，杨家岭成了中共中央所在地。

在杨家岭，干部和战士们一起动手，兴建了一座办公楼。由于那座楼房的模样像一架长着一对翅膀的飞机，人称“飞机楼”。他们还兴建了一座大礼堂，康生为之题字，曰“中央大礼堂”。

1945 年 4 月 23 日至 6 月 11 日，中央大礼堂盛况空前，中共第七次全国代表大会在这里举行。

这次大会通过的《中国共产党党章》规定：

“中国共产党，以马克思列宁主义的理论与中国革命实践之统一的思想——毛泽东思想——作为自己一切工作的指针，反对任何教条主义的或经验主义的偏向。”

如果说，十年前的遵义会议，毛泽东在中国共产党的领袖地位刚刚确立，那么在中共七大，毛泽东已成了众所公认的中国共产党领袖。

如邓小平所言，中国共产党的第一代领导集体，是在中共七大形成的。第

中共七大会场

一代领导集体的核心，便是这次大会产生的“五大书记”，即毛泽东、刘少奇、周恩来、朱德、任弼时。

陈云的名字，出现在中共七届一中全会选举产生的十三位中共中央政治局委员名单之中：

“毛泽东、朱德、刘少奇、周恩来、任弼时、陈云、康生、高岗、彭真、董必武、林伯渠、张闻天、彭德怀。”

在这张名单中，陈云排在第六位。

在中共七大，陈云作了发言。

陈云说：“我觉得我有责任，我做了七年组织部部长，看到这件事，需要在大会上讲一讲……”[1]

陈云要讲的是什么事呢？

陈云很尖锐地指出：

“这七年来我看到一点，就是在我们党内一部分干部中间，有一股骄气。什么是骄气？就是骄傲之气。”[2]

陈云说：

“我看到有一种情形，就是许多人喜欢人家说他好，不喜欢人家说他坏。有的人只能升官，不能降级，有功必居，有过必避。”

陈云（右）同贺龙在七大主席台上

陈云批判党内的这种“骄傲之气”，要求全党放下这样的“包袱”，去夺取胜利。

在中共七大结束不久，便迎来了抗日战争的胜利。

1945 年 8 月，毛泽东和周恩来飞赴重庆，和蒋介石举行著名的“重庆谈判”。

在毛泽东离开延安之前，为了预防不测，中共中

[1]《陈云文选》第一卷，人民出版社 1995 年版，第 296—297 页。

[2]《陈云文选》第一卷，人民出版社 1995 年版，第 291 页。

央作出安排，增选陈云和彭真为中共中央书记处候补书记。这样，当“五大书记”中的两位，即毛泽东和周恩来，前往重庆期间，由在延安的另三位书记刘少奇、朱德、任弼时，以及新选的两位候补书记陈云、彭真，组成了领导核心。

陈云的婚恋

走笔至此，顺便提一笔陈云的家庭生活……

过去，关于陈云身世报道极少，关于陈云夫人于若木的身世报道则几乎没有。通常，新闻媒体只是在有关营养学的一些活动中提及于若木，冠以“营养学家”的称号，仅此而已。

为此，笔者在采访于若木时，问及她的身世以及她和陈云婚恋之事。[1]

考虑到当时陈云已经去世，她详细地谈了起来……

于若木说，她结识陈云，事出偶然。

在 1937 年 11 月 29 日，陈云乘飞机从新疆来到了延安。当天，于若木第

1995 年 6 月 27 日，叶永烈在北京中南海采访陈云夫人于若木

[1] 1995 年 6 月 27 日，笔者采访于若木于北京中南海陈云家中。

一次见到陈云，那是因为于若木也出席了当天举行的欢迎会。于若木说：“我离主席台比较近，大概就是三四米，所以主席台上的人都看得比较清楚。陈云同志讲了话，他的上海口音，就是上海普通话的口音，给我留下了深刻的印象，他的政治家风采也给我们留下很深刻的印象。”

后来，于若木在延安的大会上，还曾经两度见到坐在主席台上的陈云。

于若木零距离接触陈云，是在陈云生病的时候……

陈云在四岁的时候父母就因生活艰难而先后病逝，从小就落下了流鼻血的毛病。这时，他的老毛病复发，鼻血出得很多，流个不止，不得不休息。组织上考虑要派人照料陈云。当然，担负护理工作，以女性更合适些。于是，中共中央组织部秘书长邓洁就到陕北公学五队去挑人。为什么要去五队呢？因为五队是女生队，从全国各地奔赴延安的女青年，很多在这个队。

邓洁来到陕北公学五队，找到队长陶婉容和书记宋廉，说明了来意。经过五队支部研究，以为最合适的人选，是于若木。这因为于若木是中共党员，而且历史清楚，政治上可靠。

于是，邓洁找于若木谈话。当时，于若木十八岁。她原是北平女一中的学生，刚从北平来到延安不久。于若木记得，邓洁这人是个文化人，喜欢文学、艺术，留着长长的头发，一派文人风度。他在解放后担任过轻工业部副部长、中央工艺美术学院院长。

邓洁对于若木说，陈云同志是党的重要干部，现在生病，需要人护理。于若木一听，便说自己只是一位普通的中学生，从未学过护理，恐怕难以胜任这一工作。邓洁告诉她，这是经过组织研究的，只有政治上非常可靠的人，才能到陈云同志那里做护理工作，何况陈云的护理工作不是很复杂，他只是大量出鼻血，需要静卧休息。

于若木得知是组织上的决定，也就服从了。这样，她到陈云那里报到。

那时，陈云住在延安城里的一孔窑洞里。于若木去了之后，就在窑洞门口摆了张办公桌，值个班。陈云有什么话，就替他传达一下。陈云要找医生，她跑去喊。另外，陈云有一种止鼻血的药水，是从苏联带回来的，于若木每天给陈云点几次。没事，就在那里看看报纸。于若木就这样值班，不到一个月，陈云病愈了。

结束了在陈云那里的工作后，于若木到中共中央党校学习，编入第十九班。

不过，也就在这不到一个月的时间里，陈云和她之间产生了感情……

于若木说到她和陈云之间的婚恋，站了起来，说这里有几封信，这几封信的经历带有传奇色彩。她走到写字桌前，从右边的第三个抽屉里，取出一叠复印件，送给笔者。

这是三封写于 1939 年的信的复印件。这三封信，有一封是陈云写的，有一封是于若木写的，其中都涉及了陈云和于若木的婚恋。另一封则是于若木的妹妹写的。

于若木又说起这三封信的“传奇”的故事：

这三封信，竟是半个多世纪后——陈云去世后——在北京集邮市场上发现的！

那是薄一波之子薄熙成发现的。这三封信，一封署名“陆华”，一封署名“陆琳”，一般都不会引起人们的注意，但是还有一封信署名“陈云”，引起了薄熙成的注意。虽说同名同姓叫“陈云”的也有，但是一读信的内容，便可知乃是当年在延安的陈云。他花了 2000 元，买下这三封信。

这三卦信其实是装在一个信封里的，信封上写着：

YU DAWCHYUAN
7 BARTON ROAD
WEST KENSINGTON
LONDON，W.14
ENGLAND

这是一封寄往英国伦敦的信，信封上盖着“西京（长安）”字样的邮戳，表明寄自西安。邮戳上的日期是“廿八年六月廿二日”，亦即 1939 年 6 月 22 日。信封右上角还有一行小字：“1939 年 8 月 5 日收”，显然收信人是

1938 年 3 月，陈云同于若木在延安结婚

个细心人，收到信时注明了时间。这表明此信寄了四十多天才收到——那时，中英之间还没有航空信，所以寄了那么久。

薄熙成把信买下之后，转赠给陈云之子陈元。陈元把信交给于若木，于若木惊喜万分，因为她万万没有想到，这几封半个多世纪前的信，居然能够完璧归赵！

那“陆华”，就是于若木。于若木原名于陆华，进入延安时，按照当时的惯例要改名——用本名的话，容易使在国民党统治区的亲友受到牵连。这样，她改名于若木。想不到，这名字竟一直沿用至今，而她的原名反而鲜为人知。

在署名“陆华”的那封信末，有这么一行字：

“来信请寄：延安邮政信箱第五号于若木收”。

这行字也清楚表明，“陆华”即于若木。

于若木说，信封上的英文，是她写的。信是从延安托人带到西安寄出的，而收信则是通过陕北榆林转往延安的。

收信人“YU DAWCHYUAN”，即于道泉，于若木的长兄，当时在英国伦敦。那时，陈云、于若木以及于若木的妹妹在延安。于若木要给大哥写信，叫妹妹和陈云也各写一信给大哥，一起寄出。

于若木的大哥于1992年在北京去世。这三封信，显然是大哥从英国回国时带回来的。至于这些信，在于若木的大哥去世后怎么会流入集邮市场，尚不得而知。不过，有一点是很明显的：信封上贴着的是20世纪30年代的邮票，引起集邮者的兴趣，也就成了集邮市场上的卖品！倘若没有那几张20世纪30年代的邮票，也许这几封信早就进了垃圾箱……

当然，在弄明白这三封信是谁写的之后，人们才明白，信才是无价之宝！

于若木的信，写于1939年5月28日。她在信中向大哥报告了她和陈云的婚恋情形：

> 你问我们小家庭的生活状况么？这里无所谓“家庭”。陈云同志在工作，我在学习。他住在机关里，我住在学校里，每星期六我到他那里住一天，这是延安所谓“住礼拜六”。
>
> 我和他是这样认识的：前年冬他回国后看到西北的情形很兴奋，致工作过劳使流鼻血之旧病复发，过度的流血病势相当严重，病中需要找一位

老实可靠的人看护，在学校里便找到了我，病人与看护的关系转到了夫妇的关系。

虽然他大了我十四岁，但是我对自己的婚姻很满意。他是一个非常可靠的忠实的人，做事负责任，从不随便，脾气很好，用理性处理问题而不是感情用事。所不痛快的是两人能力地位相差太远，在他面前愈显得自己的幼稚无能。

于若木在信中还写道：

这里的生活，除了吃饭穿衣是公家供给外，还发几块钱的津贴。

你问我们要什么书籍？我们不需要什么书籍，我对你有这样一个希望：希望你送陈云同志一支钢笔，因为他没有。不过，这个希望是在你能力所及的条件下，就是你的债还完以后与寄回家里钱以后有剩余的时候（如果关税太重或邮寄不便时也请勿寄）。

于若木只是希望大哥送一支钢笔给陈云。作为中共中央组织部部长的陈云，在当时连一支钢笔都没有，足见延安的生活是何等的艰苦！

陈云的信，写于1939年5月21日夜。

信的一开头，陈云写道：

“昨天接到由甘肃转来您从伦敦来的信，很高兴。”这表明陈云是在于若木收到哥哥于道泉的信之后，写这封信的。

在信中，陈云以三分之二的篇幅向于道泉介绍国内的抗日形势。陈云写道：

抗战的情况大概您在报纸上可以看到，综起来说，敌国的困难日见增加，前线上的证明，日本兵中新兵的成分大大增加，军事技术（兵士个人的军事素养）比前差多了，战斗的情绪比前更低些了，但是由于民族的成见，战争中还相当顽强。我国的情况，虽然失掉许多大城市和铁路，但是军事上说我们的军队在抗战中锻炼了自己。即使地域上说，失去的还实际上只是一些点和线，广大的乡村，仍是我军及我们政权统治之下。国内的政治基本上是在进步中，国内能够在一致抗敌的前提之下继续团结继续进

陈云全家福（20世纪50年代初于北京北长街住地）

步。当然，某些部分的不同见解可以引起一些误会，但大体说主要方面还是进步与团结。但虽然如此，直到现在为止，我们还没有达到可以有把握地制止敌人继续前进的那种形势，但这种形势不久会到来的。由于日军越前进越在兵力上地形上所受的限制更大，由于我们的有利的地形与军事力量之增长，这些都可以使战争转变到不利于日有利于我的局面。但无论如何，可以断定抗日战争的反攻胜利还须经过相当长期艰苦奋斗。今后几年恐怕比目前还要困难些，但是我们深信，我们能够而且可以胜利渡过困难。所以如果您一九四〇年回国正可以来参加这个历史决定我国命运的抗战。

我们盼望着您这一支生力军来参加，共同奋斗。

西北的文化运动应该会很快发展的，因为这里聚集着全国的青年和不少的文化人。他们在不怕困难而苦干，文化运动努力的中心，都集中国防文学，集中在四个大学"抗战救国"。这里有三日刊的报纸和一些其他的出版物，但是如果寄给您的时候，恐怕不能如数收到。我们将试寄一些给您。新文学运动前几年做过，获得了成绩，但远没有普遍，说不上什么大成绩。不过教育事业（指农村中）比我们来此以前，那大有进步，但还须努力，还不满意。

在说了一大通抗日形势之后，陈云才向这位未曾谋面的大舅子作如下自我介绍：

说了半天，也想介绍一下我自己是怎样一个人。我是江苏人，出身贫苦的家庭，五岁时父母均去世，依舅父而生。自高小卒业而后，无力继续学业，即在上海书店为学徒有七年余，此后十余年东奔西走直至如今。前年冬由欧返国，病中与陆华认识，于客岁三月结婚。我们在政治与性情上一切均很合适，惟年龄相差太远，今年我已三十五岁。

近阅报载，欧洲风云甚紧，英伦外交已在开始改变，如果爱好和平的国家能够联合一致，则或在暂时可以阻压迫在目前之战祸。欧洲华侨甚多，谅在迫切地盼望祖国胜利的消息，我们没有别的来回答国外侨胞的热望，只有更加努力，为驱出日军而苦干，为中华民族之最后解放而苦干。

这几封从北京集邮市场上发现的弥足珍贵的信件，真实地记录了陈云和于若木当时在延安的婚恋情况。

于若木的身世

我看了这几封信，问起了于若木大哥的情况，问起了于若木的身世。

我问起了她的出生年月，不料由此引出一段“故事”。

于若木说，她于1919年4月15日出生于济南。

我问，阴历生日是哪天？她答：三月十二日。

回沪后，我查对了一下《万年历》，发现1919年的阴历三月十二日，应是公历4月12日。

是不是于若木记错了呢？我在采访了她之后，曾写了一篇专访，写好后寄给于若木审阅时，在信中特地问及她所说的生日是否有误。

1995年7月13日傍晚，我接到于若木从北京打来的电话。她笑着告诉我，她的生日由阴历“译”成公历，确实应是1919年4月12日。可是，她对“4月12日”这个日子不喜欢，所以平常总是说成“4月15日”。

为什么她不喜欢“4月12日”呢?

因为蒋介石在1927年4月12日发动了“四一二”反革命政变!

她祖籍山东省淄博县葛家庄，在她出生之前，她家已迁往济南“七家村”。

父亲于丹绂，又名于丹甫。丹绂，取义于《易经》中“朱绂方来”。朱绂，“红色丝带”之意。丹亦即朱。父亲是清朝末年最后一期举人，又是中国第一批派往日本的留学生之一，毕业于日本著名的早稻田大学，日语很好。他不仅自己到日本留学，而且把长子、长女、次子都带到日本留学。正因为受到良好的教育，所以后来他的长子、长女、次子都成为很有成就的学者。

于丹绂回国后担任山东第一师范校长，是山东教育界的老前辈、山东近代教育的奠基人。他博学，教日语、国文、历史、地理、伦理学等许多课程。这所学校是山东第一所“洋学堂”，免费供应学生食宿，培养了许多有为青年。诗人臧克家就毕业于这所学校。

于丹绂在济南和六位知识分子朋友买了地，一家盖了一个院子，七家总共七个院子，拉洋车的就叫那里“七家村”。这名字渐渐叫开来，以至后来变成

笔者于2000年2月22日在北京采访于若木妹妹于陆琳

了地名。

于丹绂的夫人姓张，按照当年的“规矩”叫“于张氏”。“于张氏”原本没有文化，嫁到于家之后，受到于丹绂的文化熏陶，不仅会背唐诗宋词，而且会写一手漂亮的毛笔字。

于家六子女：长子于道泉，次子于道源，长女于式玉，二女于式金，三女于式谷，小女于式坤。

大抵是于丹绂饱读诗书，所以在给子女们取名的时候，就十分“讲究”：于家兄弟按家族的排行，应是“道”字辈。又由于“于”与“鱼”同音，而“鱼”离不开水，所以长子、次子的名字都要带“水”——“泉”“源”。

女儿们的名字，中间都是“式”字。三女于式谷，又名于陆华，进入延安后自己改名为于若木。

小女于式坤，进入延安后改名于陆琳（有时也写作于璐琳）。于陆琳是中国共产党的“同龄”人，生于1921年7月17日，与中国共产党同年同月诞生。她比于若木小两岁。笔者于2000年2月22日在北京采访了于陆琳，她当时是北京中华社会大学校长。1989年，于陆琳荣获“全国老有所为精英奖”；1993年，国防大学授予她“先进离休干部”称号；1998年，她被教育部评为“全国优秀教育工作者”；同年，全国民办高等教育委员会授予她“民办高等教育创业奖”……

父亲常给子女们教《古文观止》《唐诗三百首》，于道源小时候能背整本《唐诗三百首》。家学渊源，使于家的六个子女都具有很高的文学修养。

于若木在济南念完小学，进入山东省立第一女子中学。上完初中一年级，便离家前往北平上学。其中的原因，就是因为大哥于道泉当时在北平中央研究院历史语言研究所工作。

于道泉生于1901年，乃“世纪同龄人”，在九十二岁高龄时去世。他受家庭的熏陶，从小好学，而且记忆力、理解力都很强。他毕业于山东齐鲁大学，有着惊人的语言才华，先后居然学懂十三种文字，曾有着“语言奇才”的美誉。其中最为精通的是英语，另外，他还精通藏语——这是他在北平向北京大学一位德国教授学的。所以，他在北平的中央历史语言研究所担任藏文研究员。他对自然科学如天文、地理、地质以至医学、针灸等也有着广泛的兴趣。他嗜书如命，钱大都花在购书上。他平日送人家礼物，也往往是书。

陈云（右一）、夫人于若木（右二）和亲友在一起

由于于道泉在北平工作，所以于若木在1933年转到北平读书，先入两吉女子中学，高中时入北平女一中。

后来，于道泉受中央历史语言研究所的派遣，前往法国巴黎做研究生。这时，他还不懂法语。上了海轮，他一路上向同船的法国乘客学法语。轮船航行了近两个月，到达法国时，他居然已经能够用法语跟法国人交谈了！到了欧洲，他又学会了德语、土耳其语。

在巴黎结束学习时，他的“顶头上司”、中央研究院院长傅斯年希望他回国。傅斯年后来在1945年一度代理北京大学校长，1948年当选国民党政府立法委员，1950年1月任台湾大学校长，同年底病死于台湾。

于道泉没有听命于傅斯年，他去英国伦敦大学找到了工作，继续他的研究。所以于若木来到延安后给他写信，便寄往英国。于道泉在伦敦大学执教颇久，教出一批英国的“中国通”。当中华人民共和国成立之后，英国派往中国的官员中便有这样的“中国通”。

于若木十六岁加入中国共产党，这与她的哥哥、姐姐的影响有很大的关系。

于若木的大哥于道泉，曾加入中国共产党，后来，在白色恐怖中，与中共失去了联系而脱党。作家、翻译家萧乾在回忆自己加入中共时，曾说及是于道泉介绍的。后来萧乾也脱党。

于若木的二哥叫于道源，也懂多国文字。他在上中学时，就能翻译英文作品，并向儿童刊物投稿。于若木记得，那时常爱听他讲《木偶奇遇记》，那是他从这本书英文版中看来的故事。二哥后来考入北平燕京大学国文系，又转入北京大学国文系。他还是学生时就兼做北平《晨报》的副刊编辑，给报纸写文章，翻译稿子。他还自己办了一份民俗学小报。

二哥住在北京大学东斋，于若木常去那里。她记得，诗人、翻译家金克木那时虽不是北大学生，却跟她二哥住在一起，是二哥的好朋友。在于若木面前，二哥公开宣传共产党好。他酷爱读书，收集了鲁迅、郭沫若几乎全部的著作。他把邹韬奋的《萍踪寄语》借给于若木看。书中，邹韬奋很生动地记述了他在苏联的见闻。二哥就向她宣传苏联是如何的进步、如何的优越，对她产生了深刻的影响。

后来，二哥于道源去了延安。又去沂蒙山区打游击，担任中共中央山东分局机关报《大众日报》编辑。空余之际，他还给编辑们教英语。他在抗日战争中牺牲。

于若木的大姐、大姐夫，那时也在燕京大学。大姐于式玉，曾先后就读于日本早稻田音乐学院以及奈良女子高等师范，研究文史。于陆琳回忆说，大姐于式玉跟大哥于道泉一样，有着极好的语言天赋。她能讲一口非常流利的日语，英语也很不错，还精通藏语。有一回，大姐到蒙古参观，她天天跟翻译在一起，从蒙古回来之后，居然就能翻译蒙文。

大姐夫李安宅是河北迁安人，研究社会学，是中国社会学的奠基人之一。后来，李安宅转向研究中国少数民族的风俗文化以及藏学。

李安宅、于式玉跟萧乾关系也很密切，趣味相投。那时，于若木到大姐、大姐夫那里去，常常遇见萧乾。李安宅也曾是中共党员。他 1926 年加入中国共产党，是于若木的大哥于道泉介绍的。大姐夫、大姐在 1930 年结婚。1934 年，李安宅赴美国加利福尼亚大学、耶鲁大学留学，1938 年回国。此后，夫妇俩长期在藏传佛教中心拉卜楞寺从事藏学研究。1946 年，于式玉前往美国工作，随后李安宅也去了美国以及英国。1949 年，他们回到中国，在成都工作。贺龙将军率部进入成都时，曾前往拜访李安宅和于式玉。他们应贺龙之邀，随军进入西藏，再度在西藏从事藏学研究。

李安宅和于式玉都是学者、教授。于式玉在 1969 年去世，李安宅在 1985 年去世。为了纪念这两位学者，四川成立“李安宅、于式玉遗著整理编辑委员会”，开始系统整理他们的遗著，1990 年底已经出齐他们的文集。

由于于若木的大哥、二哥、大姐、大姐夫都是左翼知识分子，这样的家庭氛围促使她靠近了左翼。

周小舟引导于若木加入中共

于若木加入中共，则又与进入北平私立两吉女子中学很有关系。

北平两吉女子中学的创办者熊希龄，湖南凤凰县人，光绪年间的进士。他拥护维新，参与变法，提倡新学，是一位进步人士。由于熊希龄是湖南人，聘请了湖南人作为两吉女中的校长，在教师之中，也有不少湖南人。其中有一位国文教师，名唤周怀求，湖南湘潭人，当时在北平师范大学国文系读书，来两吉女子中学兼教国文课。他在课堂上讲形势、讲时事，有着明显的进步倾向。他用活页文选作为国文教材，选了李大钊、陈独秀、鲁迅的文章。于若木认识到这是一位进步的老师，就在作文中抒发进步的思想感情。他当即注意到当时这位名叫于陆华的学生的思想倾向。

这位思想激进的周怀求老师，1935 年 4 月由中共党员杨子英介绍，加入了中国共产党。1936 年，他作为中共代表，参加与国民党在南京的谈判，改名周小舟。后来，周小舟担任了毛泽东的秘书，解放后任中共湖南省委第一书记。

于若木在两吉女子中学念完初中之后，考入北平第一女子中学。

于若木记得，有一回，她正在女一中的阅览室看报，一位女同学挨着她坐下，悄悄对她说："于陆华，我认识你的老师周怀求。"

这位女同学，叫郭明秋（原名郭桂英），是女一中的学生会主席。后来，于若木才知道，在北平女一中，中共很活跃，郭明秋是中共地下党员。周小舟跟郭明秋很熟，向她介绍了于若木的进步倾向。这样，郭明秋就把于若木列为发展入党的对象。郭明秋把许多"禁书"——进步书籍——悄悄借给于若木阅读。于若木读了《辩证唯物论》《历史唯物论》《1925—1927 中国大革命史》等书籍。

不久，郭明秋给了于若木一大沓以"华北武装自卫会"（宋庆龄为会长）名义印发的传单，要她散发。于若木在下课之后，走街串巷，分发了这些宣传品。这样，于若木开始参加在中共地下党组织领导下的一些活动。

1935 年 12 月 9 日，在中共领导下，北平爆发了震撼全国的学生爱国抗日示威游行，亦即"一二 · 九"运动。郭明秋任全国学联主席，于若木也参加了

陈云与少先队员在一起

这一运动。

在“一二·九”运动后，于若木加入了中国共产主义青年团。她记得，入团仪式是在北平地安门什刹海北岸她大哥家里举行的。

不久，为了便于团结广大青年抗日，中国共产主义青年团改为有着广泛群众性意义的“中华民族解放先锋队”（简称“民先队”）。于若木担任北平第一女子中学“民先队”分队队长。在1936年，她加入了中国共产党。这时，代表民先队上级组织与于若木保持经常联系的是李践为，他当时是北平商学院的学生。

1937年7月7日卢沟桥事变之后，平津吃紧，于若木和大批南下的学生一起，来到济南。

中共联系人乔彬（解放后曾任广西商业厅厅长）也到了济南，来到于若木家，跟于若木商议前往延安。于是，于若木决定和妹妹于陆琳一起前往延安。

当时，于若木只有十八岁，而于陆琳只有十六岁！

最初，只是于若木向父亲提出，要去参加抗日工作，父亲同意了。父亲让于若木到淄博老家去，向母亲告别。这时候，于陆琳知道了，就对姐姐说，你怎么不跟我讲？于陆琳向父亲提出，要跟姐姐一起走，父亲摇头了。父亲说，你们都走了，将来还有没有人给我们送终？！

不过，父亲毕竟是开明的，最后，还是同意于陆琳跟姐姐一起走。

于陆琳和姐姐于若木在淄博向母亲告别，只是没有把真情告诉母亲。她俩在淄博老家只住了一夜，就回到济南。不过，到了济南没有住到家中，生怕父亲改变主意，不让她们出走。她们住到济南的“平津流亡同学会”，准备启程。

这时，于陆琳的二哥于道源从北平回到济南，也住在“平津流亡同学会”，要跟她们一起去延安。

于陆琳记得，父亲有一回来到“平津流亡同学会”，找到她们的二哥。她们见到父亲来了，赶紧躲了起来。那时父亲低着头走路，没有发觉她们。

其实，尽管父亲舍不得儿女们离开身边，但他还是深明大义的。后来，父亲亲自送他们到济南火车站，直到火车远去，他还呆呆地站在那里。

新近在北京集邮市场上所发现的于若木 1939 年 5 月 28 日从延安写给大哥于道泉的信中，十分真实地讲述了于若木带着妹妹离开山东老家的经过：

大哥：

意外地接到你给我们的信，给我们不少高兴和安慰。知道了你的确实的消息，知道被占区的母亲哥哥尚在照顾着。

自从前年接到你一封说要参加比国考察的信以后这是接到你的第二封信。这中间很少知道你的消息，因此虽然想到应该写信给你报告我们的情形，但恐原地址寄不到因此迟迟未写信。

战争改变了一切。战争使得培新、紫薇和我三个未经世故的无知的孩子都离开了家。

不，不只我们，多少比我们更幼小的孩子过着流亡无靠的生活。这里应当说明我们之四散飘零非你对我们不负责任造成的“罪”，也非“塞翁失马安知非福”所造成的“福”，而是在民族战争大浪潮中造成的必然结果。

七七事变后我们都回到了济南，跟着战线也逼近了济南。我们三个向父亲共同提出要求参加抗日救国工作，当时父亲未加反对。但是，这件事在他脑筋里经过一番考虑之后便觉得大大的不妥当。他反对的理由：（一）是我们小孩子出去做不了事，同时，战争的环境，复杂的社会对于女孩子是多么不利和危险。（二）中国不能只需要抗战的工作，将来还需要一批会做建设工作的人。我们应该在家里埋头念几年书将来为国家做教育事业，这也是很重要的工作。说我们不服便加上骂：“咱们村子上我还找不出第二家来，无论男孩子、女孩子都想出去当兵！”骂我：“你自己要走还不算，还要把你妹妹带走，你来到家里把家里的人都联合联合蒙走了吧？你还留一个给你娘送终不？”我听到这些话时，很想让妹妹留在家里，但是妹妹坚决跟我出来。父亲对培新管松些，因为是“隔了一辈的人”。

结果父亲让我们回老家，让培新种庄稼地，我和紫薇帮母亲做些事。

如果我们一定要走，那时他不负责，是从母亲手里走的，将来母亲也不会怨。

我们既打定主意出来，便听从了父亲的命令回到临淄，在临离家之前回家看看母亲是应该的，同时从母亲那里出来也较容易些。回到临淄住了一夜便骗母亲说济南学校就要开学，我可以借读去，第二天一清早便走了。到济南住在“平津流亡同学会”，预备等车南下。

培新随二十九军军管训练班先我们南下。

不久二哥从北平脱险到济，与他同路南下。他到临大，我们来西北。我们是这样从家里走出来的。

四妹来到西北学了一年日文，能读书报及会话，现在工作。我来到这里从一九三七年十一月起到现在都是在学习，大概还要学五个月的样子。

在这儿学了半年虽然常常觉得自己进步很慢，但与未来西北之前比较起来是多知道了不少东西，对革命的基本的理论有了初步的认识。过去只知道革命是对的，但是为什么产生革命及中国是什么性质的社会，中国革命的性质是什么便不知道了，学了政治经济学对这些有了初步的认识。

据于若木回忆，当时大批的平津流亡同学集中在他父亲创办的山东第一师范，分批去延安。她记得当时李昌也在那里。她和妹妹于陆琳一起，在乔彬的带领下，从济南奔赴延安。

同行的还有陆平。陆平是笔者所熟悉的，因为他后来在20世纪50年代担任北京大学校长时，笔者正在北京大学求学。

于若木强调说，她离开山东时，乔彬从中共山东省委给她开具了一封组织介绍信，这一点在当时极为重要。有了这封组织介绍信，她一路上得到中共各地组织的帮助，很顺利地到达西安。

陈云夫人于若木（1995年6月27日）

在西安七贤庄八路军办事处，由于有组织介绍信，于若木马上被安排搭乘一辆装棉被的卡车前往延安。棉被堆得老高老高的，十八岁的于若木就坐在棉被顶上。还好，那时还不算太冷。

于陆琳记得，1937 年 10 月到达延安时，她和姐姐一起被安排住在招待所。住在对面房间里的是陈伯达，当时，陈伯达带着夫人、儿子刚来到延安。

到了延安，于若木便持中共山东省委介绍信前往中共中央组织部报到。她后来才知道，那封介绍信很被看重。因为从全国各地到延安的中共地下党员不少，但是很多人限于当时的环境，没有带组织介绍信，这样在进入延安之后，中共中央组织部要对这些党员进行必要的审查。于若木由于有正式的组织介绍信，表明她历史清楚，所以颇得组织的信任。

于若木记得，她到陕北公学那天，正好遇到前来报到的朝鲜族作曲家郑律成。

到延安后，她改名于若木。“若木”是她自己取的。笔者问起“若木”的含义，她说，那是在她从济南出发前，找了本《辞源》，从《辞源》上选了这个名字。“若木”出自《楚辞·离骚》：“折若木以拂日兮，聊逍遥以相羊。”若木，按《山海经》解说，是一种“青叶赤花”之树，长在“日所入处”。她的父亲从小给她讲解《楚辞》，所以她喜欢《楚辞》，取了“若木”这个名字。

在报到之后，于陆琳和于若木一起被分配到成立不久的陕北公学学习。陕北公学成立于 1937 年 7 月底，第一任校长兼党组书记是成仿吾。校址最初设在延安东门外的清凉山下，不久迁往杨家湾。

于陆琳记得，她和姐姐于若木分在同一个队里——五队。这个队一共十三个女生，于陆琳的年纪最小，被大家笑称为“十三妹”。当时，在这个队里，除了于若木两姐妹之外，还有卓琳三姐妹。后来，卓琳成为邓小平夫人。吴亮平夫人三姐妹也在这个队。

于若木在陕北公学学习不久，就被派去护理陈云。其中的原因之一，便由于她有正式的组织介绍信，被视为在政治上很可靠，符合“老实可靠”的条件。

于若木在那封写给大哥的信中，这么写及四妹于陆琳：“四妹来到西北学了一年日文，能读书报及会话，现在工作。”

学习日语，是为了从事破译日军密电码的工作。这是一项在当时极为机密的工作，于陆琳能够从事这项工作，表明组织上对她的充分信任。

于陆琳在给大哥的那封信中，也这么写道：

> 我们现在都很好，也许比你想象的更好些。虽然都离了家并弄得四零五散，但都是在为了目前的抗战，为了民族解放的事业而工作着，所以感到格外的高兴。

“你我都是老实人”

笔者问起于若木来到陈云那里从事护理工作，怎么会从“病人与看护的关系转到了夫妇关系”？

于若木说，陈云最初问她的历史，她作了回答。这样，他开始了解于若木，也简单地向于若木介绍了自己的身世。

于若木还回忆，空闲时，陈云让她唱歌。那时，她唱了一支苏联流行歌曲《祖国进行曲》，开头是“我们的祖国多么辽阔广大……”这首歌在北平学生中是一首脍炙人口的歌。

后来，陈云向她问起有没有爱人，谈过恋爱没有。于若木回答说：“我还不懂。”

陈云说，他现在也没有爱人。他如实地告诉于若木，他过去结过婚，后来分手了。

他问她，愿不愿意跟他交个朋友。

相处日久，陈云向于若木说了这么一段发自肺腑的话：

“我是个老实人，做事情从来老老实实。你也是一个老实人。老实人跟老实人在一起，能够合得来。”

这样，他和她日益接近，关系日渐密切，懵懵明朗化了。

不久，于若木的二哥于道源来到延安。这在于若木的妹妹于陆琳写给大哥于道泉的信中曾提及：

> 你大概还不晓得我也同我三姐来到西北了吧。我们来了不久之后，二哥也来了。不过，学习了一段时间以后他就出去了，现在在鲁西的游击队内工作。

陈云郑重其事地把于若木的二哥请来，向他很认真地说了他和于若木的婚事，征求二哥的意见。在陈云看来，于若木的二哥是在延安唯一能够找到的代表女方的家长。

二哥知道陈云是一个很老实又有很深革命资历的人，对陈云和于若木的婚姻欣然表示同意。

1938 年 3 月，陈云和于若木在延安结婚。

于若木说，她和陈云的婚礼特别简朴，因为陈云不喜欢铺张。结婚那天晚上，陈云花了一块多钱，买了些糖果、花生，请中共中央组织部的一些同志热闹了一下，就算是办了婚礼。

全家福

后来，消息传开来了，有些人要陈云请客。当时，陈云手里有点钱，论请客也请得起。可是，他没有请客，因为他以为没有必要摆场面。

于若木说，别以为当时在延安婚礼都这么朴素，也有人大操大办呢。延安一家报社的主编结婚，在延安的“合作社”办了几十桌宴席。当时，“合作社”是延安的最高级的“宴会厅”。那位主编因为常写文章，有稿费收入。不过，婚宴几乎花尽了他的积蓄。不久，他死于肺结核，死时还未能还清婚宴的债！

于若木还说，陈云的记忆力很好，在延安，他能叫出上千名干部的名字。陈云认为，他作为中共中央组织部部长，应该熟悉干部。

陈云和于若木结婚不久，邓小平从太行山回到延安。邓小平得知陈云和于若木的恋爱经过之后，写了一首打油诗相赠：

千里姻缘一线牵，
鼻痛带来美姻缘。
中山政策女秘书，
先生路线看护员。

诗的第三句中的“中山”指的是孙中山。孙中山跟宋庆龄的结合，初缘起于宋庆龄担任孙中山的秘书。诗的第四句中的“先生”指的是陈云，而“看护员”当然就是指于若木了。

从邓小平这首打油诗可以看出，早在延安时期，邓小平与陈云的关系就相当亲密。

笔者向于若木提出了一个细节问题：她和陈云之间如何称呼？

于若木笑了，因为还没有人向她问过这样的问题。她告诉笔者，陈云在家里总是喊她原名“陆华”。在陈云看来，别人都喊她“于若木”，而他喊她“陆华”，显得很亲切，成了“爱称”。至于于若木呢，当着别人的面，总是称他“陈云同志”。两人相处时，叫“陈云同志”当然显得很别扭，直呼“陈云”又觉得不尊敬，因为在她的眼中，陈云如同兄长。她实在找不到恰如其分的称呼，所以干脆在家里无称呼！这种“无称呼”，在于若木看来，是因为两人的政治水平、政治地位相差悬殊而年龄又相差较大所造成的。当然，两人有时分处异地，写信时，她则称他“云兄”。

于若木曾经这样说道：“使我们走到一起来的，正是我们共同的共产主义理想和马克思主义的思想基础。在这一共同理想和思想基础上，陈云同志总是循循善诱，不断提高我的思想和觉悟水平，逐渐弥补我们之间因年龄、职务、生活经历的不同而造成的差距。也正是在这一共同理想和思想基础上，我总是不仅把自己当成他的妻子，而且当成他的学生和下级。我欣赏他的智慧和工作的果断，更敬重他那像水晶一般透明的党性和人格。在这样的基础上，我们的家庭生活自然是融洽和谐的。”

婚后，于若木仍在中共中央党校学习。党校在延安城东郊区的桥儿沟，离城里相当远，所以她只有在星期六下午才能到陈云那里，星期日吃了中饭回校。“住礼拜六”便是这么来的。

于陆琳记得，当姐姐于若木和陈云结婚之后，她曾经去看姐姐。

那时候，于若木和陈云住在中共中央组织部的窑洞。那是一排三孔窑洞：一孔窑洞是陈云办公室，一孔窑洞是陈云卧室，还有一孔窑洞由陈云秘书贾震住。

那天，正遇上日本飞机轰炸延安。到了中共中央组织部，于若木恰巧又不在——她一早就去看望徐冰（后来曾担任中共中央统战部副部长）了。于陆琳急得哭了起来，陈云连忙安慰她，并派出几个警卫员去找于若木。这时候，日本飞机的轰炸非常厉害，中共中央组织部那里的窑洞中了七枚炸弹。当时，陈云把于陆琳安排在最安全的地方——两孔窑洞之间的通道里。日本飞机几度前来轰炸，于陆琳安然无恙。直到下午，于若木回来了，于陆琳这才破涕为笑。

于陆琳在陕北公学学习了一段时间之后，进入中共中央党校学习。中共中央党校就在中共中央组织部附近，于陆琳常常去看望姐姐于若木和姐夫陈云。

那时候，于若木在中共中央党校第十九班。在她的同学之中，有社会科学家马洪。

于若木在中共中央党校学习党的建设、政治经济学、马列主义等，学了五个月之后，结业。然后她进入在延安刚刚成立的马列学院学习。马列学院成立于 1938 年 5 月 5 日，那天是马克思一百二十周年诞辰。马列学院是当时延安第一所专门学习和研究马列主义理论的学校，被誉为延安的“最高学府”。首任院长由张闻天兼任，院址设在延安北郊的兰家坪。

于若木记得，来马列学院讲课的，大都是延安的名家。比如，她听过张闻天讲列宁主义和战略与策略，王学文讲政治经济学，吴亮平讲列宁主义问题。陈昌浩、艾思奇也来讲课，印象最深的是陈云来讲党的建设。陈云所讲的革命的坚定性，给了她很大的启示。这样，陈云跟她又多了一层关系，即师生关系。

在马列学院的学生中，既有于若木这样不到二十岁的高中生，也有丁玲这样的“名人”学生。李先念、宋平当时也是学生，所以，后来李先念、宋平见了于若木，都说彼此是“同学”。

于若木记得，在马列学院的同学中，还有张学良的弟弟张学思，杨虎城的儿子杨拯民。林默涵也在马列学院学习过。

在马列学院学习期间，于若木依然“住礼拜六”，即在星期六回到陈云那里。

从 1938 年起，于若木在马列学院学了三年。1941 年，她因为怀孕，妊娠反应很大，不得不离开马列学院，回到家中休息了一段时间。

这时，马列学院成立研究室，于若木在研究室学习。

在 1942 年 1 月，于若木生下长女，由她取名“陈伟力”。她觉得这名字响亮，好叫，又有一定的含义，陈云也认为取得好。

我问，怎么会由你来给女儿取名呢？

于若木说，生了儿子，由陈云取名；生了女儿，由她取名。

陈云很喜欢孩子，把孩子交给保姆带，他都有点不放心。最初，妹妹于陆琳前来照顾于若木和孩子。后来，于若木就自己带孩子，带了一年多。

1944 年 3 月，陈云调离中共中央组织部，担任西北财经办事处副主任。当时，正值陕北财经极为困难之际，中共中央调陈云解决这一难题。西北财经办事处的主任为贺龙。

这时，孩子大了一些，于若木就担任陈云的机要秘书，为他收发文件，处理来往的重要公文。

到了 1945 年 1 月，于若木再度临产，又是妹妹于陆琳前来照料。

据于陆琳回忆，一天夜里，于若木即将分娩。当时尽管立即派出警卫员，前往延安中央医院请大夫接生，但由于路很远，来回用了很长时间。于陆琳记得卫生部部长贺彪就住在后面山上，她马上上山去找他。山很高，又不知道贺彪住在哪一孔窑洞，于陆琳就挨门挨户查问，最后终于找到贺彪。

贺彪赶到时，孩子屁股已经出来了。幸亏他来得及时，顺利接生孩子。但是，孩子出生时，已经不会啼哭　这是相当危险的信号。就在这时，延安中央医院的大夫带着器材赶到，给孩子打了一针，孩子终于“哇”的一声哭了……

于若木生下的是长子，便由陈云来取名。那时，发电报习惯于用韵目代日。

伴侣

陈云常拟电报，所以对电报韵目极为熟悉。长子是在13日出生的，13日的韵目是“元”，所以陈云就给长子取名“陈元”。这“元”字还有另外两层含义，即“元”月出生；“元”又是“第一”之意，也就是长子的意思。

第六章
转战东北

◎ **由于陈云很重视“治天下”，这样，便由陈云负责东北大城市的接收工作。当时，与陈云一起接管沈阳的伍修权，对陈云“治天下”的本事表示钦佩。**

在飞往东北时遇险

解放战争初期的陈云

1945年9月15日上午，一架漆着红五星的道格拉斯式双引擎苏联军用飞机，从延安飞往东北。由于油箱里的油不够用，不得不在山海关机场临时降落，以便加足油，再飞往沈阳。

这架飞机在降落时，发生了事故。由于苏联驾驶员的失误，飞机竟在跑道中段降落，一下子就冲出了跑道，栽进了跑道尽头的稻田。顿时，机头埋进泥里，而整架飞机竖了起来，飞机的尾巴直翘蓝天，机身几乎垂直于地面。

陈云就坐在这架飞机里！

据同机的伍修权（后来成为中华人民共和国外交部副部长）回忆：

（飞机出事故时，）将我们这批乘客连同装运的东西，全都倒进前舱，我和段子俊、莫春和同志被撞成了轻伤，彭真同志的头部也受了撞击，叶季壮同志受伤最重，翻倒的油桶和无线电器材，一齐压到他腿上，使他吃了不少苦头。陈云同志是幸运者，当飞机出事时机舱前门被撞开了，他被一下子推进驾驶室里，居然未受伤。[1]

当陈云在山海关机场遇险时，毛泽东和蒋介石正在重庆握手、谈判。国共两党代表后来在 1945 年 10 月 10 日正式签订了《双十协定》(《政府与中共代表会谈纪要》)。

其实，不论是毛泽东还是蒋介石，心中都明白，那只是“纸上的东西”罢了。

国共决战，已迫在眉睫。

陈云和彭真接到了出发的命令。

到哪里去呢?

毛泽东说:“去东北，建立东北根据地！”

毛泽东显示了他的战略远见。毛泽东看中东北，那是由于苏联红军出兵东北，打败了日本关东军，而东北又是极为重要的工业基地，邻近苏联，因此毛泽东决定派遣大批干部和部队迅速进入东北，建立东北根据地。

后来，毛泽东在为中共中央起草的文件《建立巩固的东北根据地》中指出:

> 我党现时在东北的任务，是建立根据地，是在东满、北满、西满建立巩固的军事政治根据地。建立这种根据地，不是轻而易举的事，必须经过艰苦奋斗。建立这种根据地的时间，需要三四年。但是在一九四六年一年内，必须完成初步的可靠的创建工作。否则，我们就有可能站不住脚。[2]

毛泽东这一着棋，果真十分厉害:中国共产党赢得了东北，为中国共产党夺取全国胜利，打下了坚实的基础。

以“中将”身份出现在沈阳[3]

毛泽东还在重庆时，1945 年 9 月 14 日，那架苏联军用飞机降落在延安东

---

[1] 伍修权:《往事沧桑》，上海文艺出版社 1986 年版，第 157 页。

[2]《毛泽东选集》第四卷，人民出版社 1991 年版，第 1179 页。

[3] 中共中央文献研究室编:《陈云年谱》(上卷)，中央文献出版社 2000 年版，第 425 页。

关机场。飞机是从沈阳飞来的，机上坐着中共原冀东军分区司令员曾克林以及一位苏联红军大校，以及一位苏联红军少校翻译。他们此行，是为了和中共中央、中央军委总部取得联系。

刘少奇在听取了曾克林的汇报后，组织召开了中共中央政治局会议，决定把中共中央书记处两位候补书记派往东北，领导那里的工作，并和苏联红军协调行动。

于是，陈云结束了在延安的8年的安定生活，又开始步入大动荡之中。

据彭真回忆：

> 中共中央决定成立以彭真为书记，陈云、程子华、伍修权、林枫为委员的东北局和东北民主联军（对外是指抗联组成的自卫军、原东北军将领组成的自治军和冀热辽的八路军）总部，并决定调两万干部、十万大军和一百个团架子的军队干部迅速进入东北。[1]

其中，派伍修权去，还考虑到他精通俄语，可以在与苏军进行高级会谈时兼任翻译。

这样，彭真、陈云和伍修权等一起，在9月15日上午搭乘那架苏联军用飞机，前往沈阳。

这时，还发生了一个有趣的小插曲：

俗话说："兵对兵，将对将。"考虑到他们到了东北之后，要和苏联红军的将领们见面、会谈，最好要有军衔才好。因为苏联红军是实行军衔制的，很讲究军衔。可是，陈云他们当时都没有军衔，去东北工作就诸多不便。于是中共中央军委临时授予他们军衔，发给写有中、俄两种文字的军衔任命书。彭真、陈云、叶季壮授中将衔，伍修权授少将衔，段子俊、莫春和授上校衔。

这么一来，陈云成了中将。

不过，就陈云曾在长征中担任红军五军团党代表一职来说，授中将衔却也是恰如其分的。

---

[1] 彭真：《东北解放战争的头九个月》，《党的文献》1989年第1期。

不料，陈云中将登上那架苏联军用飞机之后，却遇上了那场意外的危险。

屈指算来，这是陈云一生中第四次遇险：

第一次是向忠发叛变，差一点使他在上海被捕；

第二次是从上海去江西苏区途中，差一点落入国民党军队包围圈；

第三次则是在日军飞机首次空袭延安时被埋在窑洞里；

这一回，虽说他有惊无险，不过，也够“悬”的了！

由于飞机出事，陈云他们不得不从山海关改乘火车到锦州，在那里住了一夜，医治伤员。

翌日，再乘火车前往沈阳。到达沈阳时，已是9月18日——正好是“九一八”事变的纪念日，而1931年日本发动的“九一八”事变又正巧发生在沈阳。

那时，沈阳在苏联红军的占领之下。果真，在与苏军司令见面时，陈云虽然没有佩军衔、肩章（那时中共部队没有军衔、肩章），但是出示那张用中、俄文写的中将证书，倒也很派用场。

就在彭真、陈云到达沈阳之后，10月31日，中共中央来电，任命林彪为“东北人民自治军”总司令员。这时，林彪尚未到达东北，就由彭真、陈云先主持工作。

那时，东北的三大城市全在苏联红军手中。中共中央曾有过“独占东北”的设想。

这是因为“东北还没有国民党军队”，一旦实行“拒蒋进东北”，“由我控制沈阳、长春、哈尔滨三大城市和交通线”，便可以实现“独占东北”。

苏联共产党是中国共产党的“兄弟党”。照理，苏军应当把沈阳、长春、哈尔滨这三大城市都交给中国共产党领导的东北民主联军。可是，很出乎意料，苏联红军竟不准东北人民自治军进城！

原来，苏联有自己的打算，他们不愿跟美国以及蒋介石闹僵。苏联宣称，对于中国共产党的帮助是“有限的”。

蒋介石当然明白东北的重要，从1945年11月起，便命令大批国民党部队乘船从秦皇岛登陆，日夜兼程向山海关、锦州扑来，迅速占领了山海关至锦州一线，急于北进，夺取东北三大城市，即沈阳、长春、哈尔滨。

这时，面对蒋介石北进的大批部队，苏联红军竟要求东北人民自治军撤离沈阳。苏军驻沈阳的少将衔卫戍司令毫不客气地对彭真说：“要你们退出沈阳，这是上级的指示。如果你们不走，我就用坦克来赶你们走！”

彭真反驳道：“一个共产党的军队，用坦克来打另一个共产党的军队，这倒是从来没有的事，能允许这样做吗？”

考虑到苏联红军的这种态度，也考虑到蒋介石调遣了大批部队进入东北，陈云根据当时的形势认为，由中国共产党“独占东北”已不可能，必须改变计划。这样，他们不得不放弃了沈阳，退至哈尔滨。

1945 年 11 月初，陈云任中共中央北满分局书记，后又兼任北满军区政委。

1945 年 11 月下旬，中共中央北满分局由哈尔滨转移到宾县，在陈云主持下召开了中共中央北满分局会议。

由陈云主持起草，以他和高岗、张闻天的名义，于 1945 年 11 月 29 日及 30 日，分两次给中共中央东北局及中共中央发去《对满洲工作的几点意见》电报。这一电报，如今收入《陈云文选》。

陈云在电报中指出：

> 我们必须承认，首先独占三大城市及长春铁路干线以独占满洲，这种可能性现在是没有的。
>
> 我们今天必须大胆主动地撤退。

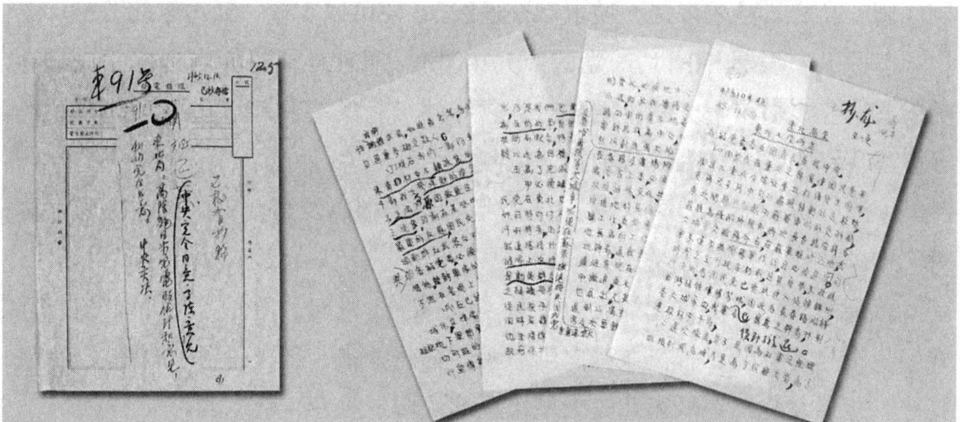

1945 年 11 月 29、30 日，陈云主持起草的给东北局并转中共中央的电报及中央的复电

我们必须经过战争及根据地之建立，以达到包围歼灭大城市之敌及钳击长春铁路干线，使我们能够在同国民党的长期斗争中，取得全局的优势。[1]

中共中央考虑到与苏共的关系，为避免冲突，完全同意陈云的意见。

毛泽东于1945年12月28日为中共中央起草了给中共中央东北局的指示，即如今收入《毛泽东选集》第四卷的《建立巩固的东北根据地》。中共中央制定了“让开大路，占领两厢”“向南防御，向北发展”的著名战略方针。

这时，于若木在妹妹于陆琳陪同下历尽艰难，带着两个孩子，从延安来到哈尔滨。

于若木是这样向笔者讲述的：

延安的生活虽然艰苦，但还是安定的。

日本投降后，陈云和彭真一起乘苏联飞机飞往东北，于若木带着长女陈伟力以及出生不久的长子陈元留在延安。

在陈云到东北工作不久，于若木带着两个孩子也前往东北，从此开始了动荡的生活。

于若木没有机会乘飞机，而是走山路前往东北，尤其是陈元还不满一周岁，她拖儿带女，一路艰辛。

于若木说，她当时最好的交通工具是“骡轿车”——两匹骡子中间架一个“架窝子”。她带着两个孩子坐在“架窝子”里面，翻山越岭。从延安这么走了一个多月，才终于到达张家口。

张家口是当时中国解放区中最大的城市。在张家口，于若木和妹妹于陆琳受到聂荣臻很好的照顾。只是由于张家口到东北解放区的路不通，于若木带着孩子在张家口等了好几个月，这才来到哈尔滨，和陈云重逢。妹妹于陆琳则留在张家口工作。

1946年4月，东北民主联军解放哈尔滨。

1946年5月，国民党军队占领东北的四平、长春、吉林。

1946年5月，中共中央东北局和东北民主联军司令部迁入哈尔滨。

---

[1]《陈云文选》第一卷，人民出版社1995年版，第222页。

1946年6月16日，中共中央决定中共中央东北局重新分工：

林彪为中共中央东北局书记、东北民主联军总司令兼政治委员。

彭真、罗荣桓、高岗、陈云担任中共中央东北局副书记兼东北民主联军副政委。

林彪、彭真、罗荣桓、高岗、陈云五人组成中共中央东北局常委。

1946年7月7日，中共中央东北局扩大会议通过了决议《东北的形势和任务》。

这一决议是陈云起草的，如今收入《陈云文选》第一卷。这一决议，实际上就是具体贯彻和落实中共中央关于《建立巩固的东北根据地》的指示精神。

中共“让开大路，占领两厢”，进入东北的部队迅速地从十万人扩大到三十多万人。

国共之间在东北爆发了激烈的争夺战……

深夜风雪长白山

于若木记得，在到达哈尔滨后，住了些日子，形势吃紧，家属转移到后方。于是，于若木来到了佳木斯。

于若木来佳木斯才一个星期，陈云就奉命南下，到南满工作。

那是在1946年10月中旬，蒋介石来到沈阳，制定了东北作战方针：“南攻北守，先南后北。”

蒋介石集中了八个师，大约十万人，分三路进逼南满。

南满成了两军争夺的重点。

经中共中央同意，派出陈云和萧劲光一起前往南满工作。1946年10月17日，陈云和萧劲光从哈尔滨坐火车启程，一个月后抵达临江。

据于若木回忆，她和陈云，还有萧劲光等一起经过吉林省的图们市到了朝鲜平壤。

于若木和两个孩子就留在平壤，而陈云和萧劲光则从平壤到南满去。因为在战争年月，带着两个孩子是一个负担，所以于若木无法随陈云同行，就和萧劲光的家属一起住在平壤。

1946年，陈云出席中共中央东北局、东北民主联军总部在哈尔滨举行的高级干部会议。右三起：陈云、林枫、吕正操、李立三

萧劲光则这样回忆道：

陈云和我南来以前，辽东地区正处于斗争最艰苦、形势最严重的时期。我军不足4万人，被压缩在临江、长白、濛江、抚松四县狭小地区内。

当时部分干部对坚持南满根据地缺乏信心，希望向北满转移。[1]

枪声响了，炮声响了，陈云这位“中将”也投入军事指挥工作。虽说陈云多年来一直从事文职工作，但是在战争的环境中，谁都必须学会打仗。

当时的形势是很严峻的。陈云曾这样写道：

但群众鉴于日俄战争、“九一八”、“八一五”的经验，认为后退者必一去不返。因此，他们认为我军大势已去，眼看已得利益不可保，并且最重要的是已得利益不多，不值得为此而拼死斗争。所以敌来时，大家不

[1]《陈云画册》，中央文献出版社1995年版，第125页。

逃，村干部出来维持顽军（也是顽军的需要，要他们派夫派差），所有我寄存群众家中或埋藏的物资（群众知道的），群众统统献给顽军或保安队、警察。[1]

萧劲光则是这样回忆的：

1947年，陈云（右）与萧劲光在临江合影

12月中旬在七道江召开的师以上干部会议上，仍有部分同志主张“主力北撤，保存力量”。这时，敌正向北梅河口、辑安进攻，必须从速决断。我向陈云报告这一情况，他深夜冒着大风雪赶到七道江，立即同大家交谈。他从东北战场的全局出发，详尽地分析了撤出南满与坚持南满的利害关系，强调只有坚持南满，与北满形成有力的犄角之势，才能挫败敌人的战略企图。最后他说：你们让我来拍板的，我拍板就是要坚持南满，坚持就是胜利。

话虽不多，却是掷地有声，关系整个东北战局。[2]

尽管关于陈云生平的文章极少，但是笔者还是查到了一篇关于陈云在东北指挥作战的回忆文章。那是当年出席“七道江会议”的彭嘉庆写的，题为“艰难时期的正确决策——记陈云同志主持的‘七道江会议’前后”。[3]

在南满，七道江等几条江，倒是有点历史名气。据云，唐朝薛仁贵征东，

[1]《陈云文选》第一卷，人民出版社1995年版，第321—322页。

[2]《陈云画册》，中央文献出版社1995年版，第125页。

[3]《中共党史资料》1982年第1期，中共中央党校出版社1982年版。

高丽（今朝鲜）将军盖苏文从一道江经八道江向临江方向败退。另外，“满洲国”皇帝溥仪 1945 年也是沿这条路逃跑，到了大栗子被苏联红军擒获的……

1946 年 10 月，国民党对东北采取“南攻北守”“先南后北”的战略，调集重兵向东北民主联军南满部队进行重点进攻。

1946 年 12 月，东北民主联军南满的部队在国民党军队大兵压境的形势下，处于进退两难之中。两种意见相持不下：一种意见主张放弃南满，开往北满；另一种意见，主张坚守南满。

当时，气温降到零下 30 多摄氏度。东北民主联军部队在秋天时打运动战，嫌棉衣太沉，都扔掉了，这时却找不到冬装补给。再说，在山沟里，没有油盐供应，战士只能吃点老百姓的酸菜水。玉米窝头被冻得像石头一样硬，牙齿咬不动，只好用口水泡软了啃着吃。

俏皮的战士，编起了顺口溜：

“从关里到关外，来到关外吃酸菜；从关内到关东，到了关东受苦冻。”

“走路就爬山，住下挤不下，睡下睡不着，吃饭吃不饱。”

这时，辽东军区在南满七道江举行会议，讨论进退。这次会议，也就叫“七道江会议”。陈云当时任中共南满分局书记兼辽东军区政治委员，萧劲光为辽东军区司令员。起初，陈云因事住在临江，没有到场，由萧劲光主持会议。

会上，两种意见争持不下。陈云闻讯，连夜冒着风雪赶来。

彭嘉庆是这样回忆的：

陈云同志是十三日晚冒着大风雪连夜赶来七道江的。那天晚上，我们几个人都在房子里烤火，焦急地等待着他，是去是留，等他来裁决。到了深夜十点多钟，他才赶到。他进来时，首先向大家问好，给人带来一种轻松亲切的感觉。有的同志说：“你辛苦了，身体好吗？天这么冷，还请你来解决问题。”有的说：“我们心情都很紧张，等你来决定问题。”他非常谦虚地说：“萧劲光同志是搞军事的，来了是想听听你们的意见。主意还是靠大家出，办法靠大家想。”我们见夜深了，劝他早点休息，明天好开会。但他不肯，说要跟我们互相扯一扯。关于主力是到北满还是留在南满的问题，他来七道江之前，曾在临江征求过一些同志意见，到这里与我们交谈时，对南满的敌我情况还问得很细。他平时喜欢用“做文章”来比喻研究解决问题，这次也是一样。他问我们："在南满还有没有文章可做？"我们在房子里一边烤火，一边毫无拘束地议论着各种问题，陈云同志兴致勃勃地听着各方面的意见。一直到了凌晨三时，才分散休息。[1]

陈云仔细倾听了各方面的意见之后，未马上表态。第二天，又继续听取意见。彭嘉庆继续写道：

十四日，我本来有事要回六道江，但早饭后，陈云和萧劲光同志要我继续留下来开会，参加讨论南满军事方针问题。这天的会议由陈云同志主持。萧劲光同志先将前两天会议情况作了简要介绍。陈云同志听了后，又像昨晚一样问大家："你们看，南满还有没有文章可做？"我听了他这么一问，感到他不是来拍板定案的，而是来跟大家共同商量解决问题的。

在这种民主风气之下，尽管外边敌情严重，形势咄咄逼人，但屋子里

1947年8月，陈云（前排右二）在通化同中共中央南满分局、辽东军区领导人合影

[1]《中共党史资料》1982年第1期，中共中央党校出版社1982年版。

讨论问题气氛还是相当活跃。有的同志说：南满没有多少文章可做了。有的同志却说：文章还是有做的，看是做什么文章，是做大文章还是做小文章。陈云同志在会上很少说话，一直耐心地听着各方面的意见，让大家各抒己见。在大兵压境的情况下，一个高级指挥员能这样充分发扬军事民主，从容不迫地听取各方面的意见，我以前很少见到。

这种辩论足足进行了一天。到了晚上，陈云同志问："南满能容纳多少部队？"我听他这么一问，估计可能要在南满做大文章，便回答说："看怎么放法。要下决心放的话，长白山正面可以放一个军，安东一线可以放一个军。"有些同志同意这种看法，有些同志则表示异议。陈云同志见大家的意见仍不一致，便说："我们不走了，都留在南满，一个人也不走！留下来打，要在长白山上打红旗，摇旗呐喊！"一言九鼎，落槌定音。

为什么都留在南满？他说：南满战略地位相当重要，坚决不能丢。要是我五个师上北满，敌在南满则无后顾之忧，就有十个师跟着上北满。就算我两个纵队都到北满，顶多能对付敌一个军，但留在南满即可牵制敌四个军。权衡利弊，还是在南满大有作为。有人说长白山是瓜皮帽，别小看这瓜皮帽，这是很有作用的。要是丢给敌人占了，我们即使在北满打了大胜仗，将来要回来就难了。只要把长白山留在我们手里，群众就有信心向

"四保临江"时，三纵九师二十五团在柳河阻击敌人

着我们。有了根据地和群众，什么事情都好办！[1]

后来的事实证明，陈云的决策是正确的。从1946年12月至1947年4月，东北民主联军在南满坚持战斗，“四保临江”，而东北民主联军北满部队则配合作战，“三下江南”，这样终于打败蒋介石部队的四次进攻，收复了通化等十四座城镇，取得了重大胜利。不久，又解放了四平。

在南满局势比较稳定之后，于若木来到了南满临江。她记得，陈云住的是一座日本木结构的小屋，地板非常粗糙，布满裂缝。因为这是日本式的房子，本来在地板上铺榻榻米的，所以地板很粗糙，后来榻榻米没有了，就在地板上铺了麻袋片。

战争岁月，流动性很大。在临江住了一个来月，陈云到通化工作，于若木也随他去通化。位于长白山区的通化，地势高，特别寒冷。于若木记得，那里八月十五就飘雪花，严冬气温低达零下40摄氏度。一出门，朔风吹来，真可谓“彻骨寒”，整个人一下子就冷透了。

陈云和于若木那时住在通化的一所小学校的宿舍里，虽说有壁炉，可以烧柴火，但是并不暖和。陈云的卧室在正中间，只要一开门，有人进出，寒风就笔直吹进他的房间。至于门口那间屋子，室内墙上也居然挂着一厘米多厚的霜！

作为南方人，陈云极不习惯这样严寒的环境，加上体质又差，三天两头感冒，这场感冒还没有好，那场感冒又接踵而至。感冒反复折磨着陈云，他越来越消瘦，但他仍坚持日夜工作。有时病倒了，发烧，但是在床上仍拥着被子坚持工作。因为陈云那时担任中共中央南满分局书记兼辽东军区政委，工作担子很重。

据袁宝华回忆，当时陈云曾因心脏病病倒：

陈云同志受命于危难之时，去主持保卫辽东的工作。陈云同志到辽东以后，接连对辽东的军队干部、地方干部进行了一系列动员。他的身体本来就不好，有心脏病，一次动员会下来，几乎瘫在椅子上，需要躺下休息

[1]《中共党史资料》1982年第1期，中共中央党校出版社1982年版。

一大阵子。[1]

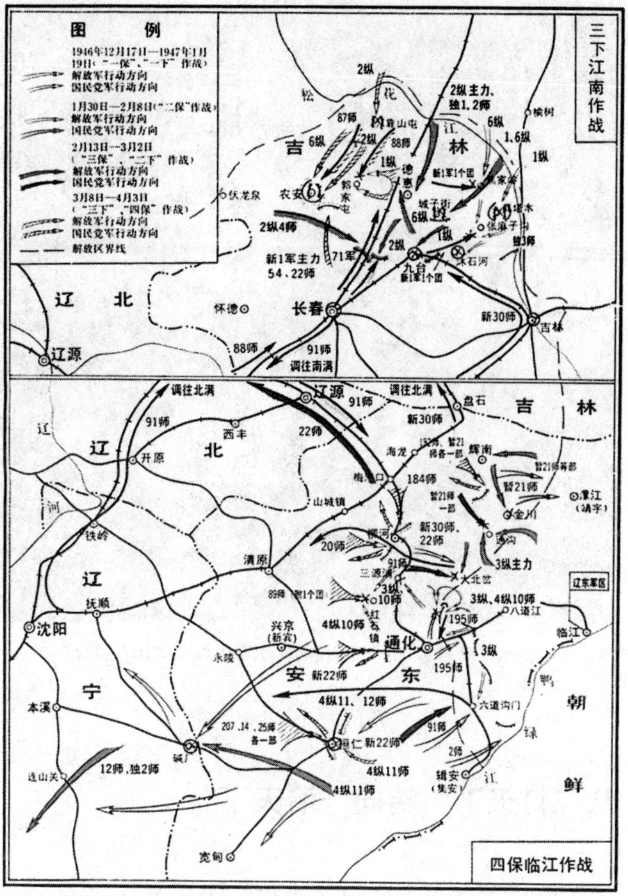

"三下江南四保临江"战役经过要图

1947年，于若木生下次女，按照陈云家的"取名规则"，该由于若木为次女命名。于若木考虑到次女出生在南满通化，就取名"陈南"。后来，又改名"陈伟华"，以与长女的名字相对应。笔者问于若木，这"伟"字是不是陈家的排辈之字？她说，跟排辈毫无关系，是她自己取的。

1947年7月，辽宁、辽南、安东三个解放区连成了一片，南满红旗飘扬。

1948年1月，陈云回到哈尔滨，继续参加中共中央东北局的领导工作，同时兼任东北军区副政委。

于若木也随陈云回到哈尔滨。

于若木记得，一路上，他们乘坐的是一辆从国民党部队缴获的敞篷的吉普车，而当时正值寒天腊月。为了御寒，在吉普车上搭了个架子，架子上再搭上棉被。他们从集安过鸭绿江，当时是夜里过的桥，到了朝鲜，再从朝鲜坐火车到达哈尔滨。他们坐的火车是"闷罐车"（货车），车厢里什么都没有，临时放了几个凳子……

[1] 袁宝华:《深切怀念陈云同志》,《光明日报》1995年6月23日。

1947 年，陈云（前排右三）在临江同辽东军区机关工作人员合影

从“打天下”转向“治天下”

经过三个年头的艰苦奋战，中国共产党在东北终于由劣势转为优势，东北决战的时机成熟了。

毛泽东于 1948 年 9 月以中共中央革命军事委员会的名义，给林彪、罗荣桓发去《关于辽沈战役的作战方针》的电报，对东北决战作了部署，下达了总攻令。

从 1948 年 9 月 12 日至 11 月 2 日，在以毛泽东为首的中共中央革命军事委员会的直接领导下，发动了著名的辽沈战役，总共歼灭国民党军队四十七万余人。

1948 年 10 月 14 日，中共领导的东北人民解放军（即原东北民主联军）对锦州发起猛攻。经过 31 小时的激战，生俘国民党东北剿总副总司令范汉杰及第六兵团司令卢睿泉，歼敌十万余人。

锦州一役，东北震动。因为锦州落入中共之手，意味着东北的国民党部队退往关内的道路被切断。毛泽东决策先取锦州，其战略目的也在于此。

紧接着，国民党长春守军投降，东北人民解放军占领了这一东北大城市。

11月2日，东北人民解放军浩浩荡荡开进沈阳。于是，在沈阳街头贴了安民布告，布告下署：

“中国人民解放军沈阳军事管制委员会主任陈云，副主任伍修权、陶铸”。

沈阳军事管制委员会的委员，有张学良之弟张学思以及王首道、陈郁、朱其文等。

沈阳最高级的大和旅馆，这时成了中国人民解放军沈阳军事管制委员会和卫戍司令部的所在地。

陈云重回沈阳，步入大和旅馆，感到扬眉吐气。因为在三年前，苏军是用“如果你们不走，我就用坦克来赶你们走”这样的话，把他们从沈阳赶出去，把沈阳交给了国民党部队的。三年之后，中国共产党用自己的坦克，把国民党部队从沈阳赶走了！

中国共产党在东北赢得了历史性的胜利。

随着胜利的到来，一场新的斗争又开始了。陈云第一次意识到：打天下不易，坐天下、治天下更不易！

临江军民夹道欢迎从前线归来的人民子弟兵

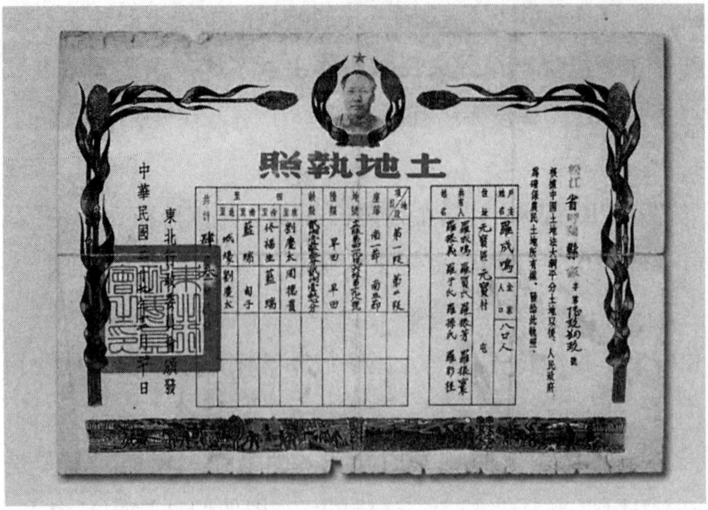

1948 年 12 月 20 日，东北行政委员会发给松江呼兰县农民罗成鸣的土地执照

从 1948 年起，陈云兼任东北财经委员会主任。他已把注意力从军事逐渐转向经济，从“打天下”转向“治天下”。

就在这东北大决战前夕，1948 年 8 月，陈云给中共中央发去一份由他亲自起草的重要报告，即《把财经工作提到重要位置上来》。

陈云指出，仅仅半年时间，东北粮食“由二月底的每斤一百六十元涨为今天的一千六百元”，“平均物价指数也涨了近三倍半”。

由于物价暴涨，“东北公营企业工薪标准又太低，因此，四五月间工人大躁不安”。

这样，陈云便向中共中央提出一个重要问题，即在军事上大胜利的时刻，必须注意财经问题。

陈云指出：

> 综观上述情况，说明东北财经工作到今天仍存在浓厚的盲目状态。其原因，一是财经工作的范围日益扩大，而且复杂，我们无经验；二是两年来我们集中力量于战争和土改，未深摸细摸财经问题。我们已觉悟到，在目前情况下，需要把财经工作放在不次于军事或仅次于军事的重要位置上。[1]

[1]《陈云文选》第一卷，人民出版社 1995 年版，第 373 页。

陈云给中共中央的这一报告，明确地提出在忙于“打天下”之际，要重视如何“坐天下”“治天下”了。

陈云的意见，引起了毛泽东的重视。确实，随着中国人民解放军在军事上的节节胜利，如何“治天下”已经提到议事日程上来了。

树立中共接收城市的“样板”

由于陈云很重视“治天下”，这样，便由陈云负责东北大城市的接收工作。陈云自己便曾这样述及：

> 沈阳接收工作，准备时间非常仓促。东北局于十月二十七日决定军管会人选，抽四千新老干部，由陈云率领接收几个大城市。二十八日开动员大会，说明政策，规定纪律，从哈尔滨动身。只在路上开了几次会，十一月二日战斗结束，即进沈阳城。好在沈阳未经激烈战斗，军管会人员进去快，接收工作还算顺利，一般国民党未搬走的工厂机器，均保持得完整无损。[1]

当时，与陈云一起接管沈阳的伍修权，也对陈云“治天下”的本事表示钦佩。伍修权在他的回忆录中这么写道：

> 陈云同志在经济问题上很有经验，他以很大一部分精力，放在财经工作上，对城市的经济恢复以至生产、生活安排，作出了许多重要决策。军事性的任务，就由卫戍司令部来承担了。[2]

陈云总结了接收沈阳的经验，于1948年11月28日写出专门的报告，给

[1]《陈云文选》第一卷，人民出版社1995年版，第374页。

[2] 伍修权:《往事沧桑》，上海文艺出版社1986年版，第175页。

1948年9月，陈云在吉林省陶赖昭松花江大桥通车典礼上讲话

中共中央东北局并转中共中央。中共中央十分重视陈云的《接收沈阳的经验》这一报告，转发给各中央局和各前委，列为中国共产党接收城市的“样板”。从此，中国人民解放军部队每打下一座城市，都参照陈云的报告执行。

陈云在报告中，总结了接收沈阳的十六字诀：

“各按系统，自上而下，原封不动，先接后分。”

所谓“各按系统”，是指“军管会除市委外，下辖经济、财政、后勤、铁道、政务等五个处，以及市政府、公安局、办公室、卫戍司令部等单位，进行接收”。

所谓“自上而下”，是指“入城后即布告通知原有机关主管人负责办理移交手续；如第一级负责人不在，即由第二或第三级办理。同时，从原有内线和下面群众中了解情况”。

所谓“原封不动”，是指“旧职员均按原职上班，工厂企业等只派去军事代表，政权部门只撤换头子。对职员、工人一律发生活维持费十万元，等于四十斤粮，有些高级职员则不发。这只是临时过渡办法，主要目的在避免混乱和大的波动。接收步骤第一步是资产档案，第二步才能整理人员”。

所谓“先接后分”，是指“各部门只有接收权，无占有权、支配权，资产档案一律不准搬走。各部门不对原来上级负责，只对军管会负责。权力集中在军管会，无条件服从，待全部接收完毕后，再统一分配工厂、房子等。接收证件统一由军管会发，由专人审查盖章，无证件即不准接收”。

陈云还总结了接收沈阳的五点具体方法：

一、首先要恢复电力供应。没有电，电灯不亮，电话不通，自来水没有，电车和火车也无法开动，变成一座死城，秩序就无法控制。

二、要迅速解决金融物价问题。为避免外地商人来抢购，本地商人将物资收藏，以及物价先落速涨现象，先介绍了解放区近来各地的物价表，使商人有底，敢于开市。

三、敌警察必须收缴枪支，让其徒手服务。交通警察尽快站岗，消防队各守原位，户籍警察大都可留。

四、稳定人心，传布政策，主要靠报纸。城市的人有看报习惯，不可一日无报，对我宣传品，各阶层都是字字细读。除安民布告等预先准备好外，可先准备几期报纸稿件，一进城就立即出报。

1948 年 8 月，陈云（右三）在第六次全国劳动大会主席台上

1948 年 8 月，陈云在第六次全国劳动大会上作题为“关于中国职工运动当前任务”的报告

五、工资问题要妥善解决。

陈云只花了一个月，就妥善地解决了沈阳从国民党手中转换到中国共产党手中这一“转轨”工作。

由于陈云及时总结了接收沈阳的经验，使“沈阳经验”得以推广。这样，随着中国人民解放军的节节胜利，一座又一座城市为中国人民解放军所接收，“沈阳经验”发挥了重要的作用。

1948 年 8 月，陈云在哈尔滨主持召开了第六次全国劳动大会。他在会上作了《关于中国职工运动当前任务》的报告。

1948 年 10 月，陈云当选为中华全国总工会主席。

1949 年 1 月，陈云以中华全国总工会主席身份出席沈阳工人代表大会并发表讲话。

这时，于若木在沈阳生下第三个女儿，她为三女取名“陈伟兰”，与长女、次女的名字相对应。

1949 年 5 月，陈云奉命前往北平，参加并主持中央财政经济委员会工作。这样，陈云结束了在东北将近四年的生活，来到了北平，来到了中央……

第七章
经济专家

◎ 在陈云的领导下，结束了国民党政权留下的长达十多年的恶性通货膨胀。物价平稳，民心也就随之稳定了。

◎ 毛泽东很赞赏陈云为制服物价飞涨所作出的贡献，指出“这一胜利的意义不亚于淮海战役”。

告诫表弟不可摆“架子”

陈云在 1949 年 5 月来到北平之后，由于毛泽东很欣赏他的“理财”之才，从此便“定位”于财政经济领导工作，成为中国共产党党内的经济专家。

陈云到达北平之后，就和朱德、刘少奇等开会研究，应该在全国设立统一的财经机构。

经过几次会议讨论，决定组建“中央财经委员会”。

如刘书楷在《陈云与新中国财经工作的起步》一文中所指出：

> 中央财经委员会是负责领导全国财政工作的“总部”和“最高委员会”，中央和地方财经机关在其统一领导下工作，其机构暂设为六局十三处。刘少奇据此起草了《中共中央关于建立中央财政经济机构大纲（草案）》，经过征求各方面意见，七月中旬，陈云以中共中央财经部和华北人民政府财经委员会两个班底为基础，组建了中央财经委员会。十月，又经过充实组建为政务院财经委员会（二者均简称“中财委”）。中财委的建立，是我党开始领导全国财经工作的开

中华人民共和国成立初期的陈云

端和标志。正如陈云所指出："今天我们的工作，已不是一个地区或一个部队的工作，而是四亿七千五百万人、地大物博的全国性工作。"[1]

这样，陈云成了中国经济工作的主要领导人。

就在陈云来到北平之后，1949年5月13日，中国人民解放军二十七军某部一营进军陈云家乡青浦县练塘镇，在那里插上了红旗。

6月10日，陈云老战友陆铨之子陆恺悌从家乡给陈云去信，报告家乡一个月来的新景象。

陆铨于1927年加入中国共产党，1928年1月参加了青浦县小蒸镇农民暴动。

1949年，陆铨在河北石家庄市担任总工会主席，不在上海青浦老家。

陈云于6月19日在北平亲笔复函陆恺悌。笔者在练塘采访，见到了这封信的手迹。

此信现收入《陈云文选》第一卷。

此信表露了陈云对家乡年轻一代的期望和叮嘱。

陈云写下了自己一片思乡之情：

十八年不见你，看你的来信，文字已写得很清通了，很高兴。从个人方面说我与你父亲都顾不上子弟的入学和生活，没有尽到父兄的责任。但是这点我们当年都计算了的，如果只顾一个人的家庭子弟，就无法努力于改造整个社会，我们就这样决定了弃家奔走。现在解放全国的目标不久就会实现了，但这还仅仅是改造社会的第一步，全国老百姓的生活水平仍旧低。我们的目的不仅是要打倒反动势力，而且是为了改善人民生活，所以困难的长期的工作还在后面，这后一段的工作是要与全国人民大家一齐干的。

你祖父和祖母是最使我感动不忘的。一九二七年革命失败之后，我与你父亲和吴志喜同志（当年冬被残杀了）在小蒸进行农民运动时就住在吃在你们家里。失败后，你们全家逃到上海，仍旧是你祖父行医来维持这么多人的生活，我们仍吃在你们家里。你祖父是很有气节的，他深信革命会

[1] 刘书楷：《陈云与新中国财经工作的起步》，《党的文献》1995年第3期。

胜利，处在困难之中毫无怨言和后悔，真正难得。

从陆恺悌的信中，陈云得知他的表弟廖霓云（陈云养父、舅舅廖文光之子）还在家乡，深为自己能够成为中共中央领导人而兴奋，便告诫他们道：

此外，我以父兄的责任，还要叮嘱你一件事，而且你可以把这一段信上所说的抄给霓云要他也注意，就是你和霓云千万不可以革命功臣的子弟自居，切不要在家乡人面前有什么架子或者有越轨违法行动，这是决不允许的。你们必须记得共产党人在国家法律面前是与老百姓平等的，而且是守法的模范。革命党人的行动仅仅是为人民服务，决不想有任何酬报，谁要想有酬报，谁就没有当共产党员的资格。我与你父亲既不是功臣，你们更不是功臣子弟。

这一点你们切记切记。要记得真正的革命功臣是全国老百姓，只有他们反对反动派，拥护解放军，解放军才能顺利地解放全中国。你们必须安分守己，束身自爱，丝毫不能有违法行为。

我第一次与你通信，就写了这一篇，似乎不客气，但我深觉我有责任告诫你们……

1983 年 2 月 13 日，陈云在家中接待部分革命烈士子女

陈云的这一告诫，直至他晚年仍旧重申。1983 年 2 月 13 日，陈云在春节之际，把一批烈士子女请到家中共度春节，曾说了这么一番话：

你们的父亲都是建党初期的党员，参加革命比我早，是我的老前辈，其中有的还直接领导过我。他们有的是被敌人逮捕杀害的，有的是在作战时牺牲的，死的时候都很年轻。我们的新中国，是他们和千千万万个革命先烈用生命换来的。我们的每一个胜利，都有他们的一份功劳。我们这些活着的人，没有忘记他们，也不会忘记他们。我相信，我们的后人，以及后人的后人，也是不会忘记他们的。

你们是革命的后代，是党的儿女。你们应该像自己的父辈那样，处处从党的利益出发，为了维护党的利益，不惜牺牲自己的一切。[1]

出任副总理主管财经

1949 年 10 月 1 日，中华人民共和国中央人民政府成立。

这天，中央人民政府主席毛泽东任命周恩来为中央人民政府政务院总理兼外交部部长。

政务院共设四位副总理，即董必武、郭沫若、黄炎培、陈云（后来，在 1952 年 8 月，增设了一位副总理，即邓小平）。

在四位副总理之中，陈云兼任财政经济委员会主任，主持全国财政经济工作。这样，陈云正式以“经济专家”的形象出现在中国的政治舞台上。

陈云还被任命为重工业部部长，只是由于陈云工作过分忙碌，自 1950 年 1月起由何长工任重工业部代部长。陈云于 1950 年 4 月不再兼任重工业部部长，政务院任命李富春为重工业部部长。

其实，在中华人民共和国成立之前，1949 年 5 月 31 日，《中国人民革命军事委员会关于建立中央财政经济机构大纲（草案）》确定，中央财经委员会

[1]《陈云文选》第三卷，人民出版社 1995 年版，第 321 页。

1949 年 10 月 21 日，政务院财政经济委员会成立时的合影。前排左六为主任陈云，左五为副主任薄一波，左七为副主任马寅初

是统一领导全国经济工作的机构。

1949 年 6 月 4 日，周恩来在北京饭店召开的中共党政机关负责人和各民主党派人士会议上宣布，陈云、薄一波负责筹备中央财经委员会。

1949 年 7 月 12 日，中央财经委员会正式成立，陈云任主任，薄一波任副主任，办公地点在北平城东的孚王府。就在这一天，陈云主持召开中央财经委员会成立会议。

在陈云主管全国的财经工作之际，面临的形势是十分严峻的。当时，中国共产党在军事上取得了极大的胜利，而战争使经济陷于大乱之中。陈云所要接收的，不再是一座沈阳，而是整个中国大陆。那时的中国大陆，经过多年抗战，又经过国共决战，成了一个“烂摊子”。要想收拾好这个“烂摊子”，并非易事。

当时，国民党政府由于要与中国共产党决战，不能不支付巨额作战费用，而支付的方法之一是大量发行钞票，造成严重的通货膨胀。再则，1949 年夏季全国又遭遇大水灾，使粮食产量下降。

“据后来统计，1949 年粮食产量比抗日战争前下降 25%；工业中生产资料生产下降 53%，消费资料生产下降 50%。工农业生产一片凋零。”[1]

对于中国共产党在军事上的胜利，谁都不怀疑；然而，人们却在怀疑：“共产党能马上得天下，不能马上治天下。”

毛泽东也充分地意识到这一点，他在 1949 年 6 月 30 日发表的《论人民民主专政》一文中，便指出敌人正在等待着中国共产党在经济上的失败：

> 党的二十八年是一个长时期，我们仅仅做了一件事，这就是取得了革命战争的基本胜利。这是值得庆祝的，因为这是人民的胜利，因为这是在中国这样一个大国的胜利。但是我们的事情还很多，比如走路，过去的工作只不过是像万里长征走完了第一步。残余的敌人尚待我们扫灭，严重的经济建设任务摆在我们面前。我们熟习的东西有些快要闲起来了，我们不熟习的东西正在强迫我们去做。这就是困难。帝国主义者算定我们办不好经济，他们站在一旁看，等待我们的失败。
>
> 我们必须克服困难，我们必须学会自己不懂的东西。我们必须向一切内行的人们（不管什么人）学经济工作，拜他们做老师，恭恭敬敬地学，老老实实地学。不懂就是不懂，不要装懂，不要摆官僚架子。钻进去，几个月，一年两年，三年五年，总可以学会的。[2]

陈云在 1949 年 5 月到了北平之后，花了两个多月，对中国当时的经济情况作了了解。他和朱德、刘少奇一起，研究了恢复上海、天津、唐山等地的厂矿生产问题。

中财委旧址——北京朝阳门内大街原孚王府

[1] 张文清：《上海财经会议的深远意义和陈云的杰出贡献》，《上海党史研究》1995 年第 3 期。

[2]《毛泽东选集》第四卷，人民出版社 1991 年版，第 1480—1481 页。

解放前夕，上海外滩中央银行门前拥挤的兑换黄金的人群

陈云深深意识到，经济正处于困难之中。他对这一困难进行了分析。

陈云指出，这种困难是“帝国主义的侵略和国民党反动派长期统治的结果”，而“我们不得不承受这样一份遗产”。所以，既要承认“目前全国财政经济在困难中”，同时更要看到“这是胜利中的困难”。“困难只是暂时的”，“只要工人阶级和政府一致起来想办法，困难是一定能够战胜的”。[1]

当时全国经济工作的重中之重，是稳定上海的经济。

中国人民解放军是在1949年5月27日解放上海的。上海是中国的经济中心，是中国经济命脉之所在。不法资本家趁上海处于新旧交替的混乱时期，囤积居奇，上海物价如同脱缰的野马，难以控制，人心浮动。

上海是陈云的家乡，他熟悉这里的十里洋场，知道上海这个海很深，暗潮汹涌，必须花大气力治理。整顿中国的经济，首先要从上海下手。1949年7月12日陈云刚在北京主持中央财经委员会的成立大会，一个星期之后——7月19日——便启程奔赴上海。

1949年8月8日，陈云在上海召开了财经会议，对经济上的困难作出了这样的估计：

> 目前全国财政经济在困难中，尤其是南线更困难。这是胜利中的困难。从根本上解决这一困难，要靠军事上的彻底胜利。

陈云还指出：

---

[1] 强远淦：《陈云关于建国初期党领导经济战线上斗争的有关论述》，《党史研究》1983年第1期。

解放战争还在广大地区进行。作战费和六百多万脱产人员的费用，很大部分是依靠发行钞票来解决的。到七月底，人民币的发行总额为二千八百亿元。在支出中，占比重最大的是吃和穿。上海是个工业集中的大城市，目前困难很大。但是，应该看到，这种情况会逐渐改变。今冬明春如无特殊情况，全国除台湾、西藏、西康、新疆及青海的一部分外，都可以解放，解放区的人口将达到四亿四千多万。要预见到这种情况。我们不但要注意克服目前的困难，而且要从全国范围来考虑财经问题的解决。

陈云一到上海，就下大气力抓“两白一黑”。所谓“两白一黑”，就是大米、棉纱和煤炭。稳住了“两白一黑”，就稳住了上海。

陈云以为，在“两白一黑”之中，煤炭只要保证不断从北方运到上海，就能稳住。与不法资本家的斗争焦点在“两白”，尤其是粮食。

上海的不法资本家大量囤积粮食，致使粮价上涨，造成百姓恐慌。陈云经过调查，认为上海如果每天供应三百万斤粮食，那么便可够市民消费，这是底线。7月底，正值江苏的早稻成熟，而且价格比上海低，陈云派人到江苏大量购进大米，运往上海。

陈云又急令“东北自11月15日至30日，须每日运粮一千万至一千二百万斤入关”。另外，又从江、浙、皖以及东北、华中、四川急运四亿斤粮食至上海。到了1950年上半年，上海国家粮库储存的粮食高达十七亿斤。

起初上海的不法资本家见了粮食就抢购，“吃”进一批又一批粮食。可是当大批粮食源源不断抵达上海后，不法资本家虽“囤积”而“无法居奇”，最后不得不低价抛出，亏了血本，上海市场上的粮价也就平稳了。从此，这让人明白共产党里也有懂经济的能人。

上海市2万余人举行大游行，坚决支持人民政府打击银元投机活动

在粮食问题上打不过

共产党，不法资本家把棉纱作为囤积的对象。上海投机商们开始囤积棉纱。一时间，在一个月里上海棉纱价格上涨了四倍！陈云一边从各地调来大量棉纱，按兵不动，一边在1949年11月25日通令在上海、北京、天津、武汉、沈阳、西安等大城市大量抛售纱布。起初不法资本家还拼命"吃"进，到了后来"吃"不动，上海的国营纱布公司依然在大量抛售纱布，迫使棉纱价格恢复正常。不法资本家再度败下阵来。

陈云抓住"两白一黑"，等于抓住了上海的经济命脉，终于把脱缰的野马制服了。

据陈云秘书周太和告诉笔者，当时为了使中央能够及时了解全国财经情况，陈云以他和薄一波的名义一起给中央写《财经旬报》，即十天报一次。这些旬报，多出自陈云笔下。

周太和说，这些《财经旬报》也是陈云很重要的经济著作。[1]

陈云写了许多《财经旬报》，其中有两则收入《陈云文选》。现摘录1950年2月1日《财经旬报》中的一小段：

自人民币发行以来，到目前为止，共发四万一千亿元。每月发行的新

物价稳定后，上海市民在中国银行门前排队，将外币兑换成人民币

[1] 1995年6月28日，笔者采访周太和于北京。

钞票，依当时的物价计算，总值是二百一十四亿斤小米。这四万一千亿元钞票，因为贬值，现在只值四十九亿斤小米。即是说，通货贬值中，人民损失了一百六十五亿斤小米，等于抗战前银洋八亿二千五百万元。为时只有一年即损失这么多，是一个极大的数字。这是人民生活水平降低的一个具体材料。这样下去，人民将很难支持。[1]

陈云肩挑一担“炸药”

1950年初，当春节临近之际，一天晚上，陈云家里给陈云秘书打来电话，询问陈云怎么还没有回家吃饭。

陈云秘书感到奇怪，陈云早就坐轿车走了，怎么还没有到家?

秘书以为陈云在路上出了什么事，赶紧查问。

后来才明白，陈云“逛街”去了!

原来，陈云叫司机开到北京前门最热闹的大栅栏附近，下了车。陈云来到市场，询问各种商品的价格。因为春节即将到来，北京市场正在大涨价，陈云去“逛街”，摸行情。

那时，陈云作为主管财经的副总理，常常悄然到北京的王府井大街、天桥市场、东单菜市场去“逛”。那时还没有电视，市民中认得陈云的人并不多，这给陈云以很大的“自由”。

陈云到了别的城市，也常常“逛街”。这样，他对全国的物价心中有数。

陈云曾说，自己那时主管经济，犹如挑着一担“炸药”：担子的这一头是物价，担子的另一头是粮食。不论是物价问题，还是粮食问题，如果处理不好，都会像炸药一样爆炸，引起全国性的大动乱。

陈云深深地意识到自己肩上这副担子的分量。

先说说物价这个“炸药桶”：从1937年抗战开始到1949年，这十二年中，恶性通货膨胀，造成物价年年飞涨。

一幅漫画，形象地勾勒出这十二年物价的飞涨：在1937年可以买一头大

[1]《陈云文选》第二卷，人民出版社1995年版，第57页。

黄牛的钱，到了 1949 年不够买一根油条！

中国共产党接收了这个“烂摊子”之后，物价依然狂涨。能否制服物价这匹“烈马”，成了中国共产党政权能否在中国站稳脚跟的关键。

从 1949 年 4 月至 1950 年 2 月，全国物价曾发生了四次大波动。

在 1949 年 7 月底至 10 月 15 日，不过两个多月，上海的物价竟然涨了 1.5 倍！北京和天津则涨了 1.8 倍！华中、西北物价的涨幅也与此相近。

陈云在经济工作中，向来主张分清轻重缓急。他首先是抓住重点。他曾说：“抓不住工作重点，那就如同在大海航行中把握不住方向。”

这一回，陈云抓住了“稳定物价”这个工作的重点。

陈云在 1949 年 11 月 13 日为中央人民政府政务院财政经济委员会起草了《制止物价猛涨》的紧急指示。

陈云指出：

（物价猛涨）根本原因在纸币发行的大量增加。七月底为二千八百亿元，九月底为八千一百亿元，十月底为一万一千亿元，到今天止为一万六千亿元，发行增加近五倍，致使币值大跌，物价猛涨。

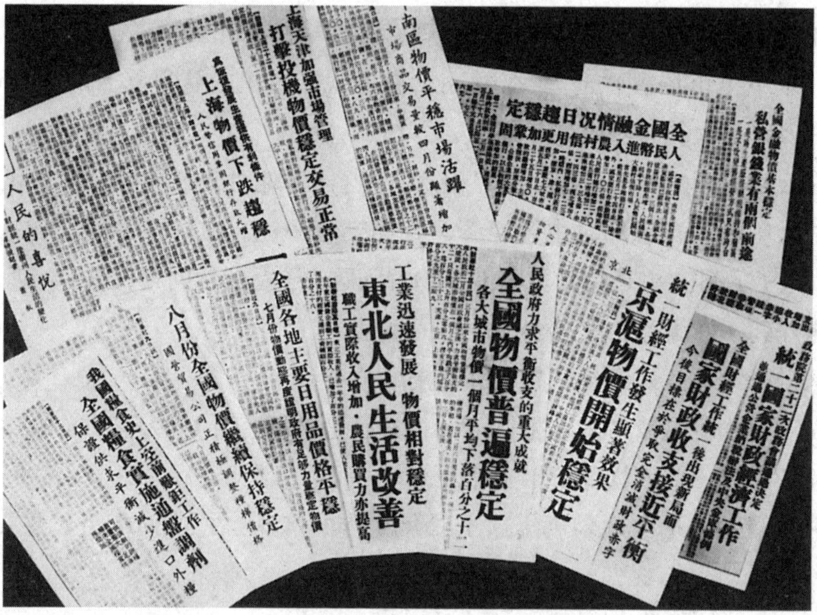

当时关于物价稳定的报道

陈云还指出，控制物价猛涨，主要要掌握粮食和纱布，一个是吃，一个是穿，“是市场的主要物资，我掌握多少，即是控制市场力量的大小”。“人心乱不乱，在城市中心是粮食，在农村主要靠棉布”。

陈云在《制止物价猛涨》中制定了这样的策略：

对于投机商人，应在此次行动中给以适当教训。为此：

（甲）目前抢购风盛时，我应乘机将冷货呆货抛给投机商，但不要给其主要物资。

（乙）等到收缩银根、物价平稳，商人吐出主要物资时，我应乘机买进。

由于陈云采取了这一系列控制物价的措施，物价这匹“烈马”终于被驯服了。一连12年的恶性通货膨胀，终于自1950年3月起，被制止了。

据统计，全国批发物价指数，以1950年3月为100，到1951年12月回落为96.6，到1952年12月则为90.6。

这样，在陈云的领导下，结束了国民党政权留下的长达十多年的恶性通货膨胀。物价平稳，民心也就随之稳定了。

毛泽东很赞赏陈云为制服物价飞涨所作出的贡献，指出“这一胜利的意义不亚于淮海战役”。

毛泽东此言，可以说是对陈云极高的评价。

确实，随着战争的胜利，工作的重心从军事转移到了经济。淮海战役是“打天下”的一场大胜利，而制服物价飞涨则是“坐天下”的一场大胜利。

据薄一波回忆，当时他向毛泽东主席汇报工作时，说到陈云主持中财委工作很得力，多谋善断。毛泽东听了，没有说话，顺手拿起笔来，在一张纸上写了一个“能”字。

细心的薄一波问道：“你写的这个‘能’字，是不是指诸葛亮在《前出师表》里叙述刘备夸奖向宠的用语‘将军向宠，性行淑均，晓畅军事，试用于昔日，先帝称之曰能’？”

毛泽东点头。

上海的资本家们曾经认为，中共在军事方面有才能可打100分；在政治方面由于统一战线工作做得很好，可打80分；在经济方面中共缺乏人才，只能打0分。

然而，当这些上海的资本家们得知，中共居然拥有陈云这样的经济奇才时，不得不佩服地称赞他是“共产党的财经专家”。

由于中共中央书记处“五大书记”之一的任弼时高血压症日益严重，突然中风，不能理事，作为中共中央书记处候补书记的陈云，于1950年6月经中共七届三中全会决定，代理因病休养的中共中央书记处书记任弼时的工作。

任弼时原本是“五大书记”中最年轻的一位。由于中风严重，脑出血量太大，于1950年10月27日逝世，时年四十六岁。

任弼时去世后，1950年10月，比任弼时年轻一岁的陈云，升任中共中央书记处书记。这样，陈云便成为“五大书记”之一，而且是“五大书记”中最年轻的一个。

毛、刘、周、朱、陈，成了当时中共的最高领导层：

毛泽东主管全面工作；

刘少奇主管党务；

周恩来主管政府及外交；

朱德主管军事；

陈云主管财经。

陈云曾这么说及自己当时的工作状况：

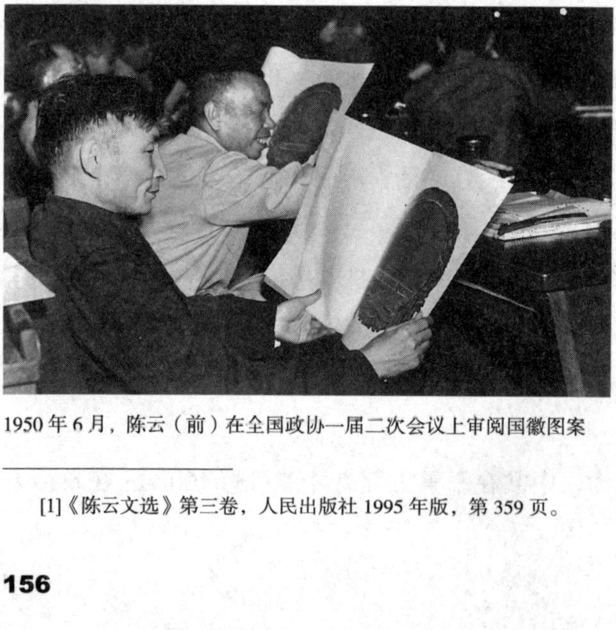

1950年6月，陈云（前）在全国政协一届二次会议上审阅国徽图案

我那个时候身体还好，除上午、下午有事外，经常是晚上八点钟到周总理那里，十二点钟到毛主席那里，也忙啊。[1]

1950年12月，于若木在北京生下次子。这

[1]《陈云文选》第三卷，人民出版社1995年版，第359页。

一回，又轮到陈云取名了。由于陈云已给长子取名“元”，也就给次子相对应取名“方”。

于若木说，也真巧，铜钱外圆（元）内方，恰恰是经济工作的象征，而陈云正是主持中国的财经工作。曾有很多人问陈云，他给两个儿子取名时，是否有这层意思？其实，虽然陈云是在1944年调任西北财经办事处副主任，但是当时并没有意识到从此就“定位”在财经领导工作岗位上。长子是在1945年出生的，当时，陈云只是按电报韵目给长子命名，与后来担当的工作纯属巧合罢了。

更巧的是，长子长大后，竟然也从事财经工作，以至担任中国人民银行副行长的职务。

有趣的是，陈云在“文革”中被“下放”到江西南昌。当时，“上面”要陈云改名，陈云就临时取了个名字叫“陈元方”——用两个儿子的名字组成。他风趣地对别人说：“还好，我没有改姓！”

要求部下“一毛不拔”

陈云深知自己肩上挑着一担“炸药”，万万不可疏忽。他没有上过财经学校，他的最高学历是小学毕业，所以非常注意学习和调查研究。

据曾在政务院财政经济委员会工作的杨波回忆，在1950年，陈云忽然要他到北京图书馆去查阅抗战前的《大公报》《益世报》。因为陈云记得，当时这些报纸上每天刊登棉布、棉纱、粮食、棉花的价格。陈云要杨波抄下这些价格，并对工农业产品价格之间的剪刀差作出统计。

杨波整理了1936年以及1937年上半年的商情。陈云看了，又要他继续查下去，查五年或者十年。

陈云从杨波整理的历史资料中，得出现在应该如何确定工农业产品价格剪刀差的依据。陈云认为，把农村的农产品、土产品收上来，把城市的工业品销下去，两者之间的价格剪刀差必须合理，既不能损害农民利益，又必须要保证工人利益。陈云说，这涉及巩固工农联盟的政治大事。

所以，陈云常说：“七分经济，三分政治。”经济中有政治，政治离不了经济。

陈云加强了税收。尽管有人俏皮地喊“共产党万‘税’”，但陈云听了一笑了之。他认为，要增加国家财政收入，不加强税收不行。

陈云又告诫他的部下，应该“一毛不拔”。他说，国家正处于经济困难时期，不该花的钱就不花，财政部门要理直气壮地“一毛不拔”。

陈云严禁大吃大喝。据曾在他手下工作的孙晓村回忆：

> 我与陈云同志虽没有很多的个人接触，但在中财委工作时期，常在一个小饭厅吃饭，我发现他生活非常简朴。他经常讲要搞点积累，不能吃光用光。话不多，表现了他一贯勤俭节约的作风。我在中财委近四年，从未见过大吃大喝的场面，也未见办公室有什么讲究的设备，豪华的气派。[1]

陈云要求“吃饭要照镜子”，成为美谈。所谓“吃饭要照镜子”，就是不仅把饭菜吃完，而且还要端起盘子来，用馒头擦干净盘底的油迹，盘子干干净净像镜子！

1951年，苏联政府送给中国五辆吉斯牌轿车。在当时的中国，这要算是最高级、最豪华的进口轿车了，有关部门出了个主意，把这五辆新车分配给“五大书记”。作为“五大书记”之一的陈云，也分到一辆。陈云发现来了新车之后，怎么也不肯要，硬是退了回去。[2]

那时，“五大书记”的工资全都定为一级，陈云知道了，硬是改为二级。他说，我不能跟毛泽东、刘少奇、周恩来、朱德他们同级，应该比他们低。

陈云有两套毛料中山装，分别是1952年到苏联及1954年到越南出访时做的，后来就成了他的“礼服”，只在每逢过节或接见外宾时才穿，平时穿的都是布衣、布鞋。

陈云坚决不收礼，“来者必拒”，哪怕礼物再轻。他曾说：“送礼是有求于我。收下后，决定事情必有偏差。”

他一贯如此。曾有一位军区领导向陈云汇报工作时，带来了两盒葡萄。陈

[1] 孙晓村：《陈云与新中国经济建设》，中央文献出版社1991年版，第148页。

[2] 刘家栋等：《党的优良作风的光辉典范》，《人民日报》1995年6月23日。

1952年4月，陈云（右一）在中央人民政府委员会第15次会议上作财经工作报告

云不收，那位军区领导说，葡萄是当地所产，不值多少钱。陈云只吃了十颗，曰“十全十美”，其余的不收。

沈鸿曾这样评说陈云：

> 陈云同志一生清廉，为人正直，说话简明扼要，不绕弯子，不讲情面，敢于坚持真理，实事求是地发表意见。[1]

陈云十分注意听取不同意见，他的名言是：“不怕人家讲错话，就怕人家不说话。”陈云常常鼓励大家说出不同的看法，他挂在嘴边的话是：“姜太公在此，百无禁忌。”

他鼓励别人在他面前说出不同的意见。他强调：

“‘左’可以‘左’到‘左’倾机会主义，右可以右到右倾机会主义，都可以讲，讲了以后都不记账，这都不算错误，讨论问题嘛！”

[1] 沈鸿：《陈云同志的实事求是精神》，载《陈云与新中国经济建设》，中央文献出版社1991年版。

1951年9月，陈云在中央人民政府委员会第12次会议上作关于财政、农业生产和市场等问题的报告

"有钱难买反对意见。"

"一有错误就有人骂，容易改正。如果人家天天喊万岁，一出错就是大错。"

有一位副部长，提出了与陈云不同的意见，那个部里以"反对陈云"加以批判。陈云知道了，就请人转告那个部，有错误批评可以，但是不能说是"反对陈云"。

陈云还说，犯了错误，进行了批评，就行了，不要抓住不放。

陈云主张，凡是打个电话能说明白的，就不必来人。大家都忙，彼此都应节约时间。

陈云主张，每到一地，"来不迎，去不送"。

陈云还主张，以百分之九十的时间作调查研究，这样，在弄清情况的基础上，再花百分之十的时间，就能作出正确的决策。

任用干部，陈云注意"五湖四海"。陈云曾说：

"我新到一个地方工作，经常是不带什么干部的。解放初，从东北进关以后，我是就地取材。姚依林、吴波同志都是华北的。我们用干部，要五湖四海……"[1]

再访莫斯科

1952年8月，陈云作为中国政府代表团成员之一，在团长周恩来的率领下，前往莫斯科。这是陈云第二次去苏联，同行的还有李富春、赵尔陆、吕东、安子文、袁宝华、王志光、宋劭文等。

---

[1]《陈云文选》第三卷，人民出版社1995年版，第359页。

1952年8月至9月，周恩来、陈云、李富春率中国政府代表团访问苏联期间，同苏联部长会议副主席什维尔尼克和苏联外交部长维辛斯基合影。右三起：李富春、陈云、周恩来、什维尔尼克、维辛斯基、张闻天、粟裕、师哲

到达莫斯科时，中国政府代表团受到了苏联部长会议副主席莫洛托夫的欢迎。

陈云等人此行，主要是跟苏联商谈对中国的第一个五年计划提供经济和技术援助问题。周恩来、陈云在莫斯科进行了初步谈判之后，由于政务繁忙，便先行回国了，留下李富春负责与苏方谈判。[1]

这样，1952年9月22日陈云回国。

李富春在苏联住了近半年，这才得知苏方认为中国的第一个五年计划太庞大，工农业增长率太高。

直至1953年2月，苏联才派出以国家计委主任萨布罗夫为首的苏联政府代表团和以李富春为首的中国政府代表团进行谈判，这才确定了苏联对中国的四一项经济技术援助。到了1954年赫鲁晓夫访华时又增加了十五项，共计

[1] 李越然：《我国同苏联商谈第一个五年计划情况的回忆》，载《新中国外交风云》第二辑，世界知识出版社1991年版。

访苏期间，中国政府代表团向列宁墓敬献花圈

一五六项……[1]

陈云从苏联商谈关于中国第一个五年计划归来，急于要了解中国的农业生产情况。

这年10月，陈云请他在上海青浦的老战友陆铨帮忙，在青浦找两位敢说真话的农民来北京。

陆铨曾在1927年和陈云一起在青浦从事农民运动，跟陈云交厚，他马上挑选了农民曹象波和曹兴达，送他们上北京。

陈云很仔细地跟这两位同乡交谈，从他们那里了解中国农村的真实情况。从这两位农民那里，陈云发现农民负担过重，造成生活困难。

陈云通过和他们的谈话，写出关于青浦县小蒸乡情况的报告，送给毛泽东。

毛泽东看了陈云的报告，于1952年10月15日致函中共中央华东局第三书记谭震林：

震林同志：

陈云同志所得青浦县小蒸乡的情况，很值得注意，兹寄上请阅，并请抄寄苏南区党委。

据薄一波同志说，他在上海时，已知浙江、苏南两区去年征粮太重，华东局决定退还农民一部分，不知此事结果如何？两区共退了多少？解决

[1] 李越然：《我国同苏联商谈第一个五年计划情况的回忆》，载《新中国外交风云》第二辑，世界知识出版社1991年版。

了多少人的问题？今年收成如何？征粮数是否大大减轻了？

为了彻底解决这个问题，建议你们召集两区负责人及两区若干典型县的县委书记到华东局开一次专门会议。在开会前，由你派出两个调查组，一个往浙江，一个往苏南，直接到几个县的乡村，调查十几个人，专门调查农民公粮及其他负担的实情，以为会议讨论的根据。

总之，过去因负担太重无以为生的农民，必须切实解决救济问题；今年征粮必须不超过中央规定的比率，大大减轻民负。

望将你的意见告我。

致以同志的敬礼！

毛泽东

1952 年 10 月 15 日[1]

把粮食纳入“统购统销”轨道

1953 年 10 月 1 日，是中华人民共和国成立四周年的庆祝日。那天晚上，陈云在天安门城楼上，却无心观赏焰火，一直在和毛泽东、周恩来研究粮食问题……

陈云在平稳了物价、平稳了粮价之后，稍稍喘了一口气。他很快就发现，他肩上的一担“炸药”，那物价已不大会爆炸，但是粮食仍是个大问题，弄不好就会来个大爆炸。

在着手解决粮食问题的时候，陈云很成功地解决了棉花问题。

1950 年，中国棉花总产量为 1420 万担，不够用。这样，在 1951 年，计划把棉花总产量提高到 2100 万担，以解决穿衣问题。

陈云采用的方法是“以价格指挥农民”。他经过仔细摸索，把粮棉比价定为 8∶1，即八斤粮食才抵一斤棉花。

于是，农民们纷纷转向种棉。棉田面积迅速扩大，棉花产量迅速上升，果真在 1951 年达到预期的产量。到了 1952 年，增至 2607 万担。

---

[1]《毛泽东书信选集》，人民出版社 1983 年版。

这么一来，棉花产量又超出了需求。

于是，陈云又以价格进行“指挥”：把粮棉比价从 8∶1 调整为 7∶1。

这下子，农民纷纷转向种粮。1953 年，全国的棉田面积比 1952 年减少了 594 万亩，棉花产量减少了 257 万担。[1]

棉花的问题解决了，粮食却是一道大难题。

那时候的中国，已有着四亿多人口。这么多张嘴，吃饭是个大问题。中国古语道：“民以食为天。”老百姓倘若没有饭吃，这天下非乱不可。

1952 年，国家收购的粮食为 660 多亿斤，扣除返销粮之后，只有 560 多亿斤，差额达 100 亿斤上下！

中国人口众多而耕地有限，粮食严重不足，成了困扰陈云的大问题。陈云所挑的粮食这个“炸药”桶，随时有着爆炸的危险。

1953 年，东北又遭水灾，粮食减产，粮食贩子开始活跃，全国的粮贩子一下子猛增到几十万人。这些粮贩子开始囤积粮食，有些地方出现抢购粮食、哄抬粮价的现象。

粮食这个“炸药”桶，已经在冒烟了！

这样，在 1953 年，陈云开始集中精力解决粮食问题。

陈云研究了中国市场粮食的流通规律：粮食要从农民那里收购，然后由国家或商人售给消费者。

1953 年 9 月，陈云在中央人民政府委员会第 25 次会议上作《关于克服财经工作中的缺点和错误》的报告。右为刘少奇

这样，陈云以为，处理好中国的粮食问题，必须处理好四种关系：

国家跟农民的关系；

国家跟消费者的关系；

国家跟商人的关系；

中央跟地方、地方跟地方的关系。

在这四种关系之中，

[1] 詹武：《按照我国国情发展社会主义农业》，载《陈云与新中国经济建设》，中央文献出版社 1991 年版。

最主要的是两种关系：一是国家跟农民的关系，二是国家跟消费者的关系。

为了处理好这些关系，陈云提出八种解决方法：

一、又征又配——农村征购，城市配给，硬性办法；

二、只配不征——可能买不到粮食；

三、只征不配——结果会边征边漏；

四、原封不动——自由买卖，结果必乱无疑；

五、临渴掘井——到最困难时才想办法，还不如现在下手好；

六、动员认购——政策有明令，比强征好，没有把握；

七、合同预购——有一个数量问题，还有一个时间问题，今年来不及了；

八、各行其是——办法可以试，要考虑影响，考虑结果。

陈云权衡八种方法的利弊，认为只有采取第一种方法，才能解决中国的粮食问题。

所谓“又征又配”，就是说，国家对农民“征购”粮食，而对消费者则采取“配给”粮食。

为了制定这个“又征又配”的政策，陈云曾经仔细研究北洋军阀时期、国民党时期和日伪占领东北时期使用的方法，比较了德国和苏联使用过的方法，在这样研究、比较的基础上，才提出了具体的实施办法。

陈云曾生动地说明了“征购”的必要性。他说：

鉴于粮食供应紧张状况，必须采取征购的办法。如果继续采取自由购买的办法，我看中央人民政府就要天天做“叫花子”，天天过“年三十”。这个办法是不是太激烈了一些？

可不可以采取自由购买的办法把粮食买齐呢？如果能够买到的话，那当然是求之不得。我这个人不属“激烈派”，总是希望抵抗少一点。我现在是挑着一担炸药，前面是黑色炸药，后面是黄色炸药。如果不搞到粮食，整个市场就要波动；如果采取征购的办法，农民又可能反对。两个之间要选择一个，都是危险家伙。现在的问题是要确实把粮食买到，如果办法不可行，落空了，我可以肯定地讲，粮食市

1950 年 6 月，陈云在全国政协一届二次会议上作《目前经济形势和调整工商业、调整税收的措施》的报告

场一定要混乱。这可不是开玩笑的事情。[1]

陈云又对“配给”作了这样的说明：

“配给”这个名词有点不太好听，一说就想到日伪统治时代的情况。现在改了一个名字，叫作“计划供应”，是粮食部长章乃器先生想出来的。我们的配给不同于日伪时代的配给，那时是油、盐、酱、醋都配给，现在配给只是粮食。那时的配给量填不饱肚子，我们现在的配给量可以吃饱。种类不同，数量不同，至于性质那更是完全相反的。[2]

由于粮食问题颇为紧迫，1953 年的国庆之夜，在天安门城楼的会见厅里，中共中央书记处研究讨论陈云的方案，当场拍板。当时还决定由邓小平代中央起草决议。

1953 年 10 月 16 日，中共中央发出了《关于实行粮食的计划收购与计划供应的决议》。这一决议就是根据陈云的意见，由邓小平起草的。

所谓粮食的“计划收购”，被称之为“统购”；粮食的“计划供应”，被称之为“统销”。陈云的这一方案，被称之为粮食“统购统销”。

由于实行了“统购统销”，陈云解决了粮食问题。

后来，统购统销的范围又继续扩大到棉花、纱布和食油。

可以说，“统购统销”是陈云在平抑全国物价之后，在经济上采取的另

[1]《陈云文稿选编（1949—1956 年）》，人民出版社 1982 年版，第 194 页。

[2]《陈云文稿选编（1949—1956 年）》，人民出版社 1982 年版，第 200 页。

一重要措施。

“毛主席在生理上是不能万岁的”

1954年2月10日，陈云在中共七届四中全会上，说了一番颇为尖锐的话。陈云说：

> “毛主席万岁”这是一个政治口号，但是毛主席在生理上是不能万岁的。我在这里，在四中全会上，说毛主席不能万岁，这似乎不太好，但我们是唯物主义者，毛主席是不能万岁的。[1]

陈云居然说“毛主席是不能万岁的”，其目的在于说不仅毛泽东不能“万岁”，他和中共的高级领导人们，也都不能“万岁”。由此，陈云言入正题，即在他们这一批中共高级领导人死去之后，如何防止领导权落在野心家手中。

陈云说：

> 我们这些高级领导人，行年有四十几岁的，有五十几岁的，有六十几岁的，也有七十几岁的，将来一批一批地要死去，同时一批一批地补上来。我们不能保证不出野心人物，但是我们可以想方法使乱子不闹大。出了野心人物的时候，乱子闹得不大，关键是什么呢？
>
> 我看关键是在几百个高级领导人，就是省（市）委书记以上的干部及军队中的负责干部。如果这几百个人有高度的革命觉悟，有高度的革命嗅觉，那么，出了李国焘、王国焘也容易把他揭露。如果这几百个人觉悟不高，嗅觉不灵，出了野心人物的时候可能会闹不团结的，甚至可能闹到党的分裂。出大乱子出在什么地方呢？就在这几百个人里面，首先是在座诸公，穿黄衣服的，穿黑衣服的，党头、政头、军

---

[1]《陈云文稿选编（1949—1956年）》，人民出版社1982年版，第218页。

1954 年 2 月，陈云（前排右五）出席党的七届四中全会

头这几百个人。如果出了野心人物，能否迅速地把他揭露，不闹成大乱子呢？那也决定于这几百个人。只要这几百个人头脑十分清醒，革命胜利就会有保证。[1]

那时的陈云，不过 49 岁。他在中共七届四中全会上说了这么一番话，其原因在于如他所说，从“一九四五年七大到现在”，有“几个主要的领导同志”“跌了大筋斗”。

这“跌了大筋斗”的，就是高岗和饶漱石。

1954 年 2 月 6 日至 10 日召开的中共七届四中全会，胜利地粉碎了高岗、饶漱石反党篡权的阴谋活动，这是中国共产党自 1949 年之后第一次党内的尖锐斗争。毛泽东当时在休假，没有出席会议，会议由刘少奇主持。

1952 年底、1953 年初，高岗和饶漱石分别从东北和华东调往中央，担任国家计划委员会主席和中共中央组织部部长。

高岗称中共中央存在“圈圈”和“摊摊”，欲取代刘少奇和周恩来，担任中共中央副主席并担任政务院总理。

高岗联合了饶漱石，又在暗中联络了林彪。

[1]《陈云文稿选编（1949—1956 年）》，人民出版社 1982 年版，第 218—219 页。

1953年12月，当毛泽东提出在他休假期间委托刘少奇代理中央主席，高岗便私下活动由他代替刘少奇。

毛泽东发觉后，在北京中南海勤政殿召开中共中央政治局会议。毛泽东指出：

“同志们！我认为北京有两个司令部，一个是以我为首的司令部，就是刮阳风，烧阳火；一个是以别人为司令的司令部，叫做刮阴风，烧阴火，一股地下火……”

毛泽东所说的“别人”，正是指高岗。

作为“五大书记”之一的陈云，和毛泽东、刘少奇、周恩来、朱德意见一致。

毛泽东认为，要拉林彪一把，便派出陈云专程赴杭州，跟因病在那里休养的林彪面谈，传达中央的意见。

林彪立即“急转弯”，从高岗那里滑脚。

这样，在中共七届四中全会上，在批判高岗时，就没有涉及林彪。

陈云在会上作了题为“高级领导人要提高革命觉悟”的发言。除了上面已经引述的内容外，陈云还指出：

> 同志们，人家对你鼓掌的时候，那可要很小心。一个人在人家鼓掌时，他可以有两种态度，一是小心谨慎，一是昏头昏脑。昏头昏脑就很可能是跌筋斗的候补者。[1]

20世纪50年代初的陈云

当选中共中央副主席

1954年9月15日至28日，第一届全国人民代表大会在北京举行。会议

[1]《陈云文稿选编（1949—1956年）》，人民出版社1982年版，第220页。

通过《中华人民共和国宪法》，中华人民共和国政务院改称国务院。

中华人民共和国主席毛泽东任命周恩来为国务院总理。

国务院的副总理，由最初的四位增至十位。最初的四位副总理之中，除了陈云之外，董必武、郭沫若、黄炎培都不再担任副总理。这次任命的十位副总理是：

陈云、林彪、彭德怀、邓小平、邓子恢、贺龙、陈毅、乌兰夫、李富春、李先念。

陈云在十位副总理之中排名第一，李先念协助陈云抓经济。李先念曾说："我一生有两个老师，一个是徐帅（徐向前），教会我打仗；一个是陈云同志，教我管经济。"

陈云在出任副总理之后不久，曾回故乡调查研究。这是他阔别故乡多年之后，第一次回乡。

那是1955年1月中旬，陈云回到了故乡。

1954年9月，在全国人大一届一次会议上，陈云作《计划收购和计划供应问题》的报告

陈云乘火车在沪杭铁路石湖荡车站下车，先到青浦小蒸乡，住在老战友陆铨家，再去练塘镇。正值寒冬，河面结冰，他坐汽轮到练塘，一路敲冰前进。

在家乡，他又约见那两位农民曹象波和曹兴达，听他们谈对于粮食统购统销的意见。

他们向陈云反映了农村干部收购"过头粮"（超计划收购的粮食）的问题。

陈云还在家乡了解关于"周转粮"（即"调剂粮"）的问题。

此后，陈云还三次回故乡。

第二次是1955年5月下旬，他

在青浦了解中共各项农村政策的贯彻、执行情况。

第三次是 1957 年 3 月，由于青浦县是中国血吸虫病的重灾区，他主要去了解血吸虫病的防治情况。

第四次是 1961 年 6 月 27 日至 7 月 11 日，他在小蒸乡和农民们座谈，了解公社化以后的农业生产和养猪方面的问题。陈云根据这次回乡的情况，向毛泽东反映，受到毛泽东的严厉批评，后文将会详述。

1954 年 7 月底，陈云同毛泽东在北戴河海滨（侯波 / 摄）

陈云回乡调查，曾对乡亲们说：

“我喜欢听坏话，坏话其实大部分是老实话。不喜欢听好话，好话很多是奉承话。不善于听坏话，政权靠不住，坏话和怪话不能和反革命分子的破坏活动相提并论，应当选择对的吸收利用，不对的进行分析解释。不能使人家闭口不讲，让言路阻塞。”

除了四次回老家青浦调查之外，1956 年 4 月，陈云来到跟青浦相邻的上海松江县联民农业社，看望劳动模范、水稻专家陈永康。

陈云在向陈永康了解陈永康所培育的单季晚稻高产名种“老来青”情况之后，提出了他所关心的问题：“双季稻能种吗？”

在当时，上海一带能否种双季稻争议颇大，所以陈云特地向这位农民出身的水稻专家请教：

陈永康说：“可以种的，去年我出去看过几个地方，城东洋泾的老农钟顺康种的双季稻，收成比单季稻高，金山县松隐北面的浩光农业社种的一片双季稻，长得也蛮好；我自己在自留地里种小块双季稻，前后两季收九百多斤。问题是今年种的面积太多。我们合作社可耕地共四千多亩，要种一千六百多亩双季稻，季节、劳力、肥料都跟不上。”陈永康毫不掩饰地提出了自己的看法。在座其他干部对此也谈了些不同看法。

陈云同志认真地听完大家的发言后带着商讨的口吻问陈永康和干部们：“你们看，怎样来解决好这个问题呢？”

陈永康立即回答：“要种好双季稻，其他农活要早作安排，集中力量抢住季节，如果抢收季节碰到了两三天阴雨天，早稻可能受潮出芽减产，所以，种的面积不宜太大。”

陈云同志对陈永康的直抒己见十分赞赏，他微微点头，表示赞同，随后又详细地询问了粮食征购、种杂粮、养猪和猪肉供应等情况。[1]

陈云除了出任国务院副总理之外，在1956年11月又兼任商业部部长。

1957年1月，为了加强对经济工作的领导，中央经济工作五人小组成立。陈云任组长。这个小组自1958年6月，改设为中央财经小组。

陈云在1958年9月至1961年1月，又兼任国家基本建设委员会主任。

在20世纪50年代，陈云针对物价、公债和钞票的发行、粮棉油统购统销、工商联工作、资本主义工商业改造……做了一系列的工作。

其中，特别是关于资本主义工商业改造，陈云花费了不少精力。

1954年9月，在陈云主持下，政务院颁布了《公私合营工业企业暂行条例》，开始了对资本主义工商业的改造工作。

1955年下半年，随着中国农村的合作化出现了高潮，对资本主义工商业的改造也大大加快了步伐。

1955年10月，毛泽东、周恩来、陈云等邀请工商界代表人物进行座谈，给他们做思想工作，并向他们宣传中共的“赎买政策”。

紧接着，1955年11月16日至24日，中共中央政治局召开“关于资本主义工商业改造会议”。会上，陈云担任“主角”，作了题为“资本主义工商

[1] 尹军：《陈云和陈永康探讨双季稻》，《上海滩》1994年第6期。

业改造的新形势新任务”的长篇报告，会议通过了《关于资本主义工商业改造问题的决议（草案）》。1956年2月24日，中央政治局对这个决议草案作了个别的修改，追认为正式决议。

1950年代，毛泽东、周恩来、朱德、陈云在中南海紫光阁（侯波/摄）

这一决议，成为中共对资本主义工商业实行改造的基本政策，而这一政策的制定者便是陈云。这一政策的核心是“赎买”：

第一是用赎买和实行国家资本主义的方法，有偿地而不是无偿地，逐步地而不是突然地改造资产阶级的私有制；

第二是在改造他们的同时，给予他们以必要的工作安排；

第三是不剥夺资产阶级的选举权，并且对于他们中间积极拥护社会主义改造并在这个改造事业中有所贡献的代表人物，给予恰当的政治安排。

毛泽东十分赞赏陈云制定的这一赎买政策。

1956年8月22日至9月13日，中共召开七届七中全会。这次中央全会，是为即将召开的中共八大做准备工作。

毛泽东在全会上讲话，其中有一段谈及陈云，给了陈云颇高的评价。毛泽东说：

1955 年 9 月，毛泽东等与出席全国青年建设社会主义积极分子大会的代表合影。前排右二为陈云

“我看他这个人是个好人，他比较公道、能干，比较稳当，他看问题有眼光……不要看他平和得很，但他看问题尖锐，能抓到要点。所以，我看陈云同志行。”[1]

紧接着，1956 年 9 月 15 日至 27 日，中国共产党第八次全国代表大会在北京召开。陈云当选为中共中央委员。

在中共八大上，陈云作了题为“社会主义改造基本完成以后的新问题”的讲话。

在这次讲话中，陈云提出了“三个主体、三个补充”的重要构想。

陈云提出：

国家经营和集体经营是工商业的主体，一定数量的个体经营是它们的补充；

由此决定，在生产领域，计划生产是工农业生产的主体，按照市场变

[1]《陈云同志伟大光辉的一生》，1995 年 4 月 16 日新华社电。

化而进行的自由生产是其补充；

在流通领域，国家掌握的市场是主体，自由市场是补充。

应当说，陈云提出的这一构想适合中国的情况。可惜，在 1957 年“反右派运动”之后，中国急剧向“左”转，陈云的这一构想被视为“右倾”，没有得以实现。

1956 年 9 月 27 日，中共八大举行闭幕式，大会由陈云主持。

在 1956 年 9 月 28 日召开的中共八届一中全会上，选出了中共中央主席和副主席：

主席——毛泽东；

副主席——刘少奇、周恩来、朱德、陈云。

另外，邓小平当选为总书记。

这样，中共形成了毛、刘、周、朱、陈、邓六人领导集体。

陈云还当选为中共中央政治局委员、常委。

这时，陈云步入他政治生涯的巅峰时期。

1957 年 1 月 10 日，中共中央政治局决定成立“中央经济工作五人小组”，以陈云为组长。这个小组在中共中央政治局之下，统一领导全国的经济工作。所以，陈云在中共中央政治局常委之中，依然分管中国经济。

1954 年夏，陈云（左一）同朱德、林伯渠等视察官厅水库

第八章
稳健踏实

◎ **陈云的结论，即“生产一千三百万吨钢”，扎扎实实，充分体现了他“不唯上、不唯书、只唯实”的思维方式。陈云被称为“务实派”，他的算细账、定指标的讲话，可以说是他“务实”精神的写照。**

“有理三扁担，无理扁担三”

就在陈云当选中共中央副主席不久，处在政治巅峰上的他，便遇到了麻烦。

陈云早在1935年的遵义会议上就支持毛泽东，此后他和毛泽东一直在政治上紧密地合作。正因为这样，毛泽东把主管财经的重任压在陈云肩上。

但是，毛泽东和陈云之间，在经济建设的速度问题上，逐渐产生了不同看法……

20世纪50年代，陈云（左）同邓小平在一起（侯波/摄）

事情是从1956年6月20日《人民日报》的社论引起的。这篇社论是根据中共中央政治局的意见写的，题为“要反对保守主义，也要反对急躁情绪”。

社论提出了一个新名词，曰“反冒进”。社论反对急躁冒进，后来也就被称之为“反冒进”。

社论指出，当前一方面存在右倾保守思想，另一方面又出现了急躁冒进的偏向。

社论又指出，急躁情绪所以成为严重的问题，是因为它不但是存在于下面的干部中，而且首先存在于上面各系统的领导干部中，下面的急躁冒进有很多就是上面逼出来的。

社论还指出，在反对保守思想的时候，也不应当忽略或放松对急躁冒进倾向的反对。

只有既反对了右倾保守思想，又反对了急躁冒进思想，我们才能正确地前进。

1958年1月11日晚，毛泽东在广西南宁会议上，尖锐地批判了《人民日报》的这篇社论。

毛泽东说：

> 这篇社论既要反右倾保守，又要反对急躁冒进，好像有理三扁担，无理扁担三，实际重点是反冒进的。

毛泽东很严肃地指出：

> 不要提“反冒进”这个名词，这是政治问题。一反就泄了气，六亿人一泄气，不得了。

陈云在中南海

毛泽东还在载有这篇社论的报纸上加了这样的批注：

> 庸俗辩证法，庸俗马克思主义，尖锐地针对我！

事态变得非常严重。这就不能不追溯《人民日报》这篇社论的来历……

这篇社论，确实是根据1956年6月4日中共中央政治局会议的精神写的。当时，毛泽东不在北京，会议由刘少奇主持。就是在这次会议上，刘少奇要中共中央宣传部根据会议的精神，代《人民日报》写一篇社论。

社论写好之后，曾送刘少奇、周恩来审阅。

就在这时，毛泽东回到了北京，中共中央宣传部连忙把社论也送毛泽东审阅。毛泽东在社论的清样上批了三个字："不看了。"

这样，社论就在《人民日报》上发表了。

社论发表之后，当时，毛泽东没有说什么。其实，毛泽东所批的"不看了"，只是"引而不发"罢了。

直到过了一年多，在1957年9月20日至10月9日召开的中共八届三中全会上，毛泽东第一次公开批评了"反冒进"。毛泽东说：

"'反冒进'扫掉了多快好省，扫掉了农业发展纲要四十条，扫掉了促进委员会。"

毛泽东所谓的"促进委员会"，是针对"反冒进"而言的。毛泽东称，那些"反冒进"的人可以组成一个"促退小组"。他说：

"但共产党总的方针是促进而不是促退。共产党应该是促进委员会，只有国民党才是促退委员会。"

于是，也就追溯到那次由刘少奇主持的中共中央政治局会议。

其实，早在1956年春天，周恩来就提醒大家："经济工作要实事求是。"

那是因为中共在"经济专家"陈云的苦心经营下，经过三年恢复经济，然后开始实行第一个五年计划，经济上有了相当的发展。1956年初，在毛泽东提出反对"右倾保守"的口号后，经济上开始出现急躁冒进的倾向。

作为财经工作的主管，陈云向来务实，他支持周恩来。陈云说："建设只能与国家财力相适应。"

李先念也表示同意。

这样，在那次政治局会议上，就提出了既要反保守，又要反冒进。其实，政治局不得不提"反保守"，是因为不能不照顾毛泽东的意见；至于"反冒进"，这才是他们的本意。

也正因为这样，那篇《人民日报》社论成了毛泽东所说的"有理三扁担，无理扁担三"。

毛泽东的“反反冒进”

毛泽东和陈云之间，对于中国的经济建设速度产生严重的分歧，其实是不难理解的。

这诚如邓小平所言：

“总起来说，一九五七年以前，毛泽东同志的领导是正确的，一九五七年反右派斗争以后，错误就越来越多了。”[1]

1957年，毛泽东领导了轰轰烈烈的“反右派运动”。

在1958年，毛泽东发动了“大跃进”运动，高举起“三面红旗”。

陈云是个务实派。他多年主管经济，深知只有脚踏实地，方可稳步前进。

这样，毛泽东和陈云之间产生不同看法是不可避免的。尽管陈云对毛泽东向来尊重，即便陈云为人小心谨慎，也无法逃脱毛泽东对他的批评。

毛泽东对陈云的批评，最初就是从“反冒进”开始的。

尽管毛泽东在1956年6月一眼就看出《人民日报》那篇社论违反了他的看法，但是他不便马上开展批判。

正因为这样，毛泽东在社论的清样上只写了“不看了”三个字。

可是，毛泽东一直记着“反冒进”这笔账，一直记着那篇违反他的意旨的《人民日报》社论。

1957年1月10日，中共中央发出《关于成立中央经济工作五人小组的通知》。

这个小组由陈云、李富春、薄一波、李先念、黄克诚五人组成，以陈云为组长。

终于，在“反右派运动”的高潮中，在1957年9月，毛泽东在中共八届三中全会上，开始点名批判“反冒进”。用他的话来说，这叫“反反冒进”！

毛泽东逐渐加大了他的“反反冒进”的力度。

1958年1月11日至22日，中共中央在南宁召开有部分中央领导人和部

[1]《邓小平文选》第二卷，人民出版社1994年版，第294—295页。

陈云在中共八大上作《社会主义改造基本完成后的新问题》的发言

分省委书记、市委书记参加的工作会议。这次会议，人们习惯地称之为“南宁会议”。“南宁会议”的主题，便是“反反冒进”，亦即批判右倾保守。

会议印发了22个参考文件，其中之一就是《人民日报》1956年6月20日社论。

毛泽东约陈云、李富春、李先念、薄一波到会，陈云因病没有去南宁。

会议期间，毛泽东很称赞柯庆施1957年12月25日在中共上海市代表大会上的报告，即《乘风破浪，加速建设社会主义的新上海》。这一报告，是当时担任柯庆施政治秘书的张春桥起草的。毛泽东号召：“大家都要学习柯老。”其实，当时柯庆施不过五十六岁而已，毛泽东已尊称他为“柯老”了！其中的原因，是因为“柯老”很注意看风向，“紧跟”毛泽东，所以很得毛泽东喜欢。

在南宁，1月16日，毛泽东在大会上拿出柯庆施的报告，当众问周恩来：“恩来同志，你是总理，你看，这篇文章你写得出来写不出来？”

周恩来只得答：“写不出来。”

毛泽东便说：“你不是反冒进吗？我是反反冒进的！”

毛泽东此言，使周恩来好尴尬！

刘少奇连忙打圆场，作了解释，说毛泽东的批评，是“针对管经济的几个同志”。

不言而喻，“管经济的几个同志”，也就是指中央经济工作五人小组那五个人，亦即陈云、李富春、李先念、薄一波、黄克诚。

于是，管经济的李富春、李先念、薄一波都感到了压力。李先念甚至睡不好觉，吃安眠药。

不过，在1月17日晚，当毛泽东约“管经济”的李富春、李先念和薄一波三人谈话时，据薄一波回忆，毛泽东打开天窗说亮话，说“批评主要是对陈云同志的”。[1]

这样，毛泽东才把他的“反反冒进”的“底牌”透露了出来，即“主要是对陈云同志的”，当然也包括周恩来以及李富春、李先念、薄一波。

离右派只差“五十米”

此后不久，1958年2月2日，《人民日报》根据“南宁会议”的精神发表社论，提出了国民经济“全面大跃进”的口号。

社论指出：

“我们的国家现在正面临着一个全面大跃进的形势，工业建设和工业生产要大跃进，农业生产要大跃进，文教卫生事业也要大跃进。”

翌日，《人民日报》又发社论《鼓起干劲，力争上游》，明确指出：

“名为反冒进，实为反跃进。”

这一句话，点出了毛泽东“反反冒进”的实质。因为毛泽东当时正要发动“大跃进”，而“反冒进”实为“反跃进”，毛泽东怎可不反？！

毛泽东非常欣赏“跃进”一词，他在见到1957年11月13日《人民日报》社论首次出现“跃进”一词时，曾在一封信中这么写道：

[1] 薄一波:《若干重大决策与事件的回顾》下卷，中共中央党校出版社1993年版，第639页。

（发明“跃进”这个词的人）其功不在禹下。如果要颁发博士头衔的话，我建议第一号博士赠予发明这个伟大口号的那一位（或者几位）科学家。

后来，毛泽东在给党内高级领导干部的一封信中这样写道：

自从“跃进”这个口号提出以后，反冒进论者闭口无言了，“冒进”可反（冒进即“左”倾机会主义的代名词），当然可以振振有词。跃进呢？那就不同，不好反了。要反那就立刻把自己抛到一个很不光彩的地位上去了。

1958年2月18日，毛泽东在北京主持召开中共中央政治局扩大会议，陈云出席会议，不得不在会议上作检查。

据周恩来当时的秘书范若愚回忆，周恩来也要在会上作检查。

周恩来显得心情很沉重，他说一句，秘书记一句，检查自己“犯了反冒进的错误”。这份检查要印发中共中央政治局常委和书记处传阅。

毛泽东、刘少奇、周恩来、朱德、陈云等在中共八大闭幕式上

范若愚记得，当周恩来向他口授检查之际：

陈云同志给他打来电话。陈云同志讲的什么，我只听到一两句。周恩来同志讲的话，我当然听清了。打完电话之后，他就说得很慢了，有时甚至五六分钟说不出一句来。这时，我意识到，在反冒进这个问题上，他内心有矛盾，因而找不到恰当的词句表达他想说的话……[1]

就在周恩来写检查的时候，陈云也在写检查。两人都在违心地写检查，所以陈云的电话使周恩来久久地说不出话来……

这一回，在中共中央政治局扩大会议上，毛泽东把“反冒进”跟右派联系在一起。

毛泽东说，“反冒进”的人说1956年是冒进，右派攻击1956年是“全面冒进”，二者之间是相互关联的。

毛泽东向周恩来、陈云发出了警告：

“右派把你们一抛，抛得跟他们相距不远，大概五十米远……”

这就是说陈云“右倾”，跟“右派们”相距不远，只差“五十米”了！

就是在这次会上，陈云不得不作了检查。

陈云说：

“对于当时‘反冒进’的那个方针性错误，我负主要的责任。”

陈云为“反冒进”承担了主要责任。

就在陈云作检查时，毛泽东插话，提及了“右派分子”章伯钧的“政治设计院”。

章伯钧在1957年“大鸣大放”时，曾抱怨国务院开会总是拿出成品。你既然已经出了成品，还叫人讨论什么？为此，章伯钧建议把全国人大、全国政协等变成“政治设计院”，便于大家在设计时提出意见。

这时，毛泽东说：

政治设计院究竟在哪里？章伯钧说国务院都是拿成品，他不满意，

[1] 力平：《开国总理周恩来》，中共中央党校出版社1994年版，第361页。

1957年10月，陈云视察长春第一汽车制造厂发动机车间

他要有权参与设计。我们政治局委员可不可以有权参与设计？过去这个五年计划，实际上是无权参与设计。

我是主席，也没有参与设计。每年的年度计划，总是请你签字，叫作强迫签字。我有个办法，不看。你强迫我嘛，我事先没有预闻，事先没有接触嘛。老是在国务院讨论，总是拿不出来。

千呼万唤不出来，为什么不出来呢？说没有搞好，等到梳妆打扮一跑出来的时候，我们说不行，时间迟了！这事实上是一种封锁。

毛泽东这段话，很严厉地批评了陈云。毛泽东的意思是说，你陈云主管经济，我是主席，却“没有参与设计”！你对我实行“封锁”！

在“大跃进”的日子里

1957年11月18日，毛泽东在莫斯科64个共产党和工人党代表会议上，说出了他的这么一番“雄心壮志”：

赫鲁晓夫同志告诉我们，十五年，苏联可以超过美国。我也可以讲，十五年后，我们可能赶上和超过英国。因为我和波立特、高兰同志谈过两次话，我问过他们国家的情况，他们说，现在英国年产钢二千万吨，再过十五年，可能爬到三千万吨。中国呢？再过十五年，可能是四千万吨，岂不超过英国了吗？

毛泽东在国际会议上捅出这么一番话，仿佛宣告要与赫鲁晓夫领导下的苏联展开竞赛：

你赫鲁晓夫领导苏联在十五年内超过美国，那我毛泽东领导中国在十五年内超过英国！

毛泽东以诗人的浪漫气质，要在中国发动一场“大跃进”了！

毛泽东提出，要“一天等于二十年”！

毛泽东急于求成。他回国之后，于1958年4月15日，写下这么一段话：

“十年可以赶上英国，再有十年可以赶上美国，说‘二十五年或者更多一点时间赶上英美’，是留了五到七年余地的。‘十五年赶上英国’的口号仍不变。”

这就是说，毛泽东把原本对世界宣布的“十五年赶上英国”，又改为“十年赶上英国”。

才过了两个月，1958年6月22日，毛泽东在一个批示中写道：

“赶超英国，不是十五年，也不是七年，只需要两年到三年，两年是可能的。”

也就是说，在半年多的时间里，毛泽东把赶超英国，一下子从十五年改为两年！这不能不说是“大跃进”。

怎样赶上英国呢？

毛泽东认为，工业“以钢为纲”，钢铁产量是赶超英国的主要标志。于是，毛泽东要当时的冶金工业部部长王鹤寿写出报告。

当时，英国钢的年产量为2200万吨。

王鹤寿经过“务虚”，起初提出1962年中国钢的年产量为1500万吨。

后来，“解放”了思想，提出在1962年可以“争取钢的年产量为2000万吨”。

毛泽东见到报告，称赞这是“一首抒情诗”！

不过，毛泽东仍对这首“抒情诗”不满足，他给钢铁计划“加码”：

到1962年，钢年产量的“第一方案”为2500万吨，而“第二方案”则为

1957 年 10 月，陈云视察齐齐哈尔第一重型机器厂

3000 万吨！

这样，比王鹤寿最初提出的已经很大胆的产量，整整翻了一番！

既然定下了 1962 年的中国钢产量为 3000 万吨，那么 1958 年的钢产量应该是多少呢？

1958 年 8 月 21 日，陈云在北戴河召开的中共中央政治局扩大会议上，传达了毛泽东的意见。陈云是这样说的：

“六月十九日晚上开各大区协作会议以前，主席在北京游泳池（笔者注：指北京中南海毛泽东住处游泳池）召集中央一些同志开会，王鹤寿也参加了。主席问他，去年是五百三，今年可不可以翻一番？为什么不能翻一番？王鹤寿说，好吧！布置一下看。第二天他就布置了。

“所以，是六月十九号才决定搞一千一。”

由于最高领袖下决心要把钢产量“翻一番”，陈云也无奈，冶金工业部部长也只得照办。

不过，由于 1957 年的钢产量实际上是 535 万吨，“翻一番”，也就成了 1070 万吨。

使毛泽东下了“翻一番”决心的人，是柯庆施。柯庆施向毛泽东报告说，

1958 年 6 月，陈云在北京听取关于石油工业发展情况的汇报

华东五省市（不包括山东）在 1959 年钢产量可达到 800 万吨。这么一来，毛泽东也就下了决心，在 1958 年实现全国钢产量 1070 万吨。

后来，1959 年 7 月 23 日，毛泽东在庐山上谈及闯了“1070”这个祸时，这么说道：

“第一个负责任的是我……至于柯老，你那个发明权怎么办？（柯回答：我也有责任。）可不可以这样讲：你也有责任。但是，你是不是比我轻一点呀？因为你那只是意识形态。我虽然没有你那个气魄：（你一个协作区）一年要搞八百万吨，我全国只搞一〇七〇万吨。”

毛泽东的这番话说明，他自己当时固然头脑发热，可是柯庆施起了很大的怂恿作用。

“全民大炼钢铁”

那“1070”高指标，于 1958 年 8 月写入中共中央政治局扩大会议的决议：

《中共中央政治局扩大会议号召全党全民为生产 1070 万吨钢而奋斗》。

公布这一决议时，离年底只有四个月了！前八个月，累计只生产了 380 万吨钢，这样，在剩下的四个月中，必须完成 700 多万吨钢！时间已经非常紧迫，连毛泽东自己都笑称：“夕阳无限好，只是近黄昏。”“钢铁尚未完成，同志仍须努力。”

1958 年 7 月，陈云视察武汉钢铁公司

于是，中国卷起“大炼钢铁”狂潮——全民大炼钢铁！

笔者那时正在北京大学求学，也不得不停止学业，奉命从北京来到毛泽东家乡湖南参加“大炼钢铁”运动。

笔者在当时曾发表《写在炉旁的几页日记》，其中写及亲眼目睹许多“大巴士”行进在湖南山区公路上，椅子上坐的不是人，而是赤铁矿矿石！公路沿线，到处可见冒烟的“土炉子”……

用这种“土炉子”炼铁，据云是陈云提出来的。那是因为当时用正规的炼铁炉，即所谓的“洋炉子”，实在完不成那“1070”。然而，那“1070”是中共中央政治局扩大会议在决议中公布的，不完成不行。陈云不能不为此想尽办法。如薄一波所忆：

“鉴于光靠‘洋炉子’完不成今明两年的钢铁生产任务，陈云同志在讲话中提议，要依靠党委，发动群众搞‘土炉子’，说‘土炉子’在中国的命运还有一个时期。”[1]

薄一波则引用毛泽东关于“土炉子”的指示说：

“主席指示，对‘土炉子’要有信心，不能泄气。即使在一百个‘土炉子’中，只有一个出铁，那就很好，就算是插上了红旗，其余九十九个都应向它学习。”[2]

就这样，不顾那些“土炉子”炼出来的生铁尽是废铁，那些炼出来的钢尽是废钢，到了 1958 年年底，《人民日报》居然套红发表报道，声称完成了

[1] 薄一波：《若干重大决策与事件的回顾》下卷，中共中央党校出版社 1993 年版，第 705 页。

[2] 薄一波：《若干重大决策与事件的回顾》下卷，中共中央党校出版社 1993 年版，第 637 页。

“1070”！

其实，后来的调查表明，实际上1958年只生产了800万吨钢，其余的是不能用的废钢。

陈云在这“大跃进”年月，虽说他本来就“反冒进”，但是此时他又必须服从毛泽东的“大跃进”，只得去完成那些“跃进”指标……

毛泽东终于“压缩空气”

1958年11月28日至12月10日，中共在武昌召开八届六中全会。毛泽东主持了会议。会议一项重要的议程，是制定1959年的国民经济的“跃进”指标。

1959年3月，陈云在桂林视察

毛泽东依然“壮志凌云”，居然提出1959年钢的年产量要比1958年“增加两倍”，即达到3000万吨！

倘若仍然按照“跃进指标”去办，中国又会陷入一场更大的灾难。

毛泽东到了武昌，找人了解对于1959年钢铁指标的意见。

这时，第一机械工业部部长赵尔陆对毛泽东说了真话：“照我看，如果完成1600万吨，就算很了不起了！”

赵尔陆所说的“1600万吨”，只及毛泽东定下的指标“3000万吨”的一半！

赵尔陆是做实际工作的，他的话，使毛泽东不能不加以考虑。

毛泽东退了一步，说：

“明年老老实实就是翻一番，如果今年搞成1070万吨，明年搞2141万吨，翻一番之外还有1万吨。”

毛泽东自称这是“压缩空气”，即从原定的增加两倍，压缩为翻一番。

其实，这翻一番也是难以完成的。

毛泽东找陈云谈话。陈云向毛泽东反映，他请人研究过英国的情况。英国的资料表明，他们从年产 869 万吨钢到年产 1655 万吨钢，花费了十七年时间。陈云的言外之意，就是说中国想在一年内把钢产量翻一番，是不可能的。

陈云后来又向毛泽东递交了一份国家计委年度计划综合局写的报告。这份报告指出，1959 年的钢产量，只能安排 1200 万 ~ 1250 万吨。

这些意见，使毛泽东不能不加以考虑，最后只得把 1959 年的钢铁指标再度压缩，降为 1800 万吨。

1958 年 11 月 23 日，毛泽东在武昌会议上说：

“今年搞到 1100 万吨，明年翻一番，是 2200 万吨。有没有把握？前天晚上，富春、一波、王鹤寿、赵尔陆他们已经睡着了，我从被窝里头把这几位同志拖起来，就是讲，不是什么 3000 万吨有无把握的问题，而是 1800 万吨有无把握的问题。昨天晚上我跟大区和中央几个同志吹了一下，究竟 1800 万吨有无把握，我们所得到的根据不足。”

毛泽东又说：

“我在这里反冒进。从前别人反我的冒进，现在我反人家的冒进。”

毛泽东终于也要“反冒进”了！

不过，即便如此，在陈云看来，毛泽东仍在冒进，那年产 1800 万吨钢的指标是难以完成的。同样，会议决定的 1959 年的其他国民经济指标也太高，难以完成。

陈云曾经对于若木说，高指标危害太大，如果还要大干快上，不碰壁不会回头的。

陈云“坚持真理很勇敢”

既然这些高指标经会议通过，陈云无法硬顶，他采取了“迂回”的办法：他知道会议的公报是由毛泽东的政治秘书胡乔木起草的，便找胡乔木谈话，不要把具体数字写入公报。

因为一旦公之于众，那就很被动。如果不公布，还可以根据实际情况再加以调整。

胡乔木不敢向毛泽东报告陈云的意见。由胡乔木起草的会议公报，还是写上了这么一段：

中央全会……提出一九五九年国民经济发展的一些主要指标：钢产量将从今年预计产量一千一百万吨左右增加到一千八百万吨左右，煤炭产量将从今年预计产量两亿七千万吨左右增加到三亿八千万吨左右，粮食产量将从今年预计产量七千五百亿斤左右增加到一万零五百亿斤左右，棉花产量将从今年预计产量六千七百万担左右增加到一亿担左右。

胡乔木起草的公报，经毛泽东审阅、同意。毛泽东于1958年12月15日致函胡乔木：

乔木同志：

此件（笔者注：指中共八届六中全会公报）可以定稿。只在第三页增加了几个字。请用电话把修改处告诉北京，准备十七日下午广播，连同主席问题决议（笔者注：指全会同意毛泽东关于他不做下届国家主席候选人的建议决议）一起，十八日见报。

毛泽东

十二月十五日

公报既然经毛泽东审阅同意，也就见报了。

公报发表后，那钢、煤、粮、棉四大指标，成了中国共产党全党、全中国1959年的奋斗指标。

然而，高指标脱离了实际，"大跃进"成了虚火。

陈云一次又一次向毛泽东陈述自己的意见。

在1959年1月上旬，毛泽东在北京找陈云谈话时，陈云又说："今年的生产计划难以完成，指标太高。1800万吨钢，恐怕有点问题。"

毛泽东有心改变高指标，十分赏识陈云的见解，说道："那就拉倒！"

1959年4月，中共八届七中全会在上海召开，陈云又向毛泽东提出降低指标的意见。毛泽东说："不能每天高潮，要波浪式前进。"这表明他意识到了高指标问题，已经要着手改变。

1959 年 7 月，陈云在长春同吉林省领导交谈

然而，胡乔木起草的中共八届七中全会公报，仍然重述了中共八届六中全会中提到的“四大指标”。

公报写道：

全体会议经过充分的讨论，通过了一九五九年国民经济计划草案。这个国民经济计划草案，是根据八届六中全会的钢产量一千八百万吨、煤产量三亿八千万吨、粮食产量一万零五百亿斤、棉花产量一亿担这四大指标和今年第一季度生产和建设的情况而编制的……

陈云看了之后，直接把意见告诉毛泽东：“不应把这些指标写进公报，这样很被动。”

毛泽东听了觉得陈云言之有理。

这时，陈云才提起，在中共八届六中全会结束时，他曾对胡乔木说过，并请胡乔木转告毛泽东。

这下子，毛泽东生胡乔木的气了。毛泽东颇为尖锐地批评胡乔木：“你不过是个秘书，副主席的意见不报告？”

那时，陈云担任中共中央副主席。

毛泽东表扬了陈云，说道：“真理有时在一个人手中。”

毛泽东在大会上讲话，多次提到，在四大指标问题上，陈云表示了非常正确的态度。

毛泽东还说："陈云这个人坚持真理是很勇敢的。"[1]

胡乔木向来小心谨慎，很少受到毛泽东批评。

这一回胡乔木挨批评，其实，当时他也有他的难处。因为也就在中共八届六中全会上，王稼祥对人民公社问题有意见，跟刘少奇谈了。刘少奇转告了毛泽东，毛泽东甚为不悦。

大抵因为知道这一情况，胡乔木才未敢把陈云的意见转告毛泽东——如果胡乔木当时如实转告了，毛泽东也未必听得进去，反而会怪罪陈云。何况，胡乔木所起草的中共八届六中全会公报，是经毛泽东审阅、同意后才发表的。

算钢铁细账

毛泽东在中共八届七中全会之后，委托陈云对压缩钢铁指标进行研究。

1959 年 5 月 11 日，陈云向中共中央政治局报告，经过他的仔细调查，"钢材的可靠指标可以初步定为九百万吨，钢的生产指标就是一千三百万吨。"

陈云在中共中央政治局会议上，仔仔细细算了这么几笔账，算得人们心服口服：

> 要生产九百万吨钢材，就要生产一千三百万吨钢，二千万吨铁（其中包括炼钢用铁一千三百万吨，铸造和增加周转用铁五百五十万吨，另外还准备有质量不好的次铁一百五十万吨）。现在从矿石、焦炭、耐火材料、冶炼、运输等五个方面来说明。[2]

陈云分五个方面算细账，先算矿石账。陈云说：

> 关于矿石。生产一吨铁需要三吨半铁矿石，生产二千万吨铁就要七千万吨矿石。现有十四个有机械装备和铁路运输的大型采矿企业，今年

---

[1]《陈云画册》，中央文献出版社 1995 年版，第 188 页。

[2]《陈云文选》第三卷，人民出版社 1995 年版，第 131 页。

可采铁矿石五千三百万吨（去年采三千四百六十万吨）……

全年开采七千万吨铁矿石，由于要对大中型矿山进行基本建设工作，还要增加许多设备，事情并不轻易。但是从第一季度运出矿石一千七百八十万吨（小型土法生产的是七百四十万吨）的情况看，只要继续抓紧这方面的工作，完成七千万吨的任务是可能的。[1]

接着，陈云算焦炭账：

关于焦炭。炼一吨铁，平均需要一吨半焦炭；炼一吨焦炭，平均需要一吨半洗煤；一吨洗煤，平均需要两吨炼焦煤。因此，生产二千万吨生铁，就需要三千万吨焦炭，折合四千五百万吨洗煤，或者九千万至一亿吨炼焦煤。

……

炼焦能力的情况是：原有的大型洋法生产可以达到一千万吨。新建的机械化炼焦炉和简易炼焦炉可以生产一千万吨，土法炼焦计划生产一千万吨，三项合计三千万吨。新建的炼焦炉，有三十六座是机械化的，其中十九座在今年可以建成，能够生产二百四十三万吨；有红旗二号简易炼焦炉一千七百座，能够生产五百三十万吨；有红旗三号简易炼焦炉八百座，建成以后，可以生产一百七十万吨。现在红旗二号炼焦炉基本上是手工生产，技术问题还需要进一步解决。

应该看到，炼焦方面的建设规模（包括机械化炼焦炉和简易炼焦炉）是不小的，即使能够如期建成，加上发挥原有的炼焦能力，也只能满足需要的三分之二，其余三分之一，即一千万吨，仍然需要用土法生产来解决。[2]

他又从耐火材料的角度来细算：

[1]《陈云文选》第三卷，人民出版社 1995 年版，第 131—132 页。

[2]《陈云文选》第三卷，人民出版社 1995 年版，第 132—133 页。

关于耐火材料。据冶金部计算，全年需要各种耐火材料（包括黏土砖、矽砖、镁砖、高铝砖）四百二十万吨，需要原料（黏土、矽石、镁矿石、高铝砂等）六百万吨。这些原料，用机械化开采的只占百分之二十，其余百分之八十基本上是手工操作的。因此，在开采和搬运方面都需要用很多的人力。[1]

1961 年，陈云视察河北龙烟铁矿

最后，他算运输账：

关于运输。为了生产二千万吨生铁，除了运输炼焦煤九千万到一亿吨以外，矿石、耐火材料等物资的运输量也是很大的。冶金部要求：铺设铁路支线和专用线共五百公里，铺设轻便铁路五百公里，增加机车一百五十台，增加车皮一千五百辆，还要增加一批小机车和矿车。[2]

在算了以上五个账之后，陈云这才得出结论：

上述各方面的情况说明，今年生产九百万吨钢材，相应地生产一千三百万吨钢，是有可能的，但是还需要做很大的努力。[3]

[1]《陈云文选》第三卷，人民出版社 1995 年版，第 133 页。
[2]《陈云文选》第三卷，人民出版社 1995 年版，第 134 页。
[3]《陈云文选》第三卷，人民出版社 1995 年版，第 134 页。

陈云的结论，即“生产1300万吨钢”，扎扎实实，充分体现了他“不唯上、不唯书、只唯实”的思维方式。陈云被称为“务实派”，他的以上的算细账、定指标的讲话，可以说是他“务实”精神的写照。

仍有人对陈云的报告提出意见，以为这指标太低，会泄气。

陈云又于1959年5月15日致函毛泽东：

> 说把生产数字定得少一点（实际是可靠数字），会泄气，我看也不见得。正如少奇同志在政治局讲的，定高了，做不到，反而会泄气。[1]

毛泽东同意了陈云的意见。

这样，5月23日，陈云在中央财经小组上宣布：

> 钢铁生产指标，经向政治局汇报，认为应当降下来。书记处决定：一九五九年落实指标：钢一千三百万吨，铁一千九百万吨，钢材九百万吨。

后来的事实，证明陈云的意见是符合中国实际的：1959年中国钢产量只有1387万吨（况且这一数字也是掺了不少“水分”的）。

[1]《陈云文选》第三卷，人民出版社1995年版，第139页。

第九章
“调整大师”

◎ 在“七千人大会”上，面对经济上的困境，毛泽东又有“国乱思良将，家贫念贤妻”的感触，曾点名请陈云讲话。毛泽东显然期望陈云出马来收拾“大跃进”所造成的严重经济恶果。

生病不出

在那“大跃进”年月，陈云病了。

陈云在 1959 年患了冠心病。

笔者在采访陈云夫人于若木时，请她详细谈及陈云的身体健康状况……

于若木说，陈云体质不好。于若木用八个字来形容陈云：“先天不足，后天失调。”

这是因为陈云出生于贫苦农民之家，先天营养就不足。出生后，母亲的奶水不够，陈云主要靠吃米粉长大。这样，造成他的体质从小就差。

陈云很容易感冒，常常第一场感冒刚好一点，又得了新的感冒。他自己也说，他是一辆“木炭汽车”，开着开着就要出毛病。所以，他平常特别怕感冒，衣服总是比别人多穿。

1961 年 1 月，毛泽东、刘少奇、陈云（中）在一起交谈

陈云幼年失去双亲，由外祖母抚养，外祖母非常疼爱这个外孙，经常给他用鸡蛋补养身体。由于天天吃鸡蛋，吃得他一吃鸡蛋就恶心，后来发展到一见鸡蛋就恶心，以至一想到鸡蛋就恶心。到了延

安之后，由于已经好多年没有吃过鸡蛋，他这才渐渐去除了对于鸡蛋的那种厌恶心理。

到了延安，陈云的生活比较稳定，条件也有了改善。不过，他仍很怕冷，到了冬天，要穿很厚的衣服。由于工作紧张，他抽烟比较多。那时，他的手指头都被香烟熏得呈褐黄色。

他的脸色也不好，苍白。

进了北京之后，生活变得安定。于若木向他反复宣传吸烟的害处，使陈云下决心戒烟。陈云意志力颇强，他下决心戒烟，也就戒掉了长期吸烟的习惯，而且再也没有出现“反复”。到了晚年，陈云曾说，他能长寿，得益于戒烟。

自从 1952 年戒了烟，又遵照苏联专家的意见，吃“斯米当”，陈云很快就开始发胖，脸色也变得白里透红，身体比往日好得多。所谓“斯米当”，其实也就是稀奶油。这种“斯米当”很容易消化。每天早餐吃面包，抹“斯米当”和果酱，再喝杯牛奶。

这时，失眠困扰着陈云。因为长期戎马生涯，生活无定，而进入北京之后工作紧张，常常早班接中班，还要加夜班，他不得不长期服用安眠药，而安眠药毕竟有着副作用。

医生和于若木都曾劝他少用安眠药。他说，睡眠第一，吃饭第二，只有睡好才能吃好，才有精神工作。

1959 年，陈云得了冠心病，不得不休养了一段时间。从 1959 年 6 月到 1960 年 9 月，陈云因病在南方休养，有时候住在苏州，有时候住在杭州。于若木为了照料陈云，从北京陪同陈云来到南方。回北京之后，单位发给于若木

1958 年 6 月，陈云（右四）在兰州市郊桃林农业生产合作社视察

这15个月积存的工资2208元人民币。遵照陈云的意见，于若木把这2208元人民币全部退回。在陈云看来，于若木陪同他在南方休养，没有在机关上班，就不应该领取工资。

当时在陈云领导下工作的廖季立曾回忆说，在1959年4月的一天晚上，他和国家计委几个干部到陈云家里座谈，陈云“躺在垫着棉被的藤榻上虚心听，虽然他身体不好，但始终全神贯注，一直谈到深夜一时多”。[1]

陈云躺在藤榻上，这表明他确实身体欠佳。可是，他能“一直谈到深夜一时多”，则又表明他尚能正常工作，所患并非重症。

陈云在“大跃进”的喧天锣鼓声中病了。

陈云生病之后，把有关工作交给了李富春。

陈云由于生病，没有出席史称“庐山会议”的1959年7月2日至8月16日在江西庐山召开的中共中央政治局扩大会议和中国共产党八届八中全会。

邓小平也没有参加庐山会议。邓小平也病了，住在北京医院，不能参加庐山会议。

那是因为在1959年6月5日夜，邓小平在北京养蜂夹道1号不慎跌倒，右股骨骨折，不得不住进北京医院治疗。[2]

陈云尽管因病休养，但是他每天坚持读《人民日报》《参考消息》和《参考资料》，每天坚持收听中央人民广播电台《新闻和报纸摘要》节目。此外，《红旗》杂志每期必读。不言而喻，他时刻关注着中国政局的动向。

毛泽东“国乱思良将”

中国的政治气候多变。庐山会议起初是反“左”，后来毛泽东急转弯，抓住彭德怀写给他的信，来了个反右倾。

在庐山会议最初的日子里，陈云受到毛泽东的表扬呢！

---

[1]《陈云与新中国经济建设》，中央文献出版社1991年版，第295页。

[2] 据《杨尚昆日记》，中央文献出版社2001年版。

1961年1月14日，陈云（主席台左一）出席中共八届九中全会（侯波/摄）

当时担任毛泽东的“通讯秘书”的李锐，后来这么回忆道：

主席在湖南视察时，一路大概同王任重等发表过感想：去年计划搞乱了。“国乱思良将，家贫思贤妻”，即指陈云而言（这句话随后柯庆施等都知道了）。我这时乘机建议，财经工作还是由陈云同志挂帅为好（“南宁会议”以后，陈云只担任建委主任，历次中央会议很少发言）。二周（笔者注：指周小舟、周惠）当即附议。主席于是向我们讲，“国乱思良将，家贫思贤妻”。这是《三国志》郭嘉传上的话。曹操打袁绍，吃了大败仗，于是思念郭嘉。说陈云当总指挥好，陈有长处，也有短处（短处大概是指对群众运动注意不够之类，我的记录本上没有记具体内容）。[1]

毛泽东这样的话，还见诸1959年6月24日王任重的日记。王任重在日记中记载，毛泽东在去长沙的火车上同王任重谈话时说：“国乱思良将，家贫思贤妻。陈云同志对经济工作是比较有研究的，让陈云同志来主管计划工作、财经工作比较好。”

毛泽东称陈云为“良将”了！

毛泽东还说：

[1] 李锐：《庐山会议实录》，春秋出版社、湖南教育出版社1989年版，第80页。

1956年1月，陈云（左二）在第六次最高国务会议上作了《关于公私合营中应注意的问题及农业生产问题》的报告

过去陈云同志提过：先市场，后基建，先安排好市场，再安排基建。黄敬同志（笔者注：即江青前夫俞启威）不赞成。现在看来，陈云同志的意见是对的。要把衣、食、住、用、行五个字安排好，这是六亿五千万人民安定不安定的问题。[1]

毛泽东这时连连表扬陈云，是由于毛泽东已经尝到了“大跃进”“大炼钢铁”的苦果。

毛泽东说：

经济工作还是要陈云出来搞。[2]

毛泽东还风趣地说：

打麻将十三张牌，基本靠手气。谁知道搞钢铁这么复杂，要各种原材料，要有客观基础，不能凭手气。

[1] 薄一波：《若干重大决策与事件的回顾》下卷，中共中央党校出版社1993年版，第848—849页。

[2]《陈云画册》，中共中央文献出版社1995年版，第188页。

毛泽东承认：

我们对于搞经济建设还是小孩子，虽然我们现在年纪不小了。

然而，就在毛泽东鼓励大家“出气”，大家纷纷谈论“大跃进”的失误，尤其是彭德怀放了一炮之后，风云变幻。毛泽东无法容忍别人的指责，庐山会议一下子从批“左”转为批右。

谁对“大跃进”有怨言，谁对“三面红旗”有怀疑，都在批判之列。就连李锐本人，也被打成了“反党分子”。

毛泽东期望陈云收拾乱局

毛泽东曾于1959年岁末之际，修书一封，问候陈云：

陈云同志：

信收到。病有起色，十分高兴。我走时，约你一叙，时间再定。心情要愉快，准备持久战，一定会好的。

毛泽东

12月30日[1]

就在此后不久，胡乔木亦生病。毛泽东在1961年8月25日致函慰问胡乔木时，曾提及陈云的病况好转：

你的病近似陈云、林彪、康生诸同志，林、康因长期休养，病已好了，陈云病亦有进步，可以效法。[2]

---

[1]《毛泽东书信选》，人民出版社1983年版，第568页。

[2]《毛泽东书信选》，人民出版社1983年版，第585页。

尽管毛泽东在庐山会议上反了“右倾”，要继续“大跃进”，但是中国经济又一次陷入困境，亦即开始了三年困难时期。

中共中央不得不采取八字方针，即“调整、巩固、充实、提高”。这样一“调整”，实际上就终止了“大跃进”。

1962年，毛泽东、刘少奇、周恩来、朱德、陈云（左三）、邓小平在“七千人大会”上

尽管陈云因患冠心病而经中共中央批准治疗休养，但是他仍去广西、吉林、山东、河南、安徽、浙江、江苏等地考察、调查，以求了解基层的真实情况。

为了对乱糟糟的中国经济实行“调整”，总结工作中的教训，毛泽东在1962年1月11日至2月7日，在北京召开中共中央扩大会议。这一会议参加者达7113人，习惯地被称为“七千人大会”。

陈云虽说仍在养病之中，但是深知这次会议的重要，他出席了这次会议。

在会上，毛泽东鼓励大家“出气”。毛泽东说：

“有什么‘气’，出什么‘气’，有多少‘气’，出多少‘气’，不管正确之‘气’，还是错误之‘气’，不挂账，不打击，不报复。”

毛泽东还“推荐”了一个省的办法：白天“出气”，晚上看戏，两干一稀，大家满意。

在会上，毛泽东对于前几年的错误，承担了责任。毛泽东说：

“凡中央犯的错误，直接的归我负责，间接的我也有份，因为我是中共中央主席。我不是要别人推卸责任，其他一些同志也有责任，但是第一个负责的应是我。”

毛泽东还说：

> 拿我来说，经济建设工作中间的许多问题，还不懂得。工业、商业，我就不太懂。对于农业，我懂得一点，但是也只是比较的懂得，还是懂得不多。[1]

刘少奇则说：

> 我们所以发生了相当大的困难，一方面是连续三年的自然灾害的影响，另一方面，在很大程度上，是由于我们工作上和作风上的缺点和错误所引起的。

刘少奇借用湖南农民的话来说，那是“三分天灾，七分人祸”。[2]

在“七千人大会”上，面对经济上的困境，毛泽东又有“国乱思良将，家贫念贤妻”的感触，曾点名请陈云讲话。毛泽东显然期望陈云出马来收拾“大跃进”所造成的严重经济恶果。

呼唤陈云出来主持经济工作，这不光是毛泽东的期望，也是中共高层众望所归。薄一波曾用这样的话评价陈云：

> 陈云同志是我们党内理财的能手，是建国后财政经济工作的总管。他的工作原则和工作方法是务实的，“用 90% 的时间作调查研究，用 10% 的时间作决策”。这就是说，陈云同志考虑经济问题，总是从我国的实际情况出发，从充分的调查研究中得来能反映实际情况的确实可靠的第一手材料出发，从可能出发，并经过广泛征求意见后，才向中央提出决策性的建议；即使决策要付诸实施了，还要坚持通过试点，注意总结经验，讲究实施决策的方式方法，务求每事必成。[3]

---

[1] 中国人民解放军国防大学党史党建政工教研室编，《中共党史教学参考资料》第 24 册，第 17 页。

[2] 中国人民解放军国防大学党史党建政工教研室编，《中共党史教学参考资料》第 24 册，第 16 页。

[3] 薄一波：《若干重大决策与事件的回顾》下卷，中共中央党校出版社 1993 年版，第 1053 页。

面对毛泽东的热切的目光，陈云却摇摇手，只说了一句："我对问题还摸得不清，以后再说。"

陈云向来稳健，凡事要三思。当时，陈云确实还要看一看、想一想。所以尽管上上下下在"出气"，在呼唤他重新主持经济工作，他却只听不说。

在"七千人大会"结束之后的第二天，即1962年2月8日，陈云在出席会议的陕西省全体干部会议上，作了一次讲话。

陈云说：

1962年2月，陈云（左一）同周恩来、彭真、杨尚昆在一起

这几年我们党内生活不正常。"逢人只说三分话，未可全抛一片心"，这种现象是非常危险的。一个人说话有时免不了说错，一点错话不说那是不可能的。在党内不怕有人说错话，就怕大家不说话。有些"聪明人"，见面就是"今天天气哈哈哈"，看到了缺点、错误也不提。如果这样下去，我们的革命事业就不能成功，肯定是要失败的。

这次大会取得了非常大的胜利，不要估计低了。只要有勇于开展批评与自我批评这一条，坚持真理，改正错误，我们共产党就将无敌于天下。[1]

陈云还特别强调：

领导干部听话要特别注意听反面的话。相同的意见谁也敢讲，容易听

[1]《陈云文选》第三卷，人民出版社1995年版，第187页。

得到；不同的意见常常由于领导人不虚心，人家不敢讲，不容易听到。所以我们一定要虚心，多听不同的意见。[1]

“调整大师”说话了

面对“大跃进”所造成的乱得像一锅粥的中国经济，陈云在深思着如何加以调整，挽回败局。

在“七千人大会”结束后的第十六天，陈云终于开口了。陈云这一开口，不是说一句两句，而是一整套，作了长篇报告。

于是，陈云获得“调整大师”之誉。

那是从1962年2月21日起，由刘少奇主持，在中南海西楼会议厅，开了三天的中共中央政治局常委扩大会议，史称“西楼会议”。

“西楼会议”实际上是“七千人大会”的继续。

当时，形势是严峻的。因为财政部门在“七千人大会”后向国务院和中共中央反映，1962年的财政赤字高达二三十亿元人民币！

刘少奇用这样的话，形容形势的严峻：

> 中央工作会议（笔者注：即“七千人大会”）对困难情况透底不够，有问题不愿揭，怕说漆黑一团！还它个本来面目，怕什么？说漆黑一团，可以让人悲观，也可以激发人们向困难作斗争的勇气！
>
> 现在处于恢复时期，但与一九四九年后的三年情况不一样，是个不正常的时期，带有非常时期的性质，不能用平常的办法，要用非常的办法，把调整经济的措施贯彻下去。

在会议的最后一天——1962年2月26日——陈云打破近年来的沉默，作了长篇讲话，题为“目前财政经济的情况和克服困难的若干办法”。

陈云把经济的严重困难归结为五个方面：

[1]《陈云文选》第三卷，人民出版社1995年版，第188页。

1962年2月，陈云（右）同李先念交谈

一、农业在近几年有很大的减产。一九六一年与一九五七年相比，粮食产量减少了八百多亿斤，棉花、油料等经济作物和畜牧产品减产也很多。粮食不够吃，人民群众肚子里没有油水，身上缺少衣着，这都是农业减产直接带来的后果。

二、已经摆开的基本建设规模，超过了国家财力物力的可能性，同现在的工农业生产水平不适应。职工和城镇人口增加过多，不仅农业负担不了，工业也负担不了。

三、钞票发得太多，通货膨胀。这几年挖了商业库存，涨了物价，动用了很大一部分黄金、白银和外汇的储备，在对外贸易上还欠了债，并且多发了六七十亿元票子来弥补财政赤字。这些，都是通货膨胀的表现。

四、城市的钞票大量向农村转移，在物资少、钞票多的情况下，出现了相当严重的投机倒把现象。在过去一年多中间，农民在自由市场上出卖相当于正常价格十亿元左右的物资，却换去了三十亿元左右的钞票。

五、城市人民的生活水平下降。吃的、穿的、用的都不够，物价上涨，实际工资下降很多。

陈云指出，前两个困难是主要的，后三项困难是前两点派生出来的。

就像面对一位危重的病人，陈云开出了处方。他提出了克服困难的六条措施：

一、把十年经济规划（笔者注：指1963至1972年的十年国民经济规划）分为两个阶段。前一阶段是恢复阶段，后一阶段是发展阶段。恢复阶段从一九六〇年起，大体上要五年。如果不是这样，笼统地要大家执行十年规划，又想发展，又要下马，又想扩大规模，又要“精兵简政”，就会彼此矛盾，举棋不定。分成两个阶段，基本建设和若干重工业生产的指标先下后上，任务就比较明确。

二、减少城市人口，“精兵简政”。如果现在不减，财政继续亏空，市场发生动乱，就会更加被动。对于减人，大家一定要下定决心，否则没有出路。

三、采取一切办法制止通货膨胀。严格管理现金，节约现金支出；尽可能增产人民需要的生活用品；增加几种高价商品。高价商品品种要少，回笼货币要多，只要基本生活资料不涨价，就不会出大问题；坚决同投机倒把活动作斗争。

四、尽力保证城市人民的最低生活需要。分几步做到城市每人每月供应三斤大豆；每年供应几千万双尼龙袜子；把全国各地价值约四千万到五千万元的山珍海味等高级副食品，用于高价馆子，价钱卖贵一点，既可以改善一部分人的生活，也可以回笼不少货币（笔者注：后来由此出笼了一系列高价商品，如高价烟、酒、糖果、点心以及高价自行车、手表、缝纫机，皆为陈云之主意）。

五、把一切可能的力量用于农业生产。除增加粮食外，重新考虑保证经济作物增产的办法；对不同的产粮区，研究出不同的增产办法；拨出一部分钢铁、木材，制造中小农具。

六、计划机关的主要注意力，应该从工业、交通方面，转移到农业增产和制止通货膨胀方面来，并且要在国家计划里得到体现。

陈云提出了安排市场要“网开一面”的战略思想。

陈云以上海一位医生的话为例：“我和老婆两个人每月工资四百多块钱，但是什么东西都买不到，发给我们没有意思，还不如把工资还给公家。”

陈云主张“网开一面”，实行“两条腿走路”，即对商品实行双轨制：

一是平价的，凭证供应；

二是高价的，你有钱就可以买。

比如，平价的糕点是0.64元钱一斤，高价的是4.5元一斤。由于“网开一面”，使有钱人能买到高价商品，而国家又借助高价商品回笼大量货币。

陈云还总结了经济工作的基点，即：“争取快，准备慢。”

陈云强调：

“慎重一点，看得准一点，解决得好一点，比轻举妄动、早动乱动好得多。困难时期只是着急，或者病急乱投医，不但无益，而且有害。”[1]

[1]《陈云文选》第三卷，人民出版社1995年版，第206页。

第十章
遭到冷遇

◎ 自从“调整大师”出马之后，中国经济渐渐摆脱了困境，陈云的威信也随之上升。他继续因病住在杭州疗养。

再度出任中央财经小组组长

在“西楼会议”召开时，毛泽东在武汉。会议结束后，刘少奇、周恩来、邓小平于 1962 年 3 月 16 日随即一起前往武汉，向毛泽东汇报“西楼会议”的情况，着重汇报了陈云的讲话。

毛泽东对陈云的讲话十分满意，同意恢复成立中央财经小组，陈云为组长，李富春为副组长，统一领导全国的经济工作。

其实，在 1957 年 1 月 10 日，中共中央政治局已经决定并成立了中央经济工作五人小组，以陈云为组长，统一领导全国经济工作。

1961 年 2 月，陈云（左一）在北京参观人民生活消费品分类展览会

1958 年 6 月 10 日，成立中央财经小组，以陈云为组长，副组长则为李富春、李先念。

可是，由于毛泽东亲自领导“大跃进”，也就使中央财经小组形同虚设。

在庐山会议初期，曾有人提议再请陈云主持经济工作，毛泽东也说“国乱思良将”，有意请陈云出来。可是，随着开始“反右倾”，毛泽东不仅没有把“良将”请出来，甚至把中央财经小组也取消了！

这时，毛泽东领导的“大跃进”碰了壁，陷入困境，他知道自己在经济工作方面还只是个“小孩子”，这才不能不又恢复中央财经小组，又请陈云主持财经工作。因此，毛泽东可谓授命陈云于危难之际，企望这位“调整大师”来收拾因“大跃进”而逼近危险边缘的中国经济。

陈云所面对的，确实是一个乱糟糟的局面：三年“大跃进”，再加上从1959年开始的三年自然灾害。

重新恢复的中央财经小组在陈云主持下，于1962年3月7日至8日举行第一次会议。

据当时任中央财经小组秘书的薛暮桥回忆，周恩来在3月8日出席了会议，陈云在会上作了长篇发言，又谈了七个重要问题：

一、关于长期计划问题。陈云认为，“现在可以不搞‘十年规划’，先搞‘五年计划’”。因为“现在谈发展，情况还摸不准”。“领导机关在认识上必须明确，当前主要是恢复”。

二、“今年的年度计划，需要有一个相当大的调整，重新安排。”陈云说，“现在调整计划，实际上是要把工业生产和基本建设的发展放慢一点，以便把重点真正放在农业和市场上。”“我看今年的年度计划要作相当大的调整。要准备对重工业、基本建设的指标‘伤筋动骨’。重点是‘伤筋动骨’这四个字。要痛痛快快地下来，不要拒绝‘伤筋动骨’。现在再不能犹豫了。”

三、关于综合平衡，陈云说：“搞经济不讲综合平衡，就寸步难移……过去几年，基本上是按长线搞平衡。这样做，最大的教训就是不能平衡。结果，建设项目长期拖延，工厂半成品大量积压，造成严重浪费……按短线搞综合平衡，才能有真正的综合平衡。所谓按短线平衡，就是当年能够生产的东西，加上动用必要的库存，再加上切实可靠的进口，使供求相适应。”

四、关于物资管理制度，陈云提出：“总的说，物资管理应该比‘第一个五年计划’期间更集中。”

五、要研究农业的基本情况。

六、计委要把主要精力放在农业生产和稳定市场方面。

七、“要鼓励大家发表不同的意见。”陈云说，“每个部委、每个单位，都要鼓励有不同看法的两方面把意见发表出来……有不同意见是好事，可以使我们看问题比较全面，避免片面性，少犯错误。”

陈云这次谈话中，最重要的是提出对1962年的计划来个“伤筋动骨”。

周恩来听了，补充道：

“可以写一副对联，上联是‘先抓吃穿用’，下联是‘实现农轻重’，横批是‘综合平衡’。”

上上下下出现“陈云热”

由于毛泽东很赞赏陈云的谈话，于是，陈云的讲话在省军级（地方为省级，军队为军级）广泛传达。

中共中央于1962年4月19日下达正式文件，宣布中央财经小组名单：

组长——陈云；

副组长——李富春、李先念；

成员——周恩来、谭震林、薄一波、罗瑞卿、程子华、谷牧、姚依林、薛暮桥等。

紧接着，中央财经小组根据陈云的意见，向中共中央提出了《关于讨论1962年调整计划的报告（草案）》。

4月16日，刘少奇致函毛泽东：

最近，我要邓力群（笔者注：邓力群当时任刘少奇秘书）找陈云同志几年来有关经济工作的一些意见来看，他找来了，并搞了一个摘要。我只看了这个摘要，现特送上，请主席看看。此外，陈云同志在今年三

20 世纪 60 年代初期的陈云

月七日财经小组会议上的讲话，也提出了一些意见，很值得一看。以上几个文件，已要办公厅发给中央常委、书记处和中央财经小组各同志。是否还要发给其他同志？请主席阅后酌定。再征求陈云同志意见。[1]

毛泽东批示同意。于是，4 月 26 日中共中央发出通知，把传达和讨论陈云同志讲话的范围，由原来的省军级扩大到地市级。

一时间，陈云成了中国最受关注的人物，上上下下都在谈陈云的报告，出现了“陈云热”。

这时的陈云，却到他最喜爱的杭州养病去了。据薛暮桥回忆，当时他曾去杭州向陈云汇报工作。

1962 年 5 月 7 日至 11 日，中共中央政治局常委在北京举行工作会议，讨论并通过了中央财经小组的报告。

在这次会议上，刘少奇说了一句颇为耐人寻味的话：

“‘左’了那么多年，让我们‘右’一下吧！”

中央财经小组的报告，经中共中央政治局常委批准，在全国开始贯彻。这样，陈云的一系列“调整”措施得以实行。

[1] 中国人民解放军国防大学党史党建政工教研室：《中共党史教学参考资料》第 24 册，第 61 页。

陈云遇到了“麻烦”

自从“调整大师”出马之后，中国经济渐渐摆脱了困境，陈云的威信也随之上升。

于是，有人放出空气说，在“七千人大会”上，毛泽东请陈云讲话，陈云不讲，可是，过后却在没有毛泽东参加的“西楼会议”上大讲特讲，这是“极不正常的”。

陈云的讲话中，隐约地透露出中共高层对他的“调整”政策意见不一致。

陈云曾这么说：

对于困难的程度，克服困难的快慢，在高级干部中看法并不完全一致。我认为这种不一致是正常的，难免的。不要掩盖这种不一致。

这几年处在大变动中，大家对形势自然会有这样那样的看法。取得认识的一致，需要时间，需要事实的证明。

把各种意见不同的看法说出来，进行讨论，不是坏事而是好事。

高级干部的看法统一，非常重要。经过讨论如果还有不一致的意见，可以保留，可以再看一看。

不过，陈云终于遇到了“麻烦”。

这“麻烦”的导火线，是关于“包产到户”……

支持“包产到户”

“包产到户”，最初是在中国浙江沿海那座有着“小香港”之称的奇特的城市——温州——诞生的。

笔者从1957年10月13日《人民日报》的批判性报道中，查清了“包产到户”的来历。那篇报道题为“巩固合作化事业，抛弃资本主义道路，温州专区纠正‘包产到户’的错误”。报道说：

“包产到户”是把社里“三包”（包工、包产、包成本）包到生产队后，再包到每户社员；把社里成片土地重新打乱划成小块，确定每块田的产量、肥料和所需工数，一般用“按劳分田”办法，包给每户社员去分散经营。社员对承包土地的产量负完全责任，超产部分全部奖励，减产部分全部赔偿。平时社员单独生产，农忙时小组互助，全社性农活大家出工。社里农具搭配到户，或者轮流使用。

这个办法是中共永嘉县委副书记李云河1956年派人到农业社试验然后搞起来的。

“包产到户”，在1957年的“反右派运动”中第一次受到批判，认为那是“走资本主义道路”。

不过，“包产到户”受到农民的欢迎，所以如同“离离原上草，春风吹又生”，1960年，在安徽宿县，又出现“包产到户”。

中共安徽省委书记曾希圣由于紧跟毛泽东，大搞“大跃进”和“人民公社”，使安徽农业陷入困境。他发现“包产到户”是解决这一困境的好办法，便决定提倡。不过，由于“包产到户”在1957年已经遭到过批判，“名声”不好，他换了个名字，曰“定产到田，责任到人”，实际上也就是“包产到户”，一下子就在安徽推开，40%的生产队实行了“责任田”。

毛泽东最初答应曾希圣可以试一试“责任田”，不久就予以否定，认为这是“变相单干”。

在“七千人大会”上，曾希圣受到批判，免去了中共安徽省委第一书记的职务，改由李大钊之子李葆华担任。

这是关于“包产到户”的第二个回合。

1960年11月，陈云视察济南化肥厂

但是，“包产到户”仍在中国各地农村自发实行。

在1962年，陈云对中国经济实行大调整。中共中央农村工作部部长邓子恢对“包产到户”表示支持，认为这是解决中国农村困难的好办法。

毛泽东的秘书田家英奉毛泽东之命，于1962年三四月去湖南农村调查。田家英原本受毛泽东的影响，是反对“包产到户”的。可是，这一回经过实地了解，他认为“包产到户”不错。

田家英来到上海时，正值陈云也在上海。田家英向陈云汇报了情况，陈云不作正面表态，而是称赞他“观点鲜明”。

田家英向邓小平汇报，邓小平也表示支持，很干脆地说：“赞成！”

邓小平还说，“不管白猫黄猫，能逮住老鼠就是好猫”。“责任田”可以一试。

田家英向刘少奇汇报，刘少奇说：“要使包产到户合法起来！”

但是，当田家英向毛泽东汇报时，毛泽东则反对。毛泽东说：“包产到户是一种倒退！”

这样，进入了关于“包产到户”的第三个回合的斗争。

其实，中共中央的四位领导人对于田家英所说的关于“包产到户”的四句话，高度概括了他们的性格和政治态度：

“观点鲜明”——陈云这句话很含蓄；

“赞成！”——邓小平显得非常干脆；

“要使包产到户合法起来”——表明刘少奇的斗争策略；

“包产到户是一种倒退！”——毛泽东旗帜鲜明地表示反对。

其实，陈云那句话中，已经隐含着对于“包产到户”的支持，只是按照他的性格，“不到火候不揭锅”罢了。

不能不当面向毛泽东谏言

陈云对于“包产到户”是了解的。

一年前，即1961年6月上旬至7月下旬之间，他回到家乡青浦小蒸公社。他住在农民家，吃在农民家，作了十五天的调查，开了十次专题调查会。

陈云在农村听见农民许多尖锐的话：“蒋介石手下受难，还吃干饭；毛主席手下享福，但是吃粥。”“干部出风头，社员吃苦头。干部吹牛皮，社员饿肚皮。”

陈云根据这次调查，写了三篇报告，即《母猪应该下放给农民私养》《种双季稻不如种蚕豆和单季稻》以及《按中央规定留足自留地》。陈云已经提出“母猪私养”“留足自留地”等接近“包产到户”的主张。他通过调查，了解中国农村，也了解中国农民。

这一回，他听了田家英的汇报，又看了安徽“责任田”的报告，深知“包产到户”是解决中国农村困境的一帖灵丹妙药。他已经给中国工业来了个“伤筋动骨”，他也要给中国农村来个“伤筋动骨”。

陈云肯定了“包产到户”，他在杭州休养时指出：

“这是非常时期的非常办法，应该肯定这类做法。叫作‘分田到户’也好，叫作‘包产到户’也好，总之，国家遇到了如此大的天灾人祸，必须发动全体农民实行《国际歌》歌词中的号召‘全靠我们自己’。要依靠广大农民，尽快恢复生产。”

1961 年 6 月 27 日至 7 月 11 日，陈云（中排左四）在上海市青浦县小蒸公社作农村调查

陈云明知毛泽东反对“包产到户”，但是，向来稳健的他，此时却认为不能不说了。

他态度非常坚决：

“我担负全国经济工作的领导任务，要对党负责，对人民负责。此事既然看准了，找到了办法，提与不提，变与不变，关系到党的声誉，关系到人心向背，怎能延误时机！”

陈云决心要说服毛泽东接受“包产到户”。他认为，既然毛泽东把“调整”的重担压在他的肩上，就有可能接受他关于在农村实行“包产到户”这一“调整”措施。

1962 年 7 月初，陈云回到北京。他先和中共中央几位常委交换了意见，大家对于“包产到户”的看法大体上一致。

这时，毛泽东尚在外地。

7 月 6 日下午 1 时，毛泽东回到北京，陈云致函毛泽东：

“对于农业恢复问题的办法，我想了一些意见，希望与你谈一谈，估计一小时够了。我可以走路了，可以到你处来。”

当天下午 4 时，毛泽东即约陈云谈话。

这时，仍有人劝陈云不要向毛泽东谈支持“包产到户”。

陈云说：“我是出于对党对人民负责说这些话，何必患得患失？”[1]

当然，陈云知道毛泽东反对“包产到户”，所以在谈话中说得很婉转。

他首先向毛泽东强调了应该发挥农村个体生产的积极性的重要，指出中国农村的个体经营与合作生产还要并存相当长的时间。

接着，他说，为了渡过当前农村的难关，应采取措施提高农民个体生产的积极性……

陈云举了他自己在家乡调查的情况，说明一旦提高农民的个体生产积极性，农业生产就会有转机。

说到这里，陈云才提及，“包产到户”不妨一试。在他看来，这是在目前非常时期中解决困难的方法之一……

毛泽东只是听着，并不表态。

---

[1] 1995 年 6 月 28 日笔者在北京采访陈云原秘书周太和。

陈云回家之后，才过了几小时——翌日清早——便得到消息，毛泽东在他走后，作出了严厉的批评！

毛泽东说：

"'分田单干'是瓦解农村集体经济，解散人民公社，是中国式的修正主义，是走哪一条道路的问题。"

消息当即传到陈云那里。陈云听罢，久久不语。

过了好一会儿，陈云才对身边的工作人员这样说了几句：

"我只是根据家乡调查的结果，觉得个人搞积极性高一点，这是非常时期的非常办法。说是'分田单干'，我还没有发展到那个程度。"

陈云和毛泽东的这次谈话，成为陈云政治命运的一个转折点。

毛泽东在7月9日下午召见了中共河南省委书记刘建勋；

7月10日下午，毛泽东召见中共山东省委书记谭启龙；

7月11日，毛泽东召见中共江西省委书记刘俊秀。[1]

毛泽东在这三次谈话中，都明确地表示反对"包产到户"。

毛泽东要陈伯达根据这三次谈话的精神，以中共中央名义，起草《关于巩固人民公社集体经济、发展农业生产的决定》，表明了坚决反对"包产到户"的态度。

这时，作为中共中央农村工作部部长的邓子恢尚不知道毛泽东的坚决态度，也就是在7月9日和11日，邓子恢在中共中央党校作报告，还在大力提倡"包产到户"。

邓子恢说：

"认为集体劳动就是一窝蜂，单独干活就是单干，单干就不是社会主义，就是资本主义，这是不对的。"

他又说：

"不能把作为田间管理责任制的包产到户认为是单干。"

邓子恢的这些话，后来被称之为"鼓吹单干风"。

---

[1] 中共中央文献研究室：《陈云年谱》（下卷），中央文献出版社2000年版，第121页。

再遭冷遇

就在毛泽东跟陈云谈话后个把月——1962年8月6日至8月下旬——毛泽东在北戴河主持召开中共中央工作会议。

开幕那天，毛泽东发表讲话，提出三个问题，供大会讨论：

一、阶级——社会主义社会究竟存不存在阶级？

二、形势——国内形势是一片黑暗，还是有点光明？

三、矛盾——社会主义社会是不是就没有矛盾了？有些什么矛盾？

会议就毛泽东所提出来的三个问题，展开讨论。

毛泽东在中心小组的会议上多次发言，他指出，现在中共党内有着三股风，即“黑暗风”“单干风”和“翻案风”：

所谓“黑暗风”，是指刘少奇、陈云、周恩来等1962年春天对经济好转要“争取快、准备慢”的估计，是对形势估计一片黑暗；

1960年10月24日，陈云视察河南三门峡水利枢纽工程

所谓“单干风”，是指陈云、邓子恢等支持“包产到户”；

所谓“翻案风”，是指彭德怀等要求对自己的历史重新审查，去除不实之词。

毛泽东发出严厉的警告：

“右倾机会主义就是搞修正主义，党内有人搞修正主义。”

毛泽东所批判的三股风之中，有两股跟陈云直接有关，甚至可以说是针对陈云而言的：

那“争取快、准备慢”，谁都知道是出自陈云之口，是陈云在“西楼会议”上提出来的。

毛泽东当时十分赞成陈云的话，曾说过"'争取快、准备慢'，哪一方面也适用。快了，头一句灵；慢了，后一句灵"。

那支持"包产到户"，算起账来，陈云是头一个，因为他不仅负责主管经济，而且还为此事专门跟毛泽东谈话，企图说服毛泽东。

陈云很明白，这次会议，他成了受批判的"主角"。

陈云到了北戴河之后，因心脏病日益加重，要求请假。

陈云写信给邓小平，并转毛泽东，除了要求请假之外，还表示：

"7月24日《关于巩固人民公社集体经济、发展农业生产》的决定草案，我已看过，我完全同意中央作这样一个决定。"

会后，毛泽东称：

"陈云同志的意见是错误的，但他有组织观念，守纪律，是向中央常委陈述的，没有对外宣传，因此在会上没有点名批判。"

北戴河的会议，是为即将召开的中共八届十中全会作准备。

1962年9月24日至27日，中共八届十中全会在北京召开。毛泽东在会上发出了号召："千万不要忘记阶级斗争"，"阶级斗争必须年年讲、月月讲、天天讲"。

这次会议着重批判了所谓的"单干风"和"翻案风"。

从此，中国急剧地向"左"转，直至爆发了"文革"。

纵观这几年，陈云三起三落：

第一回合，1957年9月，毛泽东经过"反右派运动"，急于发动"大跃进"，便不采纳陈云意见，批判所谓"反冒进"。

第二回合，1958年底，毛泽东的"大炼钢铁"遇麻烦，请陈云帮助降低钢产量指标，并在庐山会议初期赞扬陈云为"良将"。但是庐山会议后期开始"反右倾"，又不采纳陈云意见。

第三回合，1962年初，毛泽东的"大跃进"失败，又遇上三年自然灾害，在"七千人大会"上作了自我批评，恳请陈云出马"调整"。于是，陈云在"西楼会议"上提出调整措施。但是才过了半年多，毛泽东批判"包产到户"，号召"千万不要忘记阶级斗争"。

如此这般，从1957年9月中共八届三中全会至1962年9月中共八届十中全会，短短五年间，陈云三起三落。

透过陈云的起落浮沉，可以清楚看出中国政治舞台上的晴雨寒暑，可以看出中国政治风向的“左”右变化……

作为中共中央副主席的陈云从 1962 年夏日开始养病闲居，基本上离开了中央最高决策层，一直到 1978 年底的中共十一届三中全会。

第十一章
“文革”蒙尘

◎ 就在陈云出席国庆招待会半个多月后，中苏关系陷入极度紧张之中。为了防止苏联的突然袭击，中共中央作出紧急决定，把一批老一代的党和国家领导人紧急送往外地，即“战备疏散”。

◎ 陈云被“战备疏散”到江西，名义上是“调查研究”“接受工人阶级再教育”。

在冷遇中长期“养病”

对于陈云来说，1962年9月的八届十中全会给予他沉重的打击。继全会批判了“单干风”之后，1962年11月9日，中共中央下达关于撤销中共中央农村工作部的决定。

这样，邓子恢的中共中央农村工作部部长职务等于被撤销。

陈云的处境比邓子恢要好一些，他没有受到点名批判，但是谁都知道他是“单干风”的“黑后台”。

有人称陈云为“老右倾”。[1]

这样，虽说陈云的职务仍是中共中央副主席，但是他不再主持中国的经济工作了。

于是，陈云受到冷遇，长期“养病”。

于是，“陈云热”变成了“陈云冷”，他几乎从中国政治舞台上销声匿迹。

在《陈云文选》中，可以很清楚地看出陈云的政治“轨迹”：

在《陈云文选》第三卷那篇1962年3月7日的《在中央财经小组会议上的讲话》之后，直至1973年6月7日他作了《要研究当代资本主义》的谈话，中间长达十一年，是空白期！

在这十一年之中，陈云没有一篇文章、一篇讲话收入《陈云文选》！

这是因为，在这十一年之中，陈云“靠边”了！

---

[1] 胡平：《改革开放亲历记》，中央文献出版社2009年版，第81页。

即便是他在1973年6月7日所作的谈话，头一句话便是“我是一天打鱼一天晒网”，表明他仍处于“半靠边”的状态。

那时，中国“左”星高照，自然没有“老右倾”陈云说话的余地。

那时，出现的是“毛泽东热”，是“林彪热”，是“‘红宝书’热”，是江青的“革命样板戏热”，而不可能出现“陈云热”。

紧接着，张春桥、姚文元跃上中国政治舞台，掀起“大批判热”。姚文元那篇批判新编历史剧《海瑞罢官》的“雄文”，拉开了“文革”的帷幕。

1966年8月1日至12日，中共八届十一中全会在北京召开。作为中共中央副主席，陈云出席了会议。

出席这次会议的中共中央副主席，还有刘少奇、周恩来、朱德。刘、周、朱和陈云，都是在1956年9月中共八届一中全会上，当选为中共中央副主席的。

此外，林彪也是中共中央副主席。林彪是在1958年5月召开的中共八届二中全会上增选为中共中央副主席、中共中央政治局常委的。

令人惊讶不已的是，虽然中共中央没有作出任何正式的决定，但是自中共八届十一中全会之后，再也不提刘少奇、周恩来、朱德、陈云的中共中央副主席职务。这实际上等于撤销了他们的副主席职务，可是却从无正式的决定！

这样，林彪便成了中共中央唯一的副主席——“林副主席”。

于是，中共中央被宣传为“以毛主席为首、林副主席为副的无产阶级司令部”。

于是，毛泽东被宣传为“伟大统帅”，而林彪则是“林副统帅”。

于是，林彪便成了毛泽东的无可辩驳的接班人。

中共八届十一中全会选举的中共中央政治局常委，共十一人，陈云也在其中。

1966年8月18日，陈云与毛泽东在天安门城楼上交谈

这十一人依次为：

毛泽东、林彪、周恩来、陶铸、陈伯达、邓小平、康生、刘少奇、朱德、李富春、陈云。

1966年8月18日，陈云在天安门城楼上露面。那天，在天安门广场举行百万群众庆祝“无产阶级文化大革命”的大会。

毛泽东、林彪、周恩来身穿军装，在天安门城楼上发表讲话。

新华社的报道称：

“参加群众大会的各方面的负责人还有：陶铸、邓小平、康生、刘少奇、朱德、李富春、陈云……”[1]

陈云没有穿军装，而是穿中山装，外面套了件风衣。毛泽东和他在天安门城楼上作了简短的谈话。

此后，在1966年11月26日，毛泽东和林彪“在海啸般的欢呼声中，健步登上天安门城楼”，接见“红卫兵革命小将”。

新华社的报道是这样写的：

“中央和其他方面的领导同志周恩来、陶铸、陈伯达、邓小平、康生、刘少奇、朱德、李富春、宋庆龄、陈毅、贺龙、李先念、谭震林、徐向前、叶剑英、谢富治、刘宁一、萧华、江青、吴德等登上了天安门城楼。”[2]

陈云没有出现在名单上，并不意味着他被打倒——因为那时刘少奇、邓小平也还出现在名单上。

陈云称病，所以不再跟随在“伟大统帅”和那位“副统帅”之后登上天安门城楼。

这样，在毛泽东和林彪先后八次接见1100万外地师生和红卫兵的那些日子里，陈云从不在天安门城楼上露面。

在“无产阶级文化大革命”的风暴中，刘少奇被打倒了，邓小平被打倒了，陶铸被打倒了……不过，在被打倒的名单上，并没有陈云。

“革命大批判”的铁笔，批张三，批李四，没有批陈云。偶尔在批判“单干风”的大字报上，见到批判陈云的字句。不过，跟贴满大街小巷批判“中国

---

[1]《人民日报》1966年8月19日。

[2]《人民日报》1966年11月27日。

头号走资派”刘少奇和“中国二号走资派”邓小平的大字报相比，批判陈云的大字报要算是很少很少的。

在笔者看来，陈云遭到的批判不多，究其原因有几个：

一是陈云出身工人，没有“剥削阶级”之类“根源”可挖；

二是陈云从未被捕，也就不存在“叛徒”之嫌；

三是陈云讲话谨慎，没有多少“反党反社会主义反毛泽东思想”的辫子可抓；

四是陈云生活清廉、作风正派，没有什么可供“揭发”的。

正因为这样，在刘少奇、邓小平被打倒之后，陈云还一直是中共中央委员。

不过，也有人一直“惦记”着陈云，那就是奸诈阴险的康生。1966 年 8 月 10 日，康生在中共八届十一中全会华东组小组会上发言说：

“陈云同志的思想，也是长期与主席对立的。他以经济专家自居，自认为他的经济学在主席之上。看看他 1962 年的报告，就懂得他的经济学是什么货色。他只讲经济，不讲政治，他讲的经济政策，据我看，只是资本主义的商人经济而已。”

1967 年年初的一个深夜，红卫兵、造反派们甚至冲到北京中南海外的北长街的陈云家，要抄家！当时，陈云已经被周恩来派人安全转移到北京西郊万寿路，家中只有女儿陈伟华。

据陈伟华回忆：“母亲和除我之外的其他孩子，也都或在外地干校，或在学校住，家中只有我一人。造反派见没抓到我父亲，就把我揪住‘审’了一通。随后，他们在地上和墙上到处涂写下了‘打倒陈云’的大标语。”

中央警卫团闻讯，急忙派人到陈云家拦阻红卫兵、造反派们。国务院副秘书长、周恩来秘书童小鹏也奉周恩来之命赶来，劝阻红卫兵。然而红卫兵、造反派们说，他们只服从“中央文革小组”的命令。周恩来让“中央文革小组”戚本禹下令撤退，红卫兵、造反派们才悻悻然离去。

事后，陈伟华到了万寿路，同父亲报告红卫兵、造反派们前来抄家。陈伟华回忆说：“父亲听说了抄家的事后，不为所动，还是镇定如常。他从容地坐在沙发上，听着我仔细描述被‘审’的情况，有时还大声笑起来。听着听着，他老人家站了起来，说：‘红卫兵抓住我，也没什么了不起，我和他们评理就是了。'"

陈伟华还清楚地记得父亲说这句话时的情形："他一边说，一边甩起双臂，做出走正步的样子，意思是，革命的路还要坚定地走下去。"

"战备疏散"到江西

在康生之后，猛烈抨击陈云的是谢富治。

谢富治此人，论资历是老革命。他参加过长征，屡建战功，1955 年被授予上将军衔。1959 年出任公安部部长、人民武装警察部队司令员兼政委。1965 年升任国务院副总理，兼任公安部部长。谢富治积极拥护"文革"，以打击老帅、老干部为能事。1967 年，谢富治任北京市革命委员会主任、北京军区政委、北京卫戍区第一政委。

1968 年 10 月 17 日，谢富治在中共八届扩大的十二中全会第一小组会上，针对陈云说了这么一番话：

"我们回想一下，陈云同志在'七千人大会'上，主席三次叫他发言，他说没调查没发言权，后来不到一个月做了个黑报告反主席、反大跃进、反总路线。

"按陈云同志的报告搞下去，不知搞成什么样子。刘、邓搞反革命修正主义，朱德同志、陈云同志也是搞修正主义的。'二月逆流'这些人不死心，还要为他们服务。

"陈云同志多年不做工作，刘少奇突然抬出他搞经济小组，收拾'残局'，就是搞修正主义。陈云同志搞些什么，多赚钱、卖花布、炒肉片、高价商品。陈云同志一贯反毛主席，休息也不干好事。这些事情都要清算。"

经过康生、谢富治等的"清算"，在 1969 年 4 月召开的中共第九次全国代表大会上，陈云离开了中共中央政治局，而谢富治则当选中共中央政治局委员。须知，从 1931 年陈云担任中共临时中央政治局常委以来，一直是中央政治局常委以至中共中央副主席，而这一次他仅是中共中央委员——当然，比之刘少奇、邓小平，算是好多了。

1969 年 9 月 30 日，为了庆贺中华人民共和国成立二十周年，周恩来总理在北京主持盛大招待会。

在新华社发出的电讯中，这样提及出席者名单：

出席会议的有：

中共中央政治局委员朱德、叶剑英、李先念、董必武；

中共中央军委副主席陈毅、徐向前、聂荣臻；

人大常委会副委员长郭沫若、阿沛·阿旺晋美、周建人；

国务院副总理陈云、李富春……

这表明，陈云是以国务院副总理的身份出席国庆招待会的，虽说当时他早已“靠边”，早已有职无权，但是毕竟没有被“打倒”。

就在陈云出席国庆招待会半个多月后，中苏关系陷入极度紧张之中，双方剑拔弩张。为了防止苏联的突然袭击，尤其是应对苏联突然的核打击，中共中央作出紧急决定，把一批老一代的党和国家领导人紧急送往外地，即“战备疏散”。

根据中共中央的紧急决定，毛泽东前往武汉，林彪前往苏州。另外，林彪、江青集团也借“战备疏散”之机，把一大批“靠边”“接受审查”以及“打倒”的老干部驱离北京，其中有刘少奇、朱德、邓小平、陈云、陶铸、王震、罗瑞卿、徐海东、张闻天、王稼祥，等等。

其中，正在重病之中的刘少奇被“疏散”到河南开封，一个多月后——11月12日——便惨死于那里。

被“疏散”到江西的是邓小平、陈云、王震、何长工、萧克、陈再道。

急急如律令，限令三天之内启程。

陈云毕竟还是国务院副总理，他可以带秘书萧光华、警卫员、炊事员一起走。陈云匆匆登上南下火车的软卧包厢，连全国粮票都来不及调换。

陈云被“战备疏散”到江西，名义上是“调查研究”“接受工人阶级再教育”。

中国历来讲究“名正言顺”，即便在那黑白颠倒的“文革”之中，也要给放逐找个漂亮的名义。

邓小平、陈云、王震等的突然到来，使当时江西的“最高长官”程世清颇费思量。

陈云在江西时期穿过的藏青色呢子中山装

那时，程世清是江西省革命委员会党的核心小组组长（后来为中共江西省委第一书记）、省革命委员会主任、福州军区副政委兼江西省军区政委。

程世清是河南新县人，生于1918年。他发表过《在林彪副主席家做客》一文，表明他与林彪之间非同寻常的关系。后来因犯有严重错误，于1971年被免职。

不过，邓小平、陈云、王震等毕竟是在中央工作多年、身居高位的人物，如何在江西妥善地安排他们的工作、生活，却不那么容易。

邓小平已是“打倒对象”，还算好办，被安排在与南昌只有一江之隔的新建县拖拉机修配厂劳动。

陈云呢，下了火车，被接到省委招待所滨江宾馆住了下来。这里紧靠着滔滔赣江，风景优美，是一座园林式宾馆。毛泽东来到南昌时，总是住在这里的3号楼。

对于江西，陈云是非常熟悉的，在这片火红的热土上，曾留下他当年战斗的足迹。如今，时隔三十五个春秋，他又来到江西。然而，此时此刻，他却是遭贬受谪，被一阵冷风吹到此地来的……

陈云在滨江宾馆“闲居”了一些日子。关于他未来的去处，有人在幕后紧张地筹划着。

陈云到江西之后，周恩来特地给当时江西省的领导人打来电话，嘱咐说陈云身体不好，住的地方要有暖气。周恩来说，陈云过去在北京蹲点是在工厂，这次可以还安排他到工厂。

根据周恩来的指示精神，终于选定了不远不近、生活条件还可以的地方——南昌市南郊青云谱的省军区干休所。

不久，陈云迁往那里，住了下来。

来了一位名叫“陈元方”的首长

邓小平在江西蒙难，已有诸多报道，而陈云如何在江西蒙尘，几乎从未见诸报道。

笔者于1991年炎夏，先是在南昌采访了当年在江西专门负责接待陈云的马骏先生，接着又在1992年8月下旬，再度来到南昌采访。

马骏先生陪同笔者驱车前往南昌南郊，寻访陈云当年“隐居”之处——福州军区干部休养所（亦称省军区干部休养所）。

那个休养所坐落在南昌青云谱。

真是历史的巧合：

早在西汉，南昌县尉梅福弃官，便隐钓于此，后建“梅仙祠”；

清朝顺治十八年（公元1661年），“八大山人”朱耷来此隐居，取名“青云圃”。

清嘉庆二十年（公元1816年），“青云圃”改名“青云谱”。

看来，青云谱是历代的隐居之地。如今，陈云也来此“隐居”。他所住的省军区干休所旁边，便是“八大山人”纪念馆！

也真是历史的巧合：陈云出生在上海青浦，如今“隐居”在青云谱，是在青浦中间加个陈云的“云”字！

那是一个用围墙围成、与外界隔绝的大院，大门口有军人站岗。进入院内最深处，见到一幢类似于北京四合院的平房，即8号院，那便是陈云蒙尘时住了近三个年头的地方。

马骏喊来他的老朋友、当年干

1991年7月29日，笔者在南昌为马骏拍照（陈云在“文革”中下放江西，由马骏负责联系工作）

休所副所长沈玉贵。

前额光秃、头发花白，沈玉贵眼下早已退休。他手持钥匙，打开了紧锁的门，领我进去参观。

沈副所长领我参观陈云旧居。一进门，是一间客厅兼餐厅，右手为陈云书房，左手为秘书、卫士卧室。入内，为两间陈云卧室以及卫生间。院内还有一排平房，分别为伙房、锅炉房及司机、厨师、司炉工住处。小院内栽着葡萄和一棵桂树，当年陈云常喜欢在葡萄架下，或绕着桂树慢慢散步。

院内凉风习习，坐在桂树之侧，沈玉贵对我谈起当年的情形：

他记得陈云是1969年11月9日到达南昌的，临时借住于滨江宾馆（中共江西省委招待所）。

他忽然接到上司通知，说是北京来了一位重要干部，名唤“陈元方”，要住入干休所，务必注意安全保卫工作。

沈玉贵平时总是把最重要的客人安排住在8号院——彭德怀也曾住过这里。那“陈元方”是中共中央委员，当然亦应安排住此。

上级关照，此人不是住几天，而是长住，要为他砌围墙，把8号院与其他院子隔绝。

于是，沈玉贵挑灯夜战，连夜派人砌了一堵砖墙——此墙今日依然在那里。

几天之后，11月12日，那位“陈元方”乘小轿车光临了。

一见面，沈玉贵觉得此人面熟，在报纸上见过他的照片。沈玉贵随后认出他是陈云！

沈玉贵笑道：“首长，您怎么改名叫‘陈元方’啦？我在报上见过您的照片，认识！”

陈云微微一笑：“上头叫改的！”

沈玉贵又问：“为什么改名字呢？”

陈云幽默地答道：“上头叫改，就改呗！还好，我姓陈，改名未改姓。”

相处久了，沈玉贵才明白那“陈元方”的来历，因为陈云的两个儿子分别叫陈元、陈方，上头要陈云改名，他临时把两个儿子的名字凑在一起，取名“陈元方”！

沈玉贵记得，陈云不抽烟，不喝酒，不玩麻将、扑克牌，也不下棋，他的爱好是看书。他从北京带来很多箱书，堆在书房里。他喜欢静静地看书，平时言语不多，但一旦开口，颇具幽默感。

陈云的记忆力极好。有一回，沈玉贵要写学习心得，按那时的习惯，必定要引用一段革命领袖的话。沈玉贵记得那段话的大意，却不知是谁说的，更不知出自何书，只得请教陈云。陈云随口答道，你查一下《马克思恩格斯选集》某某卷某某篇，那是马克思的一段话。沈玉贵照陈云的指点，果真查到那篇文章。陈云又告诉他，那篇文章的核心是其中一个三百多字的段落，要仔细捉摸……

陈云的肠胃不好，有一回，仅仅吃了八颗用盐水煮的花生米，便拉肚子了。陈云感叹地对沈玉贵说，年轻时生活艰难，落下了肠胃不好的毛病，如今吃东西不得不小心。

陈云体弱，冬天容易感冒。由于周恩来曾向江西打过招呼，最好给陈云的住处装暖气，这样，陈云的住处安装了暖气。

在沈玉贵的印象中，陈云很好接近，没有“大官架子”。陈云子女也来此处看望，子女衣着都很朴素。那时陈元来此，穿一件蓝色罩衣，像个工人。陈云夫人于若木那时在湖南衡东国家科委“五七干校”，未能获准前来看望陈云。

“老表”马骏和陈云的友谊

省军区干休所前，横着一条小河，河对岸是一家拥有一千六百多名工人的工厂。

既然安排陈云住在省军区干休所里，那就让他就近到这家工厂调查研究吧。这家工厂，便是江西化工石油机械厂，而马骏正是这家工厂的办公室主任。

考虑到陈云身份特殊，厂里指定专人负责联系、接待，这任务便落到当时34岁的马骏头上——这一方面正是厂办主任的工作范围，另一方面考虑到马骏过去做过机要工作，又在省委组织部工作过，办事干练、稳健、可靠。

就这样，出于历史的机遇，作为一名普通的工厂干部，马骏跟来自北京的“客人”有了密切的接触。

在实地访问了省军区干休所之后，马骏先生又陪笔者前往江西化工石油机械厂。干休所跟这家工厂之间，只隔着狭长的小河般的青云湖——那是因为附近有一座青云谱庙而得名（青云谱庙为“八大山人”朱耷隐居处）。

车子只开了五分钟，就到了陈云当年“蹲点”的江西化工石油机械厂。该厂党委副书记祝国仁、教育科长虞永、厂办公室秘书胡建平等接待笔者，陪笔者走访各车间，指指点点，说及陈云在各车间的故事……

在江西化工石油机械厂，要算马骏跟陈云最熟悉，所讲的关于陈云的故事最多。

1991年，我在北京采访时，便听陈云老秘书萧华光说起马骏其人。

到了南昌，我跟马骏有了几天的接触，彼此熟悉了。在一个夏夜，他来滨江宾馆看我，我请他谈谈那段难忘的往事。我说："在'文革'中，陈云'落难'江西的情况，鲜为人知，你是'关键人物'，能不能打开你的记忆闸门？"

他答应了，面对着我的录音机，头一回透露了陈云在那风狂雨猛的岁月中的不平凡历程……

他从"文革"之后的一件小事说起。他记得，有一回陈云马上要离开北京到外地去，临行之际，诸事冗杂，于是在房门上贴了张字条："事忙谢客。"

陈云在江西化工石油机械厂"蹲点"期间的住处——南昌市青云谱福州军区干部休养管理所8号

一位省委书记要来看陈云，从陈云秘书老萧那里知道他正忙，也就告免了。

正在这时，马骏出差来北京，给老萧打来电话。

老萧转告了陈云。陈云一听，说道："马上请他来！"

"江西老表"马骏兴冲冲来了。一见房门上陈云亲笔写的字条，才知陈云正忙，不敢进去。

陈云却迎了出来。

马骏略坐片刻，生怕影响首长工作，赶紧告辞。不过，他心中非常高兴，终于又见到了老首长！

如果陈云不很忙的话，那就会跟他细细地聊，问他江西的物价怎么样，供应又怎么样，如同聊家常。有一回他来北京，原定的接见时间为一小时，陈云竟跟他聊了一上午！

马骏这位“江西老表”跟陈云非亲非戚，也不是他的老部下。论职务，他并非江西的“大干部”，可是，陈云跟他却有着非同一般的友谊。

这友谊是在那大灾大难的年代结下的。说实在的，完全是历史的偶然，这位“江西老表”跟来自北京的陈云在几年之中有过频繁的接触……

马骏，瘦削的个子，直爽而且热忱。

他的经历非常简单：

1935 年 7 月出生于江西赣州，参加过土改工作队，1955 年 3 月加入中国共产党。1958 年他作为调干生进入武汉钢铁学院学习，1963 年毕业，回到江西工作。

“文革”开始时，他是中共江西省委组织部的干部，参加了“保”字号组织。这样，他在 1968 年被下放到南昌附近的江西化工石油机械厂，担任厂革命委员会办公室主任。

就在此后不久，陈云被逐出北京，安排到江西化工石油机械厂“蹲点”，厂方指定由马骏负责接待。如此偶然的巧合，使马骏这位“江西老表”跟陈云结下了深情厚谊……

“客人”初次到厂非常随和

“客人”，这是当时江西省头头关照的对陈云的代称。他们不让群众知道来者是陈云，以概念模糊的“客人”之称泛而代之。

马骏清晰地记得“客人”头一回来到江西化工石油机械厂的情景——那也是他平生第一回见到陈云。

那是 1969 年 11 月 13 日，陈云的秘书老萧在电话中约定了来厂时间，马骏便和厂领导“三李一张”，即李健、李彪、李赤、张守信，恭候着“客人”的光临。

他们厂从未接待过这样的“客人”，厂领导正发愁，不知见了面该说些什么才好。特别使他们为难的是，不知该怎么称呼陈云。叫“陈云同志”或“老

江西化工石油机械厂外景

陈”？不行！上面已经关照过，不许暴露他的真实身份和姓名；叫“客人”吧，背后用“客人”作代称犹可，面对面怎么喊？难道说“‘客人’你好！？”

正在为难之际，忽听得有人说：“来啦！来啦！”

只见一辆蓝灰色的华沙牌小轿车，驶进了厂门。在这家工厂，难得见到这样的轿车——省里按照有关规定，给陈云派了轿车、司机。

厂领导赶紧走出办公室，下楼接客，在楼梯上遇见一位六十多岁、穿一件绿色棉军大衣的中等个子男子。那熟悉的面孔一望而知是“客人”，因为“客人”的照片过去常出现在报纸上。

厂领导正为怎么称呼“客人”而不便启齿之际，“客人”倒是大大方方，用上海口音先发话了。马骏在一侧听得清清楚楚：“我到这里来，是接受工人阶级再教育！”

厂领导一听，越发尴尬。随着“客人”上楼，他们在办公室里坐了下来。

这时，“客人”问起了厂里的情况，厂领导开始向“客人”一一介绍，气氛才变得轻松起来。他们发觉，“客人”很随和，没有“大首长”的架子，紧张的心情渐渐消失。

就在这第一次见面时，厂领导告诉“客人”，今后由马骏负责同他联系。

惊人的记忆力

从此，马骏常常骑着自行车，来来往往于工厂和军区干休所之间。两地相距约二三里路。

马骏实在不习惯于叫“客人”，听萧秘书喊陈云“首长”，从此他也称“客人”为“首长”。陈云呢，总叫他“老马”，虽说他不过三十多岁。

陈云的住处很简单，一张床，一张沙发，四把椅子，一张书桌。

老萧是他的老秘书，从1957年起便跟着他，照料里里外外。

炊事员也跟他多年，知道他的口味，给他做点爱吃的菜，如豆瓣酥、清蒸鱼之类。

起初，马骏见了陈云“公事公办”，陈云要他做什么，他就做什么。那时，陈云不断地要开各种各样的座谈会，陈云提出要求，他找人开会。比如，老工人座谈会，青工座谈会，女工座谈会，等等，前前后后开过一百多次座谈会。

约定开会的时间，马骏把人找来，陈云的轿车会准时地在厂里出现。开会时，马骏说了“客人”开会的意图，然后念着手中的名单，逐个介绍会议的出席者。

人们开始发言了。陈云往往把右臂放在桌面上，脑袋稍稍向右倾斜，双眼笔直望着发言者的脸——这是陈云聚精会神时的习惯姿势。

没多久，马骏就惊讶地发现：仅仅在一次座谈会上见过面，倘若在车间里遇上，陈云竟会叫出对方的名字来！要知道，马骏在这个厂里工作，还叫不遍工人的名字——正因为这样，开座谈会时，他手中总拿出一张出席者的名单。

“您的记性真好！”马骏很佩服地说道。

“我像你这样的年龄时，能记两千人的名字。”陈云笑道，“其实，这是练出来的。你要做群众工作，你要带领部队，叫不出人家的名字怎么行呢？日子久了，就养成了记人记事的习惯。”

他渐渐发觉，陈云讲话不多，但讲话很干脆，绝不拖泥带水。他不属性格内向的人，讲话幽默，但办事很谨慎、细致。

陈云很守纪律。迄今，马骏仍保存着陈云当时亲笔所写的一张条子：

笔者与马骏（中）以及干休所副所长沈玉贵（左）在陈云江西旧居。“文革”中陈云在此干休所度过近三年光景

马骏同志：

今天二十四日下午三时食堂班组会，我因事不能参加，请假。明日（二十五日）食堂班组会我准时参加，请告食堂同志。

陈云

二十三日上午

字条末“二十三日”，笔误，应是“二十四日”。

陈云因事不能出席一次工厂里的班组会，特地向工厂干部马骏写了请假条子。这虽是一桩小事，但是也充分体现出陈云的组织纪律性。他毫无“中央首长”的架子——本来，他完全可以请秘书给马骏打个电话就行了。

江西化工石油机械厂原是一家劳改工厂，后来虽然转为普通工厂，但厂里还有一些劳改犯。陈云喜欢到厂里各处走走，走遍各车间，就连仓库、洗澡间、厕所，他都要去看一看。

马骏替他的安全担心，因为“客人”的身份在厂里早已传开。马骏怕出意外，总要跟随在他左右。陈云说：“你别那么紧张，不会有人拿木棍子打我脑袋的！”说罢，哈哈大笑起来。

陈云说：“我过去很少下基层，这一回来到你们厂，我要尽量多做调查研究、了解基层。”

他很快就熟悉了厂里的生产流程，能够一口气报出各车间负责人的名字。他参加班组的政治学习，一个车间一个车间轮流参加，连汽车队也去，广泛地接触了工人。

他看见车间丢着用了半截的电焊条，看到废弃的边角料，觉得很可惜，说要尽量注意节约，我们国家家大业大，要处处注意节约。

省革委会头头“避见”陈云

在陈云来到江西化工石油机械厂后的第三天——1969 年 11 月 16 日——发生了一桩意外的猝然相遇。

那天，马骏正陪同陈云在金工车间参观，忽然有人来找马骏，说是有要事，叫他马上去厂部。

马骏心急火燎赶到厂部，见到厂门口停着另一辆轿车，一问，才知道是程世清来了，要视察金工车间。

程世清为什么要去金工车间呢？事后才知，当时江西要生产某种武器，找不到合适的工厂承担任务。程世清听说江西化工石油机械厂有金工车间，便来看看是否具备生产这种武器的条件。

也真巧，陈云在金工车间！倘若程世清去到那里，势必会与陈云照面。

厂领导赶紧向程世清汇报，陈云正在那里，并请示道：“见，还是不见？”

“不见！”程世清很干脆地答复道。

于是，厂领导赶紧派人把马骏喊来，要他设法使陈云“暂避”程世清。

马骏好为难。他又不便向陈云说此事，无可奈何，只得说上楼休息一下吧，把陈云领进一个小房间。

这时，程世清走进了金工车间……

程世清“避见”陈云，这清楚表明，陈云在他眼里不是国务院副总理，而是来此“接受思想改造的人”！

对于这个程世清，陈云 1979 年 3 月 21 日在中共中央政治局会议上这么谈及：

“文化大革命”中的军管时期，将军们管经济，有些人经验少，胆子大。像程世清，全国那时年产六七万辆汽车，他说江西也要搞六七万辆。哪有那么多钢板？全国进口粮食的任务，他要江西包下来。过去，江西长时期每年只上缴十五亿斤粮食。那时，全国每年进口粮食一百零七亿斤，江西全年只产一百九十七亿斤稻谷，折合一百三十三亿斤大米。他把全国进口粮食都包下来，江西老百姓只剩下九十亿斤稻谷，那还不造反！这些人胆子大，他们说搞什么就搞什么。[1]

江西省军区隶属于福州军区。福州军区司令员韩先楚曾和陈云一起在南满工作过，对陈云倒很照顾。陈云有一段时间从南昌去福州，韩先楚把自己的专车调给陈云用。

在该厂，虽然当时对陈云实行保密，以“客人”为代称，但全厂上下皆知他是陈云。

陈云轮流到各车间参加班组学习。木模组的木工，为陈云做了一只可折叠的小凳（马扎），成了陈云的“专座”。从此，陈云的警卫员李奇手中总是拎着这只小凳。这只小凳伴随陈云度过那艰难的岁月。陈云离开江西时，曾对该厂工人说：“这凳子，我要带回北京去。我见到毛主席，要给他看，告诉他这是江西工人为我做的凳子！我每天都坐这凳子！”

工人师傅给陈云做的小马扎

政治学习会上，工人们曾请陈云谈谈“党内路线斗争”，陈云连连摆手道：“我没有‘资格’谈！”他通常只是在一旁静静地听，几乎不发言。

那年月，厂里天天开会，进行政治学习。陈云曾说：“你们能不能抽点时间，研究研究生产？”

[1] 陈云：《坚持按比例原则调整国民经济》，《十一届三中全会重要文献选读》上册，人民出版社 1987 年版，第 41 页。

不过，工人们对“客人”却很热情。一位工人甚至违反“规定”，拿出小本子请“客人”签名留念。“客人”当即写下“陈云”两字，成为这位工人保藏至今的珍贵纪念品。

厂里放电影，总要通知陈云。不过，那时放的是“革命样板戏”，陈云只看一回就不看了。秘书、警卫、司机、炊事员倒是常来看电影——那时的文化生活实在太单调了。

厂里也想方设法改善陈云的生活。那时的南昌，市面上很难买到面包，马骏就跟铁路局联系，从火车站买面包给陈云。陈云爱吃淡水鱼，马骏到水产局去弄鱼；冬天，厂里给陈云送煤……

三天两头到陈云那里去，马骏再也不拘束了，与陈云结成忘年交。

陈云总是穿灰色中山装、布鞋。他的毛笔字写得不错。他说，那是在商务印书馆当学徒时练的，因为要把一包书寄出去，写地址、写姓名，字写不好不行。他包什么东西，动作很麻利，也是当学徒时练的。

陈云来到厂里单身宿舍，见到两个工人住一间房，便感叹起来：“比我当年在商务印书馆当工人时好多了，那时上下铺，一个房间住好多人。”

工人们常常要陈云讲长征故事。空闲时，陈云说起了往日艰辛的历程。陈云其实很善于讲故事，早在1936年，他就在巴黎发表了《随军西行见闻录》，同时在莫斯科印出单行本，这本书写的就是长征故事。大抵由于他从小受江南评弹的熏陶，富有讲故事的“技巧”。正因为这样，工人们很喜欢听“客人”讲故事。

陈云也曾跟马骏说及自己当初进入江西的故事：他是坐船到汕头，进入福建长汀，然后红军派出一个排武装便衣，接应他穿过封锁线进入江西的……

我多次问及，陈云当年在厂里，有没有拍过照片？遗憾的是，在那落难的年月，谁敢给陈云拍照？就连在那幢小院里，陈云也未留下一帧照片！

据传，厂里有一位爱好摄影的工人，趁陈云观看吊车起吊时，为他拍了一帧照片。

但是，这位工人说，如今找不着了（也许要留待合适的时机拿出来）。为了弥补这一缺憾，有人画了一幅陈云在该厂的油画，但油画毕竟不如照片真实、珍贵。

终于结束“下放”

陈云在青云谱，过着“闲居”生活。不过，马骏从未见过他愁眉苦脸，却总是见他面带微笑。

除了去江西化工石油机械厂之外，陈云又主动联系了一家工厂和一所学校——南昌洪都机械厂和南昌第十九中学。他尽量扩大社会接触面，多作调查研究。即使如此，他仍笑称自己“两天打鱼，三天晒网”！

他在干休所里研读《毛泽东选集》，研读从北京带来的《马克思恩格斯选集》《资本论》《列宁全集》《斯大林文选》等书籍。

陈云也看每天的报纸，只是当时的报纸废话、空话、“左”话太多。

夏日的南昌是“火炉”，1970 年 7 月酷暑之际，陈云回到北京住了些日子。1971 年夏，陈云则去福建小住。

一天，马骏来到干休所，陈云笑着对他说：“老马，今天来了新炊事员！”

马骏闻言步入厨房，见一姑娘围着围裙，正在那里忙碌。她见到马骏，反问道：

“我像不像炊事员？”

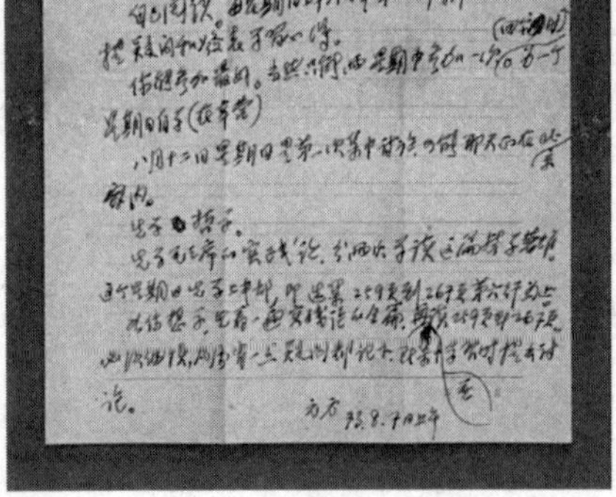

伟华：

73.8.十四日

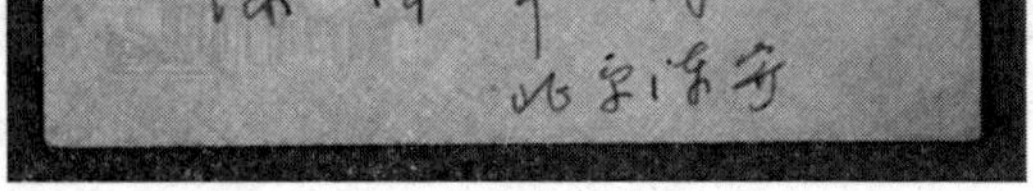

本市怀柔县辛营公社

辛营中学

陳偉華同志

北京陈寄

1973 年 8 月，陈云关于学习马列著作问题写给女儿陈伟华的信原来，她是陈云的女儿，当时在西藏当兵，抽空前来探望父亲，一到这里，就下厨房为父亲做饭。

陈云的儿子也曾前来探望。

那时，陈云夫人于若木正在湖南衡东的国家科委“五七干校”。所谓“五七干校”，是根据毛泽东1968年5月7日所作的指示（即所谓的“五七”指示）办起来的党政干部及知识分子下放集中劳动的场所，美其名曰“五七干校”。毛泽东的“五七”指示说，“广大干部下放劳动，这对干部是一种重新学习的极好机会，除老弱病残者外都应这样做。在职干部也应分批下放劳动”。笔者那时也在“五七干校”劳动了三年。

1970年6月，“五七干校”开展所谓的“一打三反”运动。“一打”即“打击反革命破坏活动”；“三反”即“反贪污盗窃、反投机倒把、反铺张浪费”。在“五七干校”，掀起了大字报高潮。

针对“反铺张浪费”，于若木写了两张揭露江青的大字报，一下子轰动了湖南衡东的“五七干校”。她的两张大字报的标题是“铺张浪费、挥霍无度的盖子必须揭开——江青是党内最大的剥削者、寄生者”“必须揭发铺张浪费的盖子——江青是马克思主义者还是修正主义分子？”。

于若木写这两张大字报的起因，是由于在1962年春天，她目击的一幕：

那时，她和陈云来到上海，被安排住在太原路中共上海市委交际处的一座房子里。一进门，她就感到很惊讶，不仅地毯是绿色的，窗帘是绿色的，沙发是绿色的，就连桌子、马桶圈、马桶盖上，都铺着绿丝绒。于若木一打听，才知道江青讲究“出绿”，要交际处特地为她装修的。除了这座房子外，在上海，还有三个住处，江青有时要住，也一律照她的吩咐“出绿”……

于若木非常气愤，这样，在“一打三反”运动中，就揭发了江青这一铺张浪费的事实。于若木写道：

“江青自私、贪婪、好逸恶劳，对人民颐指气使、作威作福”，“她不是无产阶级司令部的人”。

这张大字报贴出之后，江青很快就知道了。那时的江青，正得意忘形，听说此事，大发雷霆。不久，北京来人，对于若木进行隔离审查，以“现行反革命分子”的罪名进行批斗，甚至还宣布开除于若木的中共党籍，撤销党内外一切职务……

这样，于若木无法到江西南昌去看望陈云。

1970年8月23日至9月6日，中共九届二中全会在庐山召开。作为中共中央委员，陈云前往那里出席会议。

不过，由于正处于“靠边站”时期，他只能住在九江南湖宾馆。开大会时，他才上山出席，旋即下山——从庐山至九江，轿车约一个小时路程。

在这次会上，毛泽东主席写了《我的一点意见》，尖锐批判了陈伯达，给了林彪反革命集团以沉重的打击。9月3日，陈云打破了久久的沉默，在华东组大组会议上发言批判了陈伯达，指出陈伯达在历史上就是个伪君子，老虎屁股摸不得，一贯靠几本书吓人，和王明一样。

会毕，陈云仍旧返回工厂。

厂里工人从报上读到大会公报，请陈云详细谈谈。

陈云摇头说：“你们别问我，去问程世清！”

一年之后，1971年9月13日，林彪叛党叛国，折戟沉沙。作为普通干部，马骏反而先听到了有关“九一三事件”的传达。

马骏连忙骑自行车到干休所，把情况讲给陈云听。

他记得，陈云听毕，过了一会儿，说了这么一句话：“这个人干出了这么没良心的事！”

工人们问陈云，你对林彪事件怎么看？

陈云只是很含蓄地回答：“林彪比我小两岁！”

在粉碎了林彪反革命集团之后，虽说中国的政局依然沉闷，但毕竟有了转机。

1972年4月中旬，马骏接到萧秘书的电话，说首长要回北京了。

马骏心中又高兴又依依不舍。高兴的是，陈云回北京意味着从此结束在这里的将近三年的“闲居”生活；依依不舍的是，常来常往，这三年和陈云结下了不平常的友谊。

临走，陈云来厂，向厂领导告别。马骏记得，那天上午陈云讲了自己对办好这家工厂的许多宝贵意见，并再三向工人师傅、厂领导致谢。

临走，陈云没有带什么“土特产”，只是向南昌十九中学要了当时的中学课本——他很关心教育。离开这家工厂时，陈云带走了那只小马扎……

1972年4月22日，陈云告别了南昌。与三年前来的时候不同，这回给他挂了一节专用车厢，省“革委会”的一位副主任前往车站送行。

陈云一再关照马骏，要他常写信。如果出差来北京，一定要打电话来。

后来，马骏给陈云写信，介绍厂里的情况。陈云果真从北京给这位“江西老表”写来亲笔信。马骏拿出了陈云的信给我看，陈云在1972年8月16日的信中说：“来信说到职工思想比较混乱，无政府主义思想泛滥，我看在大的政治运动中，职工思想混乱是难免的，也可以说是正常的现象。只要厂领导抓紧教育，职工是可以得出教训的……”他问及厂里一位犯过错误的青年情况，相信小伙子能够改正，会有希望。他说自己现在每天散步运动50分钟。如果有机会再来南昌，一定看望大家……

后来，马骏出差北京，一给萧秘书打电话，陈云总是安排时间接见他。陈云很关心地问起厂里的近况、工人们的近况。陈云的记性还是那么好，会报出一连串的人名。

使马骏终生难忘的是发生在1975年的一件事：他家中遭遇不幸，爱人去世，而孩子尚小，一个九岁，一个才一岁，他又要负担老母，一时陷入了困境。在跟萧秘书通信时，他说及了自己的不幸——因他和老萧已是无话不谈的老朋友。意想不到的是，萧秘书把马骏的不幸告诉了陈云，陈云当即给予经济帮助……

说到这里，马骏激动万分。他说，他当时非常感激，又很不安。他想不到萧秘书会转告陈云，想不到陈云对他这位“江西老表”会这样关怀……

马骏不禁又记起一件往事：有一回，陈云要在厂里开一个座谈会，马骏已经作了安排，并把开会时间通知陈云。可是，当时马骏担任厂革委会办公室主任，手头杂事甚多，竟把这次座谈会忘了。陈云准时来到厂里，打算开会，这时马骏才猛然记起，还没有通知人们来开会呢。他不好意思地向陈云说明自己的疏忽，连声道歉。陈云摆摆手，毫不介意，叫他另定时间召集会议……

马骏还有一件憾事：陈云在江西化工石油机械厂将近三年，没有留下一帧照片！唉，那特殊的年月，是历史上沉重的一页！

正因为这样，在《陈云画册》之中，没有一帧陈云“下放”江西时的照片，而只能代之以住所和工厂外景的照片。

“一天打鱼一天晒网”

1972 年 4 月下旬，陈云回到北京，仍住在北京北长街 71 号——他从 1949 年 5 月入北平之后，一直住在那里。

陈云回到北京，此时全国正在“批判林陈反党集团”，即批判林彪和陈伯达。林、陈虽已倒台，但是江青集团却日益猖狂。显而易见，陈云这样的“老右倾”，不可能跟江青这样的“左”派有共同的语言。

陈云回到北京之后，写信给毛泽东：“请求中央根据我的身体情况，分配给我做些力所能及的工作。”毛泽东第二天阅后批示：“印发。请中央商定，我看都可以同意。”此后不久，已十年没有做具体工作的陈云，参加了以周恩来总理为组长的国务院业务组，并受周总理委托研究国际形势和发展对外贸易问题。

1972 年 7 月 31 日晚，陈云与李富春、陈再道等一批老干部一道，出现在国防部举办的庆祝八一建军节招待会上。这是陈云久违中国政坛之后的公开亮相。

1973年5月1日，陈云在北京中山公园参加庆祝五一劳动节游园活动，这是他回北京后参加的第一次公开活动。前排右起：朱德、李富春、陈云、徐向前、聂荣臻、傅作义

1973年五一国际劳动节，穿了一身灰色中山装的陈云，出现在北京中山公园。跟陈云并排坐在一起的是朱德、李富春、徐向前、聂荣臻、傅作义，他们和群众一起观看文艺节目。这算是陈云又一次公开露面。

1973年5月5日，陈云听取了外贸部周化民的汇报，提出要研究资本主义。[1]

1973年6月7日，陈云接见当时的中国人民银行行长陈希愈和副行长乔培新，作了一次谈话。

那天，陈云一开头就说：

“我是一天打鱼一天晒网。今天是晒网时间，只谈半小时好不好？”

这跟他在江西时“两天打鱼，三天晒网”相比，“打鱼”的时间算是多了一点。不过，仍是时“打”时“晒”罢了。

他向两位行长提出十个关于国际金融和货币的问题，请他们在一星期或十天内收集些资料，以供研究。

陈云说：

“我们对资本主义要很好地研究。”

陈云还说：

> 要研究包括像尼克松国情咨文那样的东西。过去没有参考资料，只有参考消息，但过去这方面的材料我是都要看的，重要地方还划圈圈。像康纳利、舒尔茨、德斯坦的讲话材料都要看，都要研究。列宁讲过：到共产主义时代，会用金子修一些公共厕所。我看，现在离那个时代还很远。不研究资本主义，我们就要吃亏。不研究资本主义，就不要想在世界市场中占有我们应占的地位。[2]

此后，1973年10月10日，陈云为对外贸易部起草了向国务院的请示报告《进口工作中利用商品交易所的问题》。

1973年10月12日，陈云听取对外贸易部的汇报，作了《利用国内丰富

---

[1] 孙业礼：《“文革”中陈云协助周恩来抓外贸的一些情况》，《党的文献》1995年第3期。

[2]《陈云文选》第三卷，人民出版社1995年版，第218页。

1973 年 10 月，陈云（左四）视察广州秋季中国出口商品交易会

劳动力生产成品出口》的谈话。

1973 年 12 月 4 日，陈云听取中国工艺品进出口总公司的汇报，作了《工艺品出口问题》的谈话。

1974 年 8 月 14 日，陈云听取对外贸易部的汇报，作了《对港澳贸易问题》的谈话。

这些谈话是陈云那时“打鱼”的记录。不过，他的大部分时间，毕竟在那里“晒网”。

1975 年 1 月 13 日至 17 日，第四届全国人民代表大会第一次会议在北京举行。会议选举朱德为人大常委会委员长。会议还选举产生了 22 位副委员长，其中包括陈云。这 22 位副委员长，依次为：

董必武、宋庆龄、康生、刘伯承、吴德、韦国清、赛福鼎、郭沫若、徐向前、聂荣臻、陈云、谭震林、李井泉、张鼎丞、蔡畅、乌兰夫、阿沛·阿旺晋美、周建人、许德珩、胡厥文、李素文、姚连蔚。

陈云自 1949 年 10 月起，便担任历届的国务院（最初称政务院）副总理，但这次任命的国务院副总理名单上，没有陈云。

1975 年 8 月，陈云在哈尔滨松花江畔

此外，在“文革”期间举行的中共九大、十大，陈云均当选为中共中央委员。

1976 年 1 月 8 日，周恩来病逝，7 月 6 日，朱德去世，而毛泽东又病重。在这多灾多难的时刻，7 月 28 日凌晨 3 时 42 分，唐山发生强烈地震，北京和天津都有强烈震感。

陈云所住的北长街寓所，原是一座旧房子，陈云住了近三十年，又从未大修过。这一回，墙壁被地震震出了裂缝。为了陈云的安全，有关部门提出翻修这座房子。陈云听了，直摇头。

陈云说，我的房子比四周老百姓的房子好得多，为什么要翻修？把这么好的房子拆了重建，老百姓会骂死你的！

结果，陈云只同意在房子里搞点钢支架，加固一下。

不久，中国发生“政治大地震”——毛泽东于 1976 年 9 月 9 日逝世……

第十二章

走出沉默

◎ **中共中央在1978年11月10日至12月15日，召开了历时三十六天的工作会议。**

◎ **就是在这次会议上，沉默已久的陈云，作了两次重要发言，引起极大的震动。**

秘密会见叶剑英商议粉碎“四人帮”

在毛泽东逝世后不到一个月——1976年10月6日——中国爆发了举世震惊的事件：粉碎“四人帮”。

粉碎“四人帮”，主要的发动者是华国锋、叶剑英和汪东兴。他们的行动，得到了中共许多资深老干部的支持，其中包括邓小平、陈云、李先念、邓颖超、王震等。

粉碎“四人帮”之后的陈云

陈云在1992年7月21日所写的《悼念李先念同志》一文中，曾这么写道：

在粉碎“四人帮”这场关系我们党和国家命运的斗争中，先念同志同叶帅一样起了重要作用。由于叶帅和先念同志在老干部中间很有威望，小平同志暗示他们找老干部谈话。

我到叶帅那里，见到邓大姐谈完话出来。叶帅首先给我看了毛主席的一次谈话记录，其中有讲到党内有帮派的字样，然后问我怎么办。我说这场斗争不可避免。在叶帅和先念同志推动下，当时的中央下了决心，一举粉碎了“四人帮”，使我们的国家进入了新的历史发展时期。[1]

除了陈云自己的这一段回忆之外，关于陈云如何支持1976年的粉碎“四人帮”，几乎鲜为人知。

王震曾充当了叶剑英的“联络参谋”，秘密地联络了陈云等老干部。

笔者见到范硕在《王震眼中的叶剑英》一文中，曾这么写及：

王震是位纪律性很强的老将军，凡是叶帅交代办的事，他都一一照办，而且办得很认真，很妥帖。根据叶帅的交代，他多次到陈云和其他同志那里走动、通报。他把办过的事和了解的情况，随时反馈。叶剑英十分满意这位“联络参谋”。[2]

王震是怎样联络邓小平和陈云的呢？在这篇文章中，范硕写及王震的回忆：

王老回忆说：

叶帅在酝酿对付“四人帮”的办法时，急需征求老一辈革命家陈云的意见。他又一次叫我来。

我刚坐下，叶帅就问起我上次去陈云那里交谈的情形，我一一汇报，告诉他，陈云和他想的一样，党内要搞合法斗争。然后，他和我商量如何进一步请教陈云。

我登门拜访，单刀直入地提出问题：

“既然不能把那几个人弄起来，是否召开政治局会议来解决？”

“更不可以！那样会打草惊蛇！”

“那怎么办呢？”

陈云想了想说：“让我再思考一下，等思考好了，再告诉你！”

---

[1]《人民日报》1992年7月23日。

[2] 范硕：《王震眼中的叶剑英》，《法制与新闻》总第11期（1994年）。

我提议他到叶帅那里去串串门，他同意了。

后来，陈云想好了，直接到叶帅那里去串门子，与叶帅交谈，说出自己的意见。

我这个“联络员”总算完成了自己的任务。[1]

为了征求对于粉碎“四人帮”方案的意见，叶剑英曾先后五次派王震到陈云家中。

陈云以为，当时可供选择的只有两种办法，一是召开中共十届三中全会，用合法手段把“四人帮”搞下去；另一个是采取特殊手段把“四人帮”抓起来。

陈云在家里反复研究十届中央委员会名单，算来算去，觉得通过召开中共十届三中全会打倒“四人帮”没有完全的把握。叶剑英主张武力解决。当陈云得知叶帅的坚定态度后，明确表示：这场斗争不可避免。

陈云除了对武力解决“四人帮”表示坚决支持之外，总是称赞叶剑英是“智多星”，能够作出粉碎“四人帮”的可靠方案。[2]

陈云之子陈元也曾这么回忆：

我父亲多年从事地下工作，他是一个很仔细的人。他出门的时候，把保险柜的钥匙，还有一些重要的文件交给了我。还有他万一回不来，一些需要说的事情，他也都向我交代了。

他到叶帅那里去，正好碰上邓颖超同志从那里出来。他非常高兴跟她打招呼。他说，老同志们多年不见，现在的情况，大家都很关心。

他跟叶帅谈话的内容，据他对我讲：叶帅给他看了毛主席关于“四人帮”的一些讲话的内容，然后叶帅跟他讨论了如何处置“四人帮”的问题，是采用党内斗争的方式，还是采用特别的非常手段的方式。

当时，我的父亲和叶帅深入地交换了意见。他明确地表示，对“四人帮”的斗争，是一场关系到党和国家命运的大事。

---

[1] 范硕：《王震眼中的叶剑英》，《法制与新闻》总第11期（1994年）。

[2] 张江明，曾建昭：《叶剑英在粉碎“四人帮”斗争中的决定性作用》，《炎黄世界》1997年第4期。

回家之后，他显得很兴奋。[1]

与陈云一起并列为中共“五大书记”中的刘少奇于1969年惨死，另三位毛泽东、周恩来、朱德则在1976年先后病逝。

这样，在粉碎“四人帮”之后，陈云成为“五大书记”中唯一健在者。

坚决支持邓小平复出

在粉碎“四人帮”之后，邓小平成了“争议中心”。

刚刚粉碎“四人帮”，在庆祝“英明领袖”华国锋主席“挽救了革命挽救了党”的时候，依然喊出“继续反击右倾翻案风”的口号。

所谓“继续反击右倾翻案风”，也就是要继续批判邓小平。

1976年10月26日，亦即在粉碎“四人帮”的第二十天，华国锋在听取中央宣传口的汇报时，就明确指出：

> 凡是毛主席讲过的、点过头的，都不要批评；
> “天安门事件”要避开不说；
> 要集中批“四人帮”，连带批邓；
> “四人帮”的路线是极右路线。

1956年中共八届一中全会产生的政治局六常委，即毛、刘、周、朱、陈、邓，除了陈云之外，邓小平虽经两回“打倒”，依然健在。

相对而言，陈云的处境比邓小平好，因为在批判“右倾翻案风”时，并未涉及陈云。

在粉碎“四人帮”之后，陈云仍是中共中央委员，仍是全国人大副委员长。在叶剑英、李先念等的支持下，陈云重新参加了领导工作。

邓小平能否出来重新参加领导工作呢？围绕这个问题，中共高层展开了一

---

[1] 1998年8月6日晚中央电视台播出文献纪录片《共和国元帅——叶剑英》第6集。

场尖锐的斗争。

就在粉碎“四人帮”的第四天——1976 年 10 月 10 日——邓小平便给华国锋写了一封信，信中说：

> 最近这场反对野心家、阴谋家篡党夺权的斗争，是在伟大领袖逝世后这样一个关键时刻紧接着发生的。以国锋为首的党中央，战胜了这批坏蛋，取得了伟大的胜利。这是社会主义道路战胜资本主义道路的胜利，这是巩固无产阶级专政、防止资本主义复辟的胜利，这是毛泽东思想和毛主席革命路线的胜利。我同全国人民一样，对这个伟大的胜利感到万分的喜悦，情不自禁地高呼万岁，万万岁！我用这封信表达我的内心的真诚的感情。

为了分析、总结粉碎“四人帮”五个多月来的工作和政治形势并部署 1977 年的工作，中共中央于 1977 年 3 月 10 日至 22 日在北京举行工作会议。这是粉碎“四人帮”后一次重要的中共中央会议。

陈云是中共中央委员，理所当然有资格出席这一会议。邓小平那时由于被撤销一切职务，所以没有资格出席会议。

邓小平、陈云在一起

这次会议充满激烈的斗争。斗争的焦点之一，便是能否让邓小平重新参加领导工作。

华国锋在会上说：

“要高高举起和坚决维护毛主席的伟大旗帜，中央对于解决邓小平的问题和平反‘天安门事件’问题，是坚决地站在维护毛主席的伟大旗帜这个根本立足点上的，如果不这样做，就会发生有损我们旗帜的问题。‘文化大革命’是七分成绩三分错误，如不这样看，就会有损我们的旗帜。”

华国锋所说的“天安门事件”，是指1976年清明节，首都百万群众为了纪念周恩来、反对“四人帮”而在天安门广场遭到镇压的事件。邓小平被“四人帮”诬指为“天安门事件”的后台。为此，1976年4月7日，中共中央政治局根据毛泽东的建议，通过《关于华国锋同志任中共中央第一副主席、国务院总理的决议》和《关于撤销邓小平党内外一切职务的决议》。

华国锋在会上说：

“现已查获，有那么一小撮反革命分子，他们的反革命策略是，先打着让邓小平同志出来工作的旗号，迫使中央表态，然后攻击我们违背毛主席的遗志，从而煽动推翻党中央，‘保王洪文上台’，为‘四人帮’翻案。”

华国锋又强调说：

“凡是毛主席作出的决议，都必须维护；凡是损害毛主席形象的言行，都必须制止。”

华国锋的话，实质还是“两个凡是”：

“凡是毛主席作出的决策，我们都坚决维护；凡是毛主席的指示，我们都必须始终不渝地遵循。”

汪东兴说：

“现在，有人提出批邓、反击右倾翻案风搞错了，要把邓小平请出来，还要让他当总理，说他如何如何能干。邓小平这个人我是熟悉的，讲能力他是有一点，但错误更多。七五年，毛主席是想让他当总理，可试了试，不行，他那两把刷子比我们华主席差远了。所以，最后毛主席才选定华国锋同志做接班人……”

1977年3月17日，陈云在中央工作会议上作了书面发言，态度鲜明地支持邓小平。

陈云指出：

粉碎“四人帮”反革命集团，这是我们党的一个伟大胜利，对中国革命具有伟大的历史意义。

我对“天安门事件”的看法：（一）当时绝大多数群众是为了悼念周总理。（二）尤其关心周恩来同志逝世后党的接班人是谁。（三）至于混在群众中的坏人是极少数。（四）需要查一查“四人帮”是否插手，是否有诡计。

因为“天安门事件”是群众关心的事，而且当时在全国也有类似事件。

邓小平同志与“天安门事件”是无关的。为了中国革命和中国共产党的需要，听说中央有些同志提出让邓小平同志重新参加党中央的领导工作，是完全正确、完全必要的，我完全拥护。[1]

王震也在小组会上指出：

“邓小平政治思想强，人才难得，这是毛主席讲的，周总理传达的。1975年，他主持中共中央和国务院工作，取得了巨大成绩。他是同‘四人帮’作斗争的先锋。‘四人帮’千方百计地、卑鄙地陷害他。‘天安门事件’是广大人民群众反对‘四人帮’的强大抗议运动，是我们民族的骄傲。谁不承认‘天安门事件’的本质和主流，实际上就是替‘四人帮’辩护。”

陈云、王震的意见，在会上得到许多人的支持。

虽说在中共中央会议上，陈云、王震的意见未获通过，但是关于邓小平复出的问题，仍是当时中共内部斗争的一大焦点。

当时担任中共中央副主席的叶剑英，也支持邓小平复出。叶剑英多次找华国锋谈话，提出请邓小平出来参加中共中央领导工作。

叶剑英对华国锋说：

“小平同志是我们党内难得的人才。现在，党内、军内绝大多数同志，全国的人民群众都要求让小平同志出来工作，我们应该顺应民心，顺应潮流。”

李先念也支持邓小平。

[1]《陈云文选》第三卷，人民出版社1995年版，第230页。

这时，华国锋一方面表示：“要在适当的时机让邓小平出来工作”，“群众在清明节到天安门去表示自己对周总理的悼念是合乎情理的”。但是另一方面，他派人找邓小平谈话，又明确提出要邓小平出来之前写个文件，写明“‘天安门事件’是反革命事件”。邓小平拒绝了这一无理要求。邓小平说：“我出不出来没有关系，但‘天安门事件’是革命行动。”

邓小平于 4 月 10 日给华国锋主席、叶剑英副主席及中共中央写信，指出：

“我们必须世世代代地用准确的完整的毛泽东思想来指导我们全党、全军和全国人民，把党和社会主义事业，把国际共产主义运动的事业，胜利地推向前进。”

华国锋于 5 月 3 日同意以中共中央名义转发了邓小平的信，肯定了邓小平的意见。

不久，叶剑英八十诞辰，邀邓小平、王震等在他的住地相聚。

叶剑英生于清光绪二十三年三月二十七，即公历 1897 年 4 月 28 日。照理，叶剑英的八十大寿应在 1977 年 4 月 28 日，但是他却习惯于在当年的阴历三月二十七过生日，亦即 1977 年 5 月 14 日。

邓小平在见面时称叶剑英为“老帅”，叶剑英则说：“你也是老帅嘛，你是我们老帅中的领班。”

1977 年 5 月 24 日，邓小平在与王震、邓力群谈话时，批判了华国锋主张的“两个凡是”：

> 前些日子，中央办公厅两位负责同志（笔者注：指汪东兴、李鑫，当时任中共中央办公厅正、副主任。李鑫曾长期担任康生的秘书）来看我，我对他们讲，“两个凡是”不行。按照“两个凡是”，就说不通为我平反的问题，也说不通肯定一九七六年广大群众在天安门广场的活动“合乎情理”的问题。把毛泽东同志在这个问题上讲的移到另外的问题上，在这个地点讲的移到另外的地点，在这个时间讲的移到另外的时间，在这个条件下讲的移到另外的条件下，这样做，不行嘛！毛泽东同志自己多次说过，他有些话讲错了。他说，一个人只要做工作，没有不犯错误的。又说，马恩列斯都犯过错误，如果不犯错误，为什么他们的手稿常常改

了又改呢？改了又改就是因为原来有些观点不完全正确，不那么完备、准确嘛。毛泽东同志说，他自己也犯过错误。一个人讲的每句话都对，一个人绝对正确，没有这回事情。他说：一个人能够“三七开”就很好了，我死了，如果后人能够给我以“三七开”的估计，我就很高兴、很满意了。这是个重要的理论问题，是个是否坚持历史唯物主义的问题。彻底的唯物主义者，应该像毛泽东同志说的那样对待这个问题。马克思、恩格斯没有说过“凡是”，列宁、斯大林没有说过“凡是”，毛泽东同志自己也没有说过“凡是”。[1]

在当时，对中国政局最具影响力的是华国锋和叶剑英。另外，当时李先念作为中共中央政治局委员也有相当影响。由于叶剑英以及陈云、李先念、王震等一大批老干部支持邓小平，在1977年7月16日至21日召开的中共十届三中全会上，终于作出决定，恢复邓小平的中共中央政治局委员、常委、中共中央副主席、中央军委副主席、国务院副总理、中国人民解放军总参谋长等职务。

1978年3月，第五届全国人民代表大会召开，陈云继续当选为人大常委

陈云同邓小平交谈

[1]《邓小平文选》第二卷，人民出版社1994年版，第38—39页。

会副委员长。

扔出五颗“重磅炸弹”

中国政治舞台上的斗争，依然尖锐。

已经很久没有公开发表文章的陈云，在 1977 年 9 月 28 日《人民日报》上发表了《坚持实事求是的革命作风》，强调了实事求是，对两个“凡是”进行批判。

为了深入批判两个“凡是”，一场关于真理标准的大讨论打响了。

1978 年 3 月 26 日，《人民日报》发表署名“张成”的文章《标准只有一个》。

紧接着，1978 年 5 月 11 日《光明日报》推出以“特约评论员”名义发表的长篇文章《实践是检验真理的唯一标准》。此文是经胡耀邦审定的，一经发表，迅即在全国引起强烈的反响。

尽管中共中央宣传口，对于真理标准的讨论“不表态”“不卷入”，但是这场大讨论，还是在全国轰轰烈烈地开展起来了。

这时，陈云仍住在北京北长街的老房子里。

1978 年 7 月 1 日，阔别多年的陈云的老秘书刘家栋去看望陈云，曾目睹了这样的场面：

> 1977 年（笔者注：应为 1976 年）闹地震时盖的防震棚还没有完全拆除，上面已经空了，但钢架还在屋内立着。架子下面有一对破旧的小沙发，沙发的白布罩已经变成暗灰色，上面尽是破洞，看上去已经用了一二十年了。一个不小的办公桌，桌面上只有一部旧的电话机、一个台历，一份文件也没有。从这些摆设中，可以看得出来，他虽然“解放”了，但还没有安排工作，没有事干，还在“待命”。[1]

[1] 刘家栋：《陈云在延安》，中央文献出版社 1995 年版，第 215 页。

“待命”中的陈云，在几个月后终于发出了震惊中国的声音。

那是中共中央在1978年11月10日至12月15日，召开了历时三十六天的工作会议。

就是在这次会议上，沉默已久的陈云，作了两次重要发言，引起极大的震动。

陈云一发言，便引起全会的广泛注意。人们惊讶地发现，陈云的话是那样的尖锐而有分量，见解是那样深刻。

1978年11月12日，陈云在东北组作了第一次发言。陈云说：

> 华主席说，对于那些在揭批“四人帮”运动中遗留的问题，应由有关机关进行细致的工作，妥善解决。我认为这是很对的。但是，对有些遗留的问题，影响大或者涉及面很广的问题，是需要由中央考虑和作出决定的。对此，中央应该给以考虑和决定。[1]

陈云首先指出，“文革”中震动全国的“六十一人叛徒集团”一案应予平反。陈云此言，一下子引起全会关注。

陈云说：

> 薄一波同志等六十一人所谓叛徒集团一案。他们出反省院是党组织和

中共中央工作会议会场

[1]《陈云文选》第三卷，人民出版社1995年版，第232页。

中央决定的，不是叛徒。

一九三七年七月七日中央组织部关于所谓自首分子的决定这个文件，是我在延安任中央组织部部长（一九三七年十一月）以前作出的，与处理薄一波同志等问题的精神是一致的。我当时还不知道有这个文件，后来根据审查干部中遇到的问题，在一九四一年也写过一个关于从反省院出来履行过出狱手续，但继续干革命的那些同志，经过审查可给以恢复党籍的决定。这个决定与“七七决定”精神是一致的。这个决定也是中央批准的。我认为，中央应该承认“七七决定”和一九四一年的决定是党的决定。对于那些在“文化大革命”中被错误定为叛徒的同志应给以审查，如果并未发现有新的真凭实据的叛党行为，应该恢复他们的党籍……

对他们做出实事求是的经得起历史检验的结论，这对党内党外都有极大的影响。不解决这些同志的问题，是很不得人心的。这些同志大体都已是六七十岁的人了，现在应该解决他们的问题。[1]

陈云提出要把“文革”大案“六十一人叛徒集团”案翻过来，是因为他在延安担任中共中央组织部部长七年，深知这一案件内情。

1937年7月7日，在陈云担任中共中央组织部部长前夕，中共中央组织部曾作出《关于所谓自首分子的决定》，其中第三条规定：

凡在狱中表示坚定坐满刑期，送到反省院的同志，照例要办自首手续，或填一般反共自愿书，才能出狱。如他们是曾经组织允许填写这类文件后出狱的，得恢复其组织。如具有上述情形，但未经组织允许者，经过工作中考察后，亦得恢复其组织。

另外，在陈云担任中共中央组织部部长期间，1941年7月22日，中共中央通过了《关于过去履行出狱手续者（填写悔过书声明脱党反共）暂行处理办法》，其中第二条规定：

[1]《陈云文选》第三卷，人民出版社1995年版，第232—233页。

> 共产党员在被捕后，毫无叛党行为，仅仅在刑期满后或交保释放时由自己或家属填写过“悔过”“自新”一类文件作为出狱手续，而在出狱后仍然坚决革命，并未改变其革命本质，并未对革命发生动摇者，虽在当时中央并无允许履行这类手续之决定，应视为实质上并未叛变。因此出狱后经地委以上审查和认可之后，已恢复党籍者仍然不变，未恢复或恢复后又被开除者，则在本人要求恢复时可恢复其党籍。但在党表上应登记此种出狱情况，以区别于过去拒绝履行出狱手续坚持无条件出狱者。

1945年召开中共七大时，陈云负责审查七大代表资格工作，曾有人提出这六十一人能不能当选代表的问题。陈云对此作了深入了解，知道这是在抗战前夕，刘少奇给中共中央写信，提出这六十一人可以做个假手续，把他们从国民党监狱中营救出来。

刘少奇给毛泽东、中共中央的信，是经原中共中央北方局和河北省委秘书长王林从天津带到延安，交给了张闻天，再由张闻天交给毛泽东的。此后，刘少奇来到延安时，又当面向毛泽东作了汇报。中共中央经过研究，同意了刘少奇的意见……正因为这样，陈云在当时就指出，这六十一人可以入选中共七大代表。

由于陈云对“六十一人叛徒集团”案有着亲自的调查，所以他非常坚决地提出为他们所谓的“叛徒”问题进行平反。

接着，陈云又对“文革”中的大案——陶铸以及王鹤寿案件——提出尖锐的意见：

> 陶铸同志、王鹤寿同志等是在南京陆军监狱坚持不进反省院，直到七七抗战后由我们党向国民党要出来的一批党员。他们七七抗战后还坚持在狱中进行绝食斗争。这些同志，现在或者被定为叛徒，或者虽恢复了组织生活，但仍留着一个尾巴，例如说有严重的政治错误。这些同志有许多是省级、部长级的干部。陶铸一案的材料都在中央专案组一办。中央专案组是“文化大革命”时期成立的，他们做了许多调查工作，但处理中也有

缺点错误。我认为，专案组所管的属于党内部分的问题应当移交给中央组织部，由中央组织部复查，做出实事求是的结论，这些结论都应该放到当时的历史情况去考察。像现在这样既有中央组织部又有专案组，这种不正常的状态应该结束。

陈云又为另一大案——彭德怀冤案——提出平反：

彭德怀是担负过党和军队重要工作的共产党员，对党贡献很大，现在已经死了。过去说他犯过错误，但我没有听说过把他开除出党。既然没有开除出党，他的骨灰应该放到八宝山革命公墓。

陈云提及了最敏感的话题——“天安门事件”——认为应该予以平反：

关于“天安门事件”。现在北京市又有人提出来了，而且又出了话剧《于无声处》，广播电台也广播了天安门的革命诗词。这是北京几百万人悼念周总理，反对“四人帮”，不同意批邓小平同志的一次伟大的群众运动，而且在全国许多大城市也有同样的运动。中央应该肯定这次运动。

陈云最后还提出一个非常重要的问题，那就是康生必须批判。须知，康生在1975年2月16日病死时，当时的讣告中，给他戴上三顶“光辉的桂冠”，即“无产阶级革命家”“马克思主义理论家”“光荣的反修战士”。陈云却指出康生犯了严重错误：

1978年12月24日，陈云出席彭德怀、陶铸追悼大会，并为陶铸致悼词

"文化大革命"初期，康生同志是"中央文革"的两个顾问之一。康生同志那时随便点名，对在中央各部和全国各地形成党政机关的瘫痪状态是负有重大责任的。康生同志的错误是很严重的，中央应该在适当的会议上对康生同志的错误给以应有的批评。

陈云最后用这么一句话，结束发言：

华主席讲话中要我们畅所欲言，我提出以上六点，请同志们批评指正。

陈云的发言，人称"爆炸性的发言"。他的话虽说不多，却扔出了五颗重磅炸弹。

他当过中共中央副主席，又当过7年中共中央组织部部长，他的发言具有权威性。

不言而喻，陈云是经过深思熟虑，才扔出那五颗重磅炸弹的，每一颗都精确地命中了目标。

"十年不鸣，一鸣惊人"

陈云的发言，可谓"十年不鸣，一鸣惊人"。其实，倘若从1962年算起，他已经保持沉默十四年了——除了1977年3月他为了支持邓小平复出作了一次书面发言。

陈云的发言最终在大会简报上登出，使全体出席者都知道他在东北小组会上扔出的五颗重磅炸弹。

翌日——1978年11月13日——各组都对陈云的讲话作出了强烈反响。

东北组如此说：

搞社会主义现代化需要有一个安定团结的政治局面，陈云12日在会议上提出的几件事都是有关安定团结的问题，也是落实政策的问题，有必要加以解决。萧克在发言中还要求为“二月逆流”的冤案平反。

中南组这样说：

陈云所提到的这些问题是当前干部讨论较多、关系全局的问题，在宣布工作重点转移的时候，中央最好能给以解决。这对调动广大干部群众的积极性，加强团结，是有好处的。

西南组指出：

陈云提出的几个问题影响较大，希望中央明确一下。这样有利于实现四个现代化和调动积极因素。

西北组则说：

这些重大的政治问题中央不正式表态，干部群众有抵触情绪。最好能在党的工作重点转移到现代化建设上来之前，把这些问题讲清楚。

邓小平（中）、陈云（右）、李先念在一起

胡耀邦在西北组发言说：

> 我赞成把“文革”中遗留的一些大是大非问题搞清楚。这些大是大非问题的解决，关系到安定团结，关系到实事求是作风，关系到拥护毛主席的旗帜。

对于陈云发言的反应，接连不断。11月16日，万里在华东组说：“陈云提出的六个问题要解决，不然人们心里不舒服。”

11月17日，杨得志、李成芳在中南组指出：“联系‘天安门事件’，我们认为武汉‘七二〇事件’也到彻底平反的时候了。”

陈丕显提出：“上海的‘一月风暴’问题也应该弄清楚。”

11月27日，聂荣臻在华北组发言说：

“关于案件问题，陈云在这次会上首先提出来，我很同意。这类问题涉及面相当大，各省都有一些，如武汉的‘百万雄师’、四川的‘产业军’，等等。”

陈云接着插话：

“这些问题不解决，党内党外很不得人心。”

王首道发言说：

“只有把遗留的问题解决好，才能真正达到全党、全军、全国各族人民的团结，把党的工作重点转移到实现社会主义现代化建设上来。”

康克清在华北组的书面发言中说：

“我完全同意陈云11月12日提出的六点意见。我建议，凡是林彪、‘四人帮’强加于人的一切诬蔑不实之词，都应予以推倒。”

鉴于陈云的发言反响强烈，得到众多的与会者的支持，11月25日，华国锋代表中共中央政治局在会上表态：

> 一、为“天安门事件”平反。中央认为，“天安门事件”完全是革命群众运动，应该为“天安门事件”公开彻底平反。十一月十四日中央政治局常委又批准中共北京市委宣布了这一决定，对因悼念周总理，反对“四人帮”而遭受迫害的同志一律要平反，恢复名誉。同时，江苏、浙江、河南等省委对同类事件也做了类似处理。

二、为薄一波等六十一人所谓“叛徒集团案”平反。

三、撤销过去关于“批邓、反击右倾翻案风”的文件。

四、为所谓“二月逆流”一案平反。

五、纠正过去对彭德怀、陶铸、杨尚昆等同志所作的错误结论。

六、撤销中央专案组，全部案件移交中央组织部，今后不再采取成立专案组审查干部的办法。

七、关于康生、谢富治问题。有关揭发他们的材料，一律由各省、市、自治区根据情况实事求是地予以处理。

华国锋的表态，表明全部接受了陈云提出的意见。其中，尤其是为“天安门事件”平反，引起了极大的震动。

另外，在1978年12月10日，陈云在东北小组，还就经济工作作了一次发言。

陈云强调：

实现四个现代化是我国史无前例的一次伟大进军，必须既积极又稳重。我们要坚持实事求是，就是要根据现状，找出解决问题的办法。首先要弄清事实，这是关键问题。

经济工作要从国情出发，克服急于求成的“左”的思想影响。要重视八亿农民这个大头，把农业搞上去。要处理好经济发展的重大比例关系，注意发挥中央和地方的两个积极性。

陈云在中共中央工作会议上的重要讲话，使人们认识到，陈云虽然年已古稀，但是目光锐利、思维敏捷。这样，陈云在中国共产党党内大得人心，威信迅速提高。

重新出任中共中央副主席

1978年11月10日至12月15日召开的中共中央工作会议，实际上是中共十一届三中全会的预备会议。

就在中共中央工作会议结束后的第三天——1978年12月18日——中共十一届三中全会在北京举行。由于已经有了长达三十六天的中共中央工作会议，所以中共十一届三中全会只开了五天，至12月22日便结束了。

中共十一届三中全会曾被誉为“新时期的遵义会议”。确实，这次会议产生了深远的影响。

如果说遵义会议确立了毛泽东在中共的领袖地位，从此开始了毛泽东时代，那么中共十一届三中全会则是确立了邓小平在中共的领袖地位，从此开始了邓小平时代——虽说在中共十一届三中全会之后，华国锋在名义上仍是中共中央主席，如同遵义会议之后博古名义上仍是中共中央总负责人一样。

陈云在中共十一届三中全会上重新当选中共中央副主席、政治局委员、常委，并出任中共中央纪律检查委员会第一书记。陈云从一个普通的中共中央委员，一下子增加了四项任命——尽管他本来就担任过中共中央副主席、中共中央政治局委员、常委。

此外，中共十一届三中全会还决定，增选邓颖超、胡耀邦、王震为中共中央政治局委员。

选举邓颖超为中共中央纪律检查委员会第二书记，胡耀邦为第三书记，黄

陈云（中）与邓小平（右）、王震在十一届三中全会主席台上

克诚为常务书记，王鹤寿等为副书记。

会议还决定：胡耀邦任中共中央秘书长，胡乔木任中共中央副秘书长兼毛泽东著作编辑委员会办公室主任，姚依林任中共中央副秘书长兼中共中央办公厅主任、党委书记，宋任穷任中共中央组织部部长。

另外，会议还决定：汪东兴不再兼任中共中央办公厅主任、党委书记，中央警卫局局长，8341 部队政委，毛泽东著作编辑委员会办公室主任、党委书记，中共中央党校第一副校长，中央专案组组长等职。

陈云从“待命”到重新出任中共中央副主席，工作量猛增，身边的工作人员也增多，北长街的旧屋显得不够用了。经过有关部门力劝，陈云这才终于同意迁入中南海居住。

陈云搬迁的时候，明确指示：中南海的房子就按原样住，不要再花钱重新装修。直到他去世，陈云在中南海的房子旧貌如昔。

就在陈云重新在中国政治舞台上起着重要作用的时刻，1979 年，他得了结肠癌。所幸发现早，手术做得又很成功，所以他很快就恢复了工作能力。

进入 20 世纪 80 年代，“老病号”陈云的体质好转。

据于若木告诉笔者，本来陈云是很怕冷的，这时，冬天穿得少了。往年，屋里开着暖气，室温在 26 摄氏度左右，陈云还要穿厚厚的毛线背心，外面再穿呢中山装。这时，他却只穿一件薄薄的“开斯米”内衣，再套一件外衫就行了。室温也降到 23 摄氏度左右。

来了老朋友，有时他很得意地撩起外衣说：“你看，我里面只穿这么薄的衣服，也不冷。”

这种“开斯米”内衣，是用单股本色“开斯米”毛线织成的，薄而保暖，陈云很喜欢。穿得少了，行动也变得灵活。

第十三章
德高望重

◎ 陈云重新主管中国经济，他也踱起方步来，成为专门考虑“战略性问题”的人。

◎ 陈云依据过去的教训，再三告诫人们，在经济建设上务必防“左”，务必吸取“左”的教训。

出任中央纪委第一书记

中共十一届三中全会把陈云选为中共中央纪律检查委员会第一书记，这可能出于以下的考虑：

一是陈云担任过七年中共中央组织部部长，熟悉中共干部情况；

二是陈云 1978 年 11 月 12 日在中共中央工作会议上的“爆炸性”发言，一口气提到的五桩案件，即薄一波等“六十一人叛徒集团”冤案、陶铸冤案、彭德怀冤案、平反“天安门事件”、批判康生，全都属于中共中央纪律检查委员会的工作范围；

陈云同中纪委常委王鹤寿（左四）等在一起

三是陈云本人作风正派，生活俭朴，向来遵守党的组织纪律。

陈云走马上任中共中央纪律检查委员会第一书记，便于 1979 年 1 月 4 日在中共中央纪律检查委员会第一次会议上，开宗明义，这样说道：

党的中央纪律检查委员会的基本任务，就

是要维护党规党法，整顿党风。我们这次会议就是要为实现这个基本任务做必要的准备工作。[1]

陈云在讲话中列举了党内生活在过去极不正常的情况：

十多年来，林彪、“四人帮”的破坏是很大的。那时候开会就是翻语录本，“万寿无疆”还要喊三次，什么早请示晚汇报，打电话先要念语录。这些东西都是周恩来同志制止住的。没有周恩来同志，“文化大革命”的后果不堪设想。他保了很多同志下来，我们这些人都是他保的嘛！由于林彪、“四人帮”的破坏，正像叶剑英同志在一九七七年中央工作会议上讲的，我们党出现了很不正常的情况。到了一九七五年冬，来了个联络员，一个娃娃，毛主席的意见由他传达，政治局开会由他向毛主席汇报。叶剑英同志对我讲过，那时像他那样的党中央副主席也见不到毛主席。去年十二月十日我曾问过华国锋同志，你那时能不能见到毛主席？他说，见不到，只能在接见外宾时讲几句话。连中央副主席都见不到毛主席，这是党内极不正常的状态。[2]

陈云出任中共中央纪律检查委员会第一书记之后，抓了两件大事：

一是平反假案，纠正错案，昭雪冤案；

二是严肃党风党纪。

那时，正值“文革”刚刚结束，大批冤假错案亟待平反。1979 年 1 月，中共中央纪律检查

1980 年 5 月 17 日，陈云在刘少奇追悼大会上向王光美表示慰问

[1]《陈云文选》第三卷，人民出版社 1995 年版，第 240 页。

[2]《陈云文选》第三卷，人民出版社 1995 年版，第 242—243 页。

委员会第一次全会通告就明明白白指出：

> 冤案、假案、错案一经发现，就要坚决纠正。一切不实之词，一切不正确的结论，一切错误的处理，不论是什么时候、什么情况下做出的，不论是哪一级组织、哪个领导人批准的，都要纠正过来。

以陈云为首的中共中央纪律检查委员会会同中共中央组织部，做了大量的平反工作。

在 1979 年 2 月，陈云就着手对“文革”中最大的冤案——刘少奇案件——进行复查。

陈云说：“刘少奇是人不是鬼，康生是鬼不是人！”陈云的这句话，曾经在中共高层广为流传。

一年之后——1980 年 2 月——召开的中共十一届五中全会，审议并通过了为刘少奇平反昭雪的决议。这样，使这“‘文革’第一冤案”终于得以平反。

陈云在 1978 年中共中央工作会议上所提到的薄一波等“六十一人叛徒集团”冤案、陶铸冤案、彭德怀冤案，中共中央也逐一予以平反。

此外，在中共中央纪律检查委员会的推动之下，中共中央还为彭真、陆定一、张闻天、谭震林、罗瑞卿、萧华、黄克诚、邓子恢、贺龙等平反，为“中宣部阎王殿”、“总政阎王殿”、“谭政反党宗派集团”、“杨（成武）、余（立金）、傅（崇碧）事件”、《科研十四条》、“广州会议”、“华北山头主义”、“习仲勋反党集团”、“红旗党”等一系列冤假错案平反。

“文革”中震撼全国的“天安门事件”，也得以平反。

陈云所提出的关于康生的问题，经过审查，中共中央于 1980 年 10 月 16 日决定：

由于康生以及谢富治政治品质恶劣，在“文革”中直接参与林彪、江青两个反革命集团的阴谋活动，犯下严重罪行，证据确凿，决定开除他们的党籍，撤销对他们的悼词，并把他们的反革命罪行向全党公布。

陈云为平反潘汉年冤案，做了极其认真、细致的工作。

陈云跟潘汉年曾经三度共同工作：

一是 1929 年，陈云与潘汉年在上海共同负责中央特科的工作；

二是1935年，陈云与潘汉年奉中共中央之命，从长征途中前往上海，然后去苏联莫斯科；

三是上海解放之初，陈云来上海解决“两白一黑”问题，当时潘汉年是上海市副市长，跟陈云有许多工作上的接触。

应当说，陈云对潘汉年有着相当的了解。然而潘汉年一案，不是在“文革”，而是在1955年经毛泽东同意定案的。按照华国锋的“两个凡是”，“凡是”毛泽东定的案子，是不允许翻案的。陈云却认为，即便是毛泽东所定的案子，如果是冤案，也一定要平反。

然而潘汉年的案情错综复杂，主要罪名是“内奸”。

第一，一九三六年在国共谈判中“投降国民党”。

第二，“投靠日本特务机关”。

第三，“掩护大批特务、反革命分子”。

第四，“供给敌人情报，导致二六轰炸”。

所谓“二六轰炸”，是指1950年2月6日美蒋飞机突然对上海杨树浦发电厂进行轰炸。杨树浦发电厂是当时上海电力主要供应源，这次轰炸对上海的工业生产和市民生活造成很大损失。

陈云的首要任务，是深入进行调查，弄清潘汉年究竟是中国共产党的高级情报干部，还是在为国民党或日本人搞情报。

陈云找长期担任地下党上海市委书记的刘晓了解情况，找到潘汉年的老战友夏衍和史永（沙文威）调查，还找到长期在上海做地下工作的刘人寿夫妇谈话，请当年从事地下工作的廖承志、胡立教证明。大量的人证、物证表明，凡是潘汉年主管的上海地下党的人和事，联络机关都没有遭到破坏，这有力地否定了潘汉年是“内奸”的指控。

其中，特别是廖承志，非常坚决地说：“我认为应当给潘汉年平反！……我记得，1946年我从南京返回延安后，曾问过康生关于潘汉年所说中央批准了要情报工作打入敌伪的方针。此事，我记忆得很清楚，康生是肯定了的。因此，我后来一贯怀疑这件公案。如果潘汉年是汉奸，他在太平洋战争爆发前后，完全可以将上海、香港的组织出卖干净。但是，直到全国解放，我们了解

1979 年 2 月，陈云在北京西城区北长街 71 号（现为 58 号）住所办公室

的，潘所知道的香港电台、组织，一概毫无损失。如果潘汉年所进行的‘打入敌伪取得情报’这个方针是毛主席、康生所批准的话，那么执行这个方针的潘汉年不能说是汉奸，应予平反。而且潘汉年一案有关人员已差不多全部平反了，可见潘汉年不会是汉奸。如果潘汉年是当了汉奸，哪有不出卖自己部下来染红帽顶子的汉奸？潘汉年据说见过汪精卫，这详情我不知道，我也不曾听潘给我讲过。据说是潘向毛主席报告了，而毛就把潘逮捕了。当时康生为何不讲一句话？在什么情况下见的？情况怎样？都应分析。大概是康生内里墨黑，惯于落井下石，听到毛主席勃然大怒，就顺带地把他弄了一下，汉年就倒霉透了。这事如有，也无非是一个错误，够不上戴上汉奸、叛徒的帽子，何况有一连串事实证明，上海、香港组织纹丝不动，哪来‘叛徒’罪名？”

就在仔细调查潘汉年案件时，陈云得了结肠癌。1979 年 10 月在手术之前，陈云为了预防不测，本着实事求是的精神，特地为潘汉年一案给胡耀邦写了信，说明了有关情况。陈云说，虽然这次手术是小刀，但人老了为防万一，希望有生之年能看到潘汉年问题的解决。他郑重提及，1936 年中共驻共产国际代表团派潘汉年回国去进行国共谈判，是由王明、康生和他三人决定的，现在王、康都已去世，只有他能为潘汉年作证明了。

1980 年 12 月 23 日上午，陈云指示办公室的秘书给公安部打电话，说他要调阅潘汉年案件的材料，请公安部当天下午就将潘案最后定案的全部材料送到他那里去。

1981 年 3 月 1 日，陈云亲笔致函邓小平、李先念、胡耀邦、赵紫阳：“我建议中央对潘汉年一案正式予以复查，如中央同意，可交中央纪律检查委员会办理。”

中共中央纪律检查委员会根据陈云的提议和邓小平、胡耀邦、李先念的赞同，复查了潘汉年案件。其中最为可贵的是，查到中共情报工作主要负责人之一李克农上将在1955年就潘汉年案件所写的意见：

1. 太平洋战争爆发前后，中央、中情部均有打入敌伪组织利用叛徒特务进行情报工作的批示（因之，潘与敌伪特务系统的接触，是根据中共中央的指示，不应成为罪行，而且潘的这些接触都向中央报告过）。

2. 潘利用某些人开展敌伪方面的情报工作是有正式报告的（这是指潘接触敌伪特务头子李士群事，不应当成为罪行）。

3. 太平洋战争爆发前，敌对上海租界控制不严，有空隙可以利用，潘的面目有所暴露，但仍有存在条件（潘在上海一直未被捕，成为潘与敌特有勾结的罪证。所以这点作了相反的解释）。

4. 在太平洋战争前，潘向中央报告过关于日特、伪军及日美谈判的情况。

中共中央纪律检查委员会经过周密的调查，否定了原定的潘汉年“内奸”的结论。

1982年8月23日，中共中央发出《关于为潘汉年同志平反昭雪、恢复名誉的通知》，终于为潘汉年平反。

陈云出任中共中央纪律检查委员会第一书记之后，所抓的另一件事情就是严肃党风。

1980年11月，陈云鲜明地提出：

“执政党的党风问题是有关党的生死存亡的问题。因此，党风问题必须抓紧搞，永远搞。”[1]

关于党风，陈云提出两个论点：

一是党的领导机关要坚持和贯彻党章所规定的民主集中制。陈云说：“不怕人家讲错话，就怕人家不说话。讲错话不要紧，要是开起会来，大家都不说话，那就天下不妙。”

---

[1]《陈云文选》第三卷，人民出版社1995年版，第273页。

二是“党性原则和党的纪律不存在‘松绑’的问题”。陈云指出：“对严重的经济犯罪分子，我主张要严办几个，判刑几个，以至杀几个罪大恶极的。要雷厉风行，抓住不放，并且登报，否则党风无法整顿。”

“我要有自知之明”

自中共十一届三中全会上陈云当选中共中央副主席之后，吁请陈云出任国务院财政经济委员会主任、主持全国财经工作的呼声甚高。

这不难理解，因为陈云曾长期主持中国的财经工作，一向务实，富有经验。

中共已决定把全党的工作重点转向经济，于是，财经领导工作愈发显得重要。“老马识途”，陈云可以说是众望所归。

在 1977 年 6 月 20 日，经中共中央批准，国务院曾成立了“财贸小组”，组长为姚依林，副组长为陈国栋、邓力群。这个小组的主要任务是：作为中共中央、国务院的助手，调查研究财贸工作的具体路线、方针和政策，提出改进意见；办理中共中央、国务院交办事项。它是国务院内部的办事机构，对下不行文。

20 世纪 70 年代的陈云

这个“财贸小组”很快就不适合于形势。因为这个小组只是起“助手”作用，而当时更需要的是起领导作用。于是，酝酿成立国务院财政经济委员会，而且主任之职非陈云莫属：

当年，陈云曾成功地收拾了内战所遗留下来的中国经济“烂摊子”；

如今，“文革”十年内乱几乎把中国经济推上了崩溃的边缘，这个“烂摊子”同样需要陈云来收拾。

1979年3月21日，陈云在中共中央政治局会议上发言，却表示他已不能再当国务院财经委员会主任。

陈云说自己要有“自知之明”：

> 要我当国务院财政经济委员会主任，是有问题的。
>
> 一是体力上完全不行。
>
> 二是经验还很有限。解放初期的经济规模比现在小多了。现在这么大的规模，这么复杂的情况，应付不了。
>
> 不要把我说得这么好，也有很多反面教训。一百五十六项中，三门峡工程是我经过手的，就不能说是成功的，是一次失败的教训。
>
> 我要有自知之明。
>
> 要我做工作，我只能做我认为最必要的工作，只能量力而行。[1]

陈云这位“调整大师”提出，中国经济要进行调整：“要有两三年调整时间，最好三年。”

那时候，在华国锋的影响下，又出现在经济上急于求成的情绪，又要求制定钢铁发展的高指标。

陈云又一次说要降低钢的年产量指标：

“二〇〇〇年钢的产量定多少合适？还有二十一年，我说达到八千万吨就不错了。我这个话大有‘机会主义’的味道。”

陈云还说：

“过去说，指标上去是马克思主义，指标下来是修正主义，这个说法不对……今年钢不提三千六百万吨，也不提三千四百万吨，提出三千二百万吨到三千三百万吨，我看今年可以按三千二百万吨钢编计划。”

陈云依然是“低调子”。

尽管陈云推辞担任财政经济委员会主任之职，但是那时中国经济刚从“四人帮”的桎梏之下解放出来，急需调整，在大家一致的要求下，陈云最终还是

---

[1]《陈云文选》第三卷，人民出版社1995年版，第254—255页。

答应了。

1979 年 3 月 14 日，陈云和李先念一起写信给中共中央。此信现收入《陈云文选》，表明是陈云起草的，只是开头一段名单，在收入《陈云文选》时删去了：

中央：

我们建议，在国务院下设立财政经济委员会，作为研究制订财经工作的方针政策和决定财经工作中的大事的决策机关。财政经济委员会由下列十二位同志组成：陈云、李先念、姚依林、余秋里、王震、谷牧、薄一波、王任重、陈国栋、康世恩、张劲夫、金明。以陈云为主任，李先念为副主任，姚依林为秘书长。

在这封信中，陈云和李先念谈了对于经济工作的几点纲领性的意见：

我们对目前和今后的财经工作，有以下几点意见：

（一）前进的步子要稳。不要再折腾，必须避免反复和出现大的"马鞍形"。

（二）从长期来看，国民经济能做到按比例发展就是最快的速度。

（三）现在的国民经济是没有综合平衡的。比例失调的情况是相当严重的。

（四）要有两三年的调整时期，才能把各方面的比例失调情况大体上调整过来。

（五）钢的指标必须可靠。钢的发展方向，不仅要重数量，而且更要重质量……

（六）借外债必须充分考虑还本付息的支付能力，考虑国内投资能力，做到基本上循序进行。[1]

这样，陈云又开始主管中国的经济工作。

以陈云为主任的国务院财经委员会只建立了一年。1980 年 3 月 17 日，中

[1]《陈云文选》第三卷，人民出版社 1995 年版，第 248—249 页。

共中央政治局常委会决定，撤销国务院财政经济委员会。

中共中央政治局常委会同时决定：成立中央财政经济领导小组，赵紫阳任组长，余秋里、方毅、万里、姚依林、谷牧为成员。

1979年7月1日，在五届人大第二次会议上，陈云重新被任命为国务院副总理。

1980年9月，在五届人大第三次会议上，陈云和邓小平、李先念、徐向前、王震一起，辞去国务院副总理职务。

所以，在这段新旧交替的日子里，陈云担任了一年的国务院财政经济委员会主任，担任了一年零两个月的国务院副总理。很快地，他卸任了，把担子交给了年轻的一代。

“摸着石头过河”

陈云在1956年7月的一次会议上，曾讲过这么一段很生动的话：

> 过去旧商人中，有一种头戴瓜皮帽、手拿水烟袋的，他们专门考虑“战略性问题”……我们也应该有踱方步专门考虑“战略性问题”的人。[1]

陈云重新主管中国经济，他也踱起方步来，成为专门考虑“战略性问题”的人。

陈云依据过去的教训，再三告诫人们，在经济建设上务必防“左”，务必吸取“左”的教训：

> 必须指出，开国以来经济建设方面的主要错误是“左”的错误。一九五七年以前一般情况比较好些，一九五八年以后“左”的错误就严重起来了。这是主体方面的错误。
>
> 代价是重大的。错误的主要来源是“左”的指导思想。在“左”的错

[1] 陈云：《加强计划经济》，《三中全会以来重要文献选编》下册，人民出版社1982年版，第1132页。

误领导下，也不可能总结经验。[1]

陈云提醒人们：

决不要再作不切实际的预言，超英赶美，等等。

好事要做，又要量力而行。

陈云以为，开放改革是新事情，缺乏经验。他提出一个著名的口号——“摸着石头过河”。

陈云的原话是这样的：

我们要改革，但是步子要稳。因为我们的改革，问题复杂，不能要求过急。改革固然要靠一定的理论研究、经济统计和经济预测，更重要的还是要从试点着手，随时总结经验，也就是要“摸着石头过河”。开始时步子要小，缓缓而行。

陈云此言一出，许多人对“摸着石头过河”不以为然。

陈云对人们的议论也不以为然，他依旧在不断地强调“摸着石头过河”的重要性。

陈云一次一次地强调谨慎的重要性：

做好经济工作，一定要谨慎从事，毛毛草草而发生错误和稳稳当当而慢一点相比较，我们宁可采取后者。尤其是处理全国经济问题，更须注意这一点。所谓谨慎从事，就是说，制定一项经济政策，采取一个重要措施，都需要瞻前顾后，权衡利弊，而不能头脑一热就做决定。

这“瞻前顾后，权衡利弊”，也就是“摸着石头过河”的注释，同时也是

[1] 陈云：《经济形势与经验教训》，《十一届三中全会以来重要文献选读》上册，人民出版社 1987 年版。

陈云性格的体现。陈云一生，向来“稳稳当当”，从不“毛毛草草”。所以，这一段话，是陈云自身形象的生动写照。

陈云强调“宁慢勿急”：

一切引进项目，都必须有专家参加，必须是领导干部和专家共同商量。

不同方面的专家，往往有不同的意见，要注意和考虑各方面专家的意见。

必须作出几个比较方案，择优选用。

定案时宁慢勿急。

陈云提醒人们：“我们是十亿人口、八亿农民的国家，我们是在这样一个国家中进行建设……我们必须认识这一点，看到这种困难。现在真正清醒认识到这一点的人还不多。”

当时，许多人热心于借外债。陈云这么说及：

出国考察的人回来吹风，上面也往下吹风，要引进多少亿，要加快速度。无非一个是借款要多，一个是提出别的国家八年、十年能上去，我们可不可以再快一点。有些同志不大好讲话，务虚会上很少有人提出反对意见。可以向外国借款，中央下这个决心很对，但是一下子借那么多，办不到。有些同志只看到外国的情况，没有看到本国的实际。我们的工业基础不如它们，技术力量不如它们。有的国家和地区发展快，有美国的特殊照顾。只看到可以借款，只看到别的

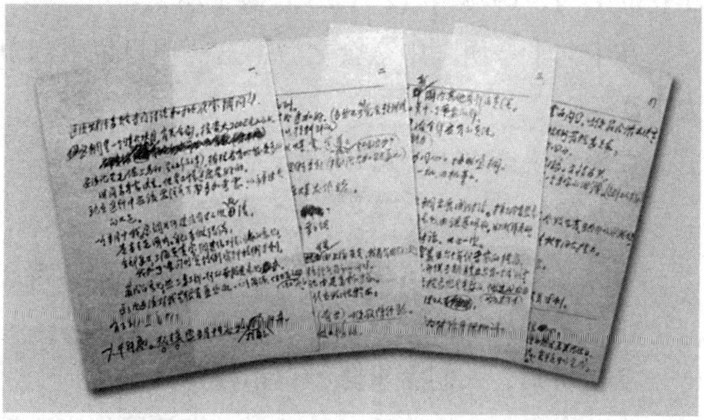

1979年6月16日，陈云在国务院财政经济委员会全体会议上讲话提纲手稿

国家发展快，没有看到本国的情况，这是缺点。不按比例，靠多借外债，靠不住。

陈云说，他并不反对借外债，“可以借不吃亏的外债”。

他提醒人们，有的外债“年利息高达 15% 左右”。他形象地加以比较说：“过去当铺年息是 18%！”

陈云的话，有很多是颇有价值的，在当时也是起了很好作用的。

为棘手的宝钢问题拍板

在重新主管中国经济之初，陈云这位“调整大师”又一次确定了调整的方针。

经过十年“文革”，中国经济蒙受极大的摧残，在华国锋主政时，又急于求成，新上了一大批建设工程。当时，全国正在上马或者已经上马的大的建设项目达一千七百多个，小的则有几万个。可是，中国的经济能力有限，承受不了这么多新建项目。

中共中央国务院下令调整，把许多项目缓建或下马。

陈云在调整中，遇到了最为棘手的问题——上海宝山钢铁公司的建设问题。

建设宝钢，是华国锋主政时定下的大型建设项目，这一项目已经在 1977 年仓促上马，1978 年 12 月 23 日破土动工。

在中共十一届三中全会之后，这一项目也引起争论，认为这是华国锋“贪大求洋”。

在纷纷议论之中，可以归结为三类意见：

一是停建；

二是立足国内，买技术，买专利，买关键设备；

三是全部从日本进口。

众望所归，人们企求陈云“拍板”。

中共中央也决定，委托陈云对宝钢问题作出决策。

这时，形势十分逼人。宝钢已经与外商草签了一揽子合同，大批的引进设备正在运往上海宝山。如果要停建的话，中国将要蒙受沉重的经济损失；如果继续上马的话，又得付出巨大的资金。可谓已成了骑虎之势，进退两难。受命拍板的陈云，却照样保持“稳稳当当”的作风。他先是在北京听取各种意见。

他先请薄一波在北京召开座谈会，听取搞过钢铁工作的干部的看法，在北京又仔细研究了中央七个部委有关宝钢建设的意见。之后，于1979年5月底专程到上海实地调查，听取上海市和市冶金局领导干部以及上海一、三、五钢厂厂长、副厂长、总工程师的意见，并与他们进行讨论。他还派秘书到宝钢工地的现场找工程指挥部的技术人员了解情况，并亲自与宝钢的领导干部进行深入探讨。在调查研究的过程中，他还非常注意收集钢铁工业发达国家在不同时期所采用的做法的资料。回到北京之后，他又一次听取了冶金部领导班子的意见，并召开国务院财经委员会工作会议进行讨论。

经过一个半月的调查研究，通过方方面面交换意见，陈云的看法有过三次反复，最后得出明确的结论。

陈云实事求是地指出，关于宝钢仓促上马，不是某个人的责任，而是由于我们对大规模经济建设经验不足所致。

1979年6月16日，陈云在国务院财经委员会全体会议上，老老实实地讲述了自己对宝钢问题的认识过程：

> 宝钢是一个特大项目，对全国、对上海来讲，都关系很大，事关全局。它投资大，在两百亿元以上。应该说宝钢是仓促上马的。这样大的工程，按道理应该有更多的时间来调查研究，经过反复考虑后再决定。从开工以后的情况看，工程进度是好的，施工力量已有五万人，成绩是很大的。现在工程建设正在进行。我们应该从各方面再多加考虑，以弥补过去

1979年6月，陈云在上海市调查解决宝钢建设中的问题

的不足。

在近一个半月中间，我对宝钢如何建设的问题，有过三次反复的考虑。第一次是在看了谷牧同志五月十一日批的那个文件之后，认为应该基本立足于国内，买技术，买专利。关键设备还是要进口。这时，我请一波同志在北京召开座谈会，听听过去搞过钢铁的一些同志的意见。第二次是五月三十一日到上海以后，有个想法：全部进口吧。上海市负责宝钢工程的同志有这样的意见，我也有。我加了一条，买设备的同时，也买制造技术，买专利。第三次是六月六日离开上海时，我最后考虑的意见，还是按照三委、三部和银行报告的意见办。

这三次反复，对我来说是很有益处的。[1]

陈云经过调查研究，细听种种意见，最后作出决断：

干到底。举棋不定不好。

1986 年 5 月，陈云视察上海宝钢

[1]《陈云文选》第三卷，人民出版社 1995 年版，第 259 页。

买设备，同时也要买技术，买专利。

只能搞好，不能搞坏。

应该列的项目不要漏列。店铺开门，不怕买卖大。

就这样，中共中央、国务院根据陈云的意见，经过研究，决定上海宝钢“干到底”。

1986 年 5 月 18 日，陈云视察宝钢，并为宝钢题词：

“埋头实干，从严要求。精益求精，不断创新。”

陈云关于宝钢的决策，已经被后来的实践证明是完全正确的。现在，宝钢已经成为年产量超过 4000 万吨钢的大型现代化钢铁企业。

“鸟”和“笼子”

在开放、改革的新形势下，社会主义市场经济理论成了人们探索的新课题。

搞活经济、市场调节，与计划经济究竟是怎样的关系？对此，陈云说了一番话，作了“鸟”和“笼”的比喻。

陈云此言一出，在海外颇为引人注意。海外一些人把陈云这番话，称为“鸟笼经济”理论。有人把陈云的话曲解为经济是“鸟”，社会主义制度是“笼”，并由此把“鸟笼经济”视为“保守派经济理论”，把陈云视为“保守派经济专家”。

“鸟笼经济”这一提法，只限于海外而已，在中国大陆，则提“笼鸟之说”。

细细查考陈云的“笼鸟之说”，可以明白，他并不是把经济说成“鸟”、把社会主义制度说成“笼”。

陈云的这一“笼鸟之说”，最初是 1982 年 11 月 22 日，在中共中央政治局会议上，谈到计划经济指导和搞活经济的关系时，比喻为“笼”与“鸟”的关系。

在 1982 年 12 月 2 日，作为上海人，陈云在出席第五届全国人民代表大会第五次会议时，跟上海代表团的部分代表进行了座谈，对“笼鸟之说”又作了进一步的阐述。

陈云的原话是这样的：

党的十一届三中全会以来，实行搞活经济的政策，效果显著。现在百货商店里的东西多得很，“卖方市场”正在变成“买方市场”。群众把票子拿在手里，好的就买，不好的就不买。这么好的形势，很久以来没有见过。今后要继续实行搞活经济的政策，继续发挥市场调节的作用。但是，我们也要防止在搞活经济中，出现摆脱国家计划的倾向。搞活经济是在计划指导下搞活，不是离开计划的指导搞活。这就像鸟和笼子的关系一样，鸟不能捏在手里，捏在手里就会死，要让它飞，但只能让它在笼子里飞。没有笼子，它就飞跑了。如果说鸟是搞活经济的话，那么，笼子就是国家计划。当然，“笼子”大小要适当，该多大就多大。经济活动不一定限于一个省、一个地区，在国家计划指导下，也可以跨省跨地区，甚至不一定限于国内，也可以跨国跨洲。另外，“笼子”本身也要经常调整，比如对五年计划进行修改。但无论如何，总得有个“笼子”。就是说，搞活经济、市场调节，这些只能在计划许可的范围以内发挥作用，不能脱离开计划的指导。[1]

王梦奎曾在《学习陈云同志新时期经济论著四题》一文中，对海外所谓“鸟笼经济”，进行如下辩驳：

陈云同志曾经把国家计划和搞活经济比喻为“笼子”和“鸟”的关系，这在海内外都引起了很多的误解。至今海外某些报刊还在喋喋不休地进行非难和攻击，似乎陈云是主张把经济像“鸟”一样关在大不盈尺的“笼子”里搞死的。我认为，用不着多费笔墨，只要读一读陈云同志的原话，这个问题就一清二楚了。

……

很显然，陈云同志的意思，不过是搞活经济要有国家计划的指导。“笼子”也不是死的，可以调整，即对计划进行修改。我想，读了这些话，是

[1]《陈云文选》第三卷，人民出版社 1995 年版，第 320 页。

1982 年 1 月 25 日，陈云同国家计委主任姚依林（中）、副主任宋平（左）交谈

不应该再有什么误解的了。至于某些海外报刊不怀好意的指责，用得上一句格言，偏见比无知离真理更远。[1]

迟爱萍在《陈云与社会主义新时期经济》一文中，阐述了陈云"笼鸟之说"的四层意思：

1980 年 12 月 16 日，陈云在中央工作会议上所作的关于《经济形势与经验教训》的讲话提纲

第一，党的十一届三中全会以来，实行搞活经济的政策，效果显著。今后要继续实行搞活经济的政策，继续发挥市场调节的作用。

第二，搞活经济，发挥市场调节的作用，不能离开计划的指导，不能摆脱国家的计划。

第三，国家计划要适应搞活经济的需要，要允许经济活动在尽可能广阔的领域内活动。

第四，国家计划本身也要根据实际情况的变化经常修改。[2]

[1] 中共中央文献研究室:《陈云与新中国经济建设》，中央文献出版社 1991 年版，第 378—379 页。

[2] 迟爱萍:《陈云与社会主义新时期经济》，《党的文献》1995 年第 2 期。

所以，陈云的那一番话，主要涉及计划经济和市场经济的关系，并不是谈经济和社会制度的关系。

中国的经济模式，原本照搬苏联，实行计划经济。陈云在多年的经济实践中，已经发现照搬苏联模式是不行的。

陈云早在1956年9月的中共八大上，就已经提出了“三个主体，三个补充”的思想：

> 在工商业经营方面，国家与集体经营为主，个体经营为辅；
>
> 在生产计划方面，计划生产为主，按照市场变化而在国家计划许可范围内的自由生产为辅；
>
> 在社会主义统一市场中，国家市场为主，自由市场为辅。

陈云的这一“三个主体，三个补充”的思想，曾被中共八大所接受，其中的基本点被写入了中共八大决议。

只是后来中国不断向“左”转，陈云的这一思想遭到了否定。

经过“文革”大灾大难之后，在1979年3月8日，陈云所作的《计划与市场问题》讲话，对历史的教训进行了反思。

陈云说：

> 一九一七年后苏联的计划经济和一九四九年后中国的计划经济，都按照马克思所说的有计划按比例办事的。
>
> 当时苏联和中国这样做是完全对的，但是没有根据已经建立社会主义经济制度的经验和本国生产力发展的实际状况，对马克思的原理（有计划按比例）加以发展，这就导致现在计划经济中出现的缺点。
>
> 六十年来，无论苏联或中国的计划工作制度中出现的主要缺点，只有“有计划按比例”这一条，没有在社会主义制度下还必须有市场调节这一条。所谓市场调节，就是按价值规律调节，在经济生活中的某些方面可以用“无政府”“盲目”生产的办法来加以调节。
>
> 现在的计划太死，包括的东西太多，结果必然出现缺少市场自动调节的部分。

计划又时常脱节，计划机构忙于日常调度。

因为市场调节受到限制，而计划又只能对大路货、主要品种作出计划数字，因此生产不能丰富多彩，人民所需日用品十分单调。[1]

陈云还指出：

整个社会主义时期必须有两种经济：

一、计划经济部分（有计划按比例的部分）；

二、市场调节部分（即不作计划，让它根据市场供求的变化进行生产，即带有盲目性调节的部分）。

第一部分是基本的主要的；第二部分是从属的次要的，但又是必需的。

既掌握了政权，又有了第一部分经济，就能够建设社会主义。第二部分只能是有益的补充（基本上是无害的）。[2]

应当说，在1979年，在计划经济理论盛行的年月，陈云说这样的话，为打破计划经济的一统天下，是起了积极作用的。

后来，1988年10月8日，陈云在与中共中央负责人谈话时，这样说及他当时的意见：

我在一九七九年三月说过，六十年来，无论苏联或中国的计划工作制度中出现的主要缺点：只有“有计划按比例”这一条，没有在社会主义制度下还必须有“市场调节”这一条。所以，我们需要改革。但在改革中，不能丢掉有计划按比例发展经济这一条，否则整个国民经济就会乱套。[3]

在关于计划经济和市场调节的关系上，陈云的意见和邓小平的意见是一致的。邓小平在1989年6月接见首都戒严部队军以上干部时这样指出：

---

[1]《陈云文选》第三卷，人民出版社1995年版，第244—245页。

[2]《陈云文选》第三卷，人民出版社1995年版，第245页。

[3]《陈云文选》第三卷，人民出版社1995年版，第367页。

我们要继续坚持计划经济与市场调节相结合，这个不能改。实际工作中，在调整时期，我们可以加强或者多一点计划性，而在另一个时候多一点市场调节，搞得更灵活一些。以后还是计划经济与市场调节相结合。[1]

邓小平还指出：

计划多一点还是市场多一点，不是社会主义与资本主义的本质区别。计划经济不等于社会主义，资本主义也有计划；市场经济不等于资本主义，社会主义也有市场。计划和市场都是经济手段。[2]

正确评价毛泽东

可以说，在20世纪，对中国影响最大的人物是毛泽东。

在粉碎“四人帮”之后，如何评价毛泽东成了中国政治的焦点问题。

对于毛泽东，有两种截然相反的观点，即“两个凡是”和“非毛化”：

一种是以华国锋为代表的“两个凡是”，把毛泽东奉若神明；

随着对于“两个凡是”开展批判，则又出现了“非毛化”，即效仿苏联当年全盘否定斯大林一样，全盘否定毛泽东。

关于毛泽东的争论，越来越激烈。

作为中共的第二代领袖，邓小平对毛泽东采取既肯定其正确面又否定其错误面的观点。亦即他在1977年4月10日给中共中央信中所提出的，用“完整的、准确的”毛泽东思想作为全党的指导思想。这“完整的、准确的”，便排除了毛泽东的错误面。

邓小平清楚地意识到，从1935年1月的遵义会议至1976年9月9日去世，在这漫长的四十一年间，毛泽东一直是中国共产党的最高领袖。实

[1]《邓小平文选》第三卷，人民出版社1993年版，第306页。

[2]《邓小平文选》第三卷，人民出版社1993年版，第373页。

行“非毛化”，否定了毛泽东，否定了毛泽东思想，等于否定了中国共产党。所以，尽管他竭力反对华国锋的两个“凡是”，却又认为绝不能走“非毛化”之路。

为了对毛泽东有一个准确的评价，为了对1949年以来的中共历史上的是是非非有个统一评价，以统一全党、全国的思想，中共自1980年起开始起草《关于建国以来党的若干历史问题的决议》。

陈云曾四次与《关于建国以来党的若干历史问题的决议》起草小组成员谈话。

陈云说：

> 从遵义会议到抗日战争胜利，毛泽东同志的一个无可比拟的功绩，是培养了一代人，包括我们在内的以及“三八式”的一大批干部。[1]

陈云还说：

> 毛泽东同志在党内的威望，是通过长期革命斗争实践建立起来的。即使毛泽东同志犯错误的时候，许多老干部被整得那么厉害，可是大家仍然相信他，忘不了他的功绩，原因就在这里。老一代人拥护毛泽东同志是真心诚意的。

1980年11月，陈云两次对《关于建国以来党的若干历史问题的决议》起草小组胡乔木等人谈起毛泽东。

陈云还谈了三点意见：

> 一、毛主席的错误问题，主要讲他的破坏民主集中制，凌驾于党之上，一意孤行，打击同他意见不同的人。着重写这个，其他的可以少说。
>
> 二、整个党中央是否可以说，毛主席的责任是主要的。党中央作为一

[1]《陈云文选》第三卷，人民出版社1995年版，第284页。

1980年2月，陈云出席中共十一届五中全会

个教训来说，有责任，没有坚决斗争。假如中央常委的人，除毛主席外都是彭德怀，那么局面会不会有所不同？应该作为一个党中央的集体，把自己的责任承担起来。

三、毛主席的错误，地方有些人，有相当大的责任。毛主席老讲北京空气不好，不愿待在北京，这些话的意思，就是不愿同中央常委谈话、见面。他愿意见的首先是华东的柯庆施，其次是西南，再其次是中南。

在起草《关于建国以来党的若干历史问题的决议》时，邓小平曾去看望过陈云，交换了意见。

邓小平是这么说的：

前天我去看陈云同志，陈云同志对修改决议稿又提了两条意见。一是专门加一篇话，讲讲解放前党的历史，写党的六十年。六十年一写，毛泽东同志的功绩、贡献就会概括得更全面，确立毛泽东同志的历史地位，坚持和发展毛泽东思想，也就有了全面的根据。这个意见很好，请转告起草小组。二是建议中央提倡学习，主要是学习马克思主义哲学，重点是学习毛泽东同志的哲学著作。陈云同志说，他学习毛泽东同志的哲学著作，受益很大。毛泽东同志亲自给他讲过三次要学哲学。他在延安的时候，把毛泽东同志的著作认真读了一遍，这对他后来的工作关系极大。[1]

陈云则这么表示支持邓小平的意见：

[1]《邓小平文选》第二卷，人民出版社1994年版，第303页。

> 《决议》要按照邓小平同志的意见，确立毛泽东同志的历史地位，坚持和发展毛泽东思想。[1]

在审判林彪、江青反革命集团时，陈云实事求是地指出，应该把林彪集团与“四人帮”有所区分：

> 我的看法是，处理“四人帮”与处理林彪反革命集团要有区别。“四人帮”这些人祸国殃民，“文化大革命”十年，干尽坏事。而且在战争年代，他们也没有任何战功。林彪反革命集团则有些不同，他们主要是部队的，像黄、吴、李、邱他们，包括林彪，过去这些人都打过许多仗，也立过各种战功。他们现在犯了罪，应该处理，但与“四人帮”应该有所区别。

即便是对于江青反革命集团的头目江青，陈云也坚决反对所谓“不杀江青不足以平民愤”。

陈云明确表示江青“不能杀”。陈云的理由是同“四人帮”的斗争终究是一次党内斗争。有人提出党内斗争也可以杀，陈云依然坚持说：“党内斗争不能开杀戒，否则后代不好办。”

陈云甚至最后说，你们坚决要杀，请在会议记录里写上“陈云同志不同意”。

提拔培养中青年干部

当时的中共，有着“十二老”。这中共“十二老”是指邓小平、陈云、叶剑英、李先念、邓颖超、王震、彭真、刘伯承、聂荣臻、徐向前、杨尚昆、薄一波。

“十二老”皆老，开始考虑交接班了。

陈云说：“（老干部们）已经不能持久地工作，并且常常带病工作，时常因病住进医院。因积劳成疾而死亡的人越来越多，开追悼会的消息几乎每天

[1]《陈云文选》第三卷，人民出版社 1995 年版，第 283—284 页。

都有。”[1]

陈云当过七年的中共中央组织部部长，他从组织工作的角度，意识到干部青黄不接是一件很危险的事。

1981年5月8日，陈云在杭州休息时，写了一份书面意见《提拔中青年干部是当务之急》，回北京时送给邓小平一份，送给胡耀邦一份。

邓小平看了，说道：“老干部方面的问题还没有处理得好。”

根据邓小平的意见，1981年6月8日，陈云召集中共中央组织部、中国人民解放军总政治部六七个人开了一次座谈会，写出《关于老干部离休、退休问题座谈会纪要》。

后来，陈云的《提拔中青年干部是当务之急》这份文件印发给中共中央政治局扩大会议阅读。

陈云在这份文件中，提出了关于提拔和培养中青年干部的十二条建议。

陈云指出：

1983年8月4日，陈云为少先队夏令营活动点燃火炬。前排左一为时任共青团中央第一书记的胡锦涛

[1]《陈云文选》第三卷，人民出版社1995年版，第292页。

有人认为“中青年干部缺乏经验”。过去常说：“嘴上无毛，办事不牢。”当然，中青年干部没有老干部那样丰富的经验，这正是一般中青年干部的必然现象。但是我们应该问一问，经验是从哪里来的？还不是从实际工作中锻炼出来的。把优秀的中青年干部放到实际工作的负责岗位上去，让他们挑担子，只要有三年五载，至多十年的锻炼，他们是一定能够锻炼成才的。

我们应该回顾一下，我们这些老干部还不是二三十岁就已经担负了重要工作？老干部都是经过青年时期的锻炼，才逐渐成为成熟的中年干部、老年干部。才干是锻炼出来的，并不是天生的。[1]

陈云强调：

从现在起，就成千上万地提拔培养中青年干部，让德才兼备的中青年干部在各级领导岗位上锻炼。老干部对他们实行传帮带，使大量的中青年干部成为我们各级党政工作强大的后备力量，随时可以从中挑选领导干部。这是对我们最有利的办法，应该努力去做。[2]

陈云提出重视知识分子工作：

提拔培养中青年干部，必然涉及对知识分子的态度。十年内乱时期把知识分子说成是“臭老九”，这种观点，虽然已经受到批判，但是，党在知识分子中发展党员、提拔干部的政策远远没有实现。我们应该看到，没有老干部不能实现四化，没有大批知识分子参加到我们党的干部队伍中来，也决不能建成现代化的新中国。现在的情况是，知识分子要求入党，时常被拒之于门外。有些长期要求入党的知识分子，在生前往往不能实现，直到他们做出贡献而死后，才追认为党员。这种情况必须坚决加以改变。[3]

[1]《陈云文选》第三卷，人民出版社 1995 年版，第 294 页。

[2]《陈云文选》第三卷，人民出版社 1995 年版，第 293 页。

[3]《陈云文选》第三卷，人民出版社 1995 年版，第 295—296 页。

1981 年 6 月 27 日至 29 日，中共十一届六中全会在北京召开。这次会议，成为中共高层领导开始新老交替的会议。

华国锋提出辞去中共中央主席的职务。由于考虑到华国锋虽然犯有错误，但是在粉碎“四人帮”中有功，这次会议仍选举华国锋为中共中央政治局常委、中共中央副主席。

会议选举胡耀邦为中共中央主席，增选赵紫阳为中共中央副主席。

这样，中共中央副主席增至六人，即叶剑英、邓小平、赵紫阳、李先念、陈云、华国锋。

中共中央主席和副主席，均为中共中央政治局常委。这样，中共中央政治局常委会，由中共中央主席和副主席组成。

在中共十一届六中全会之后，1981 年 7 月 2 日，陈云在省、自治区、直辖市党委书记座谈会上，又作了题为“成千上万地提拔中青年干部”的讲话。

陈云说：

> 我在《参考要闻》上看到，美国卡特政府一个什么办公室主任，只有三十二岁；里根政府也是一个什么办公室主任，四十岁。外国人一定比我们聪明，我们中国人一定笨一点吗？并不是这样。[1]

1981 年 6 月，陈云在中共十一届六中全会上讲话

陈云谈及，在中国，“提五十岁左右的人，现在可能争论少一些。我只说‘可能少一些’，并不是说没有争论”。

陈云举了李鹏为例：

> 我看了国务院部长的名单，电力工业部的部长叫李鹏，在延安是个小孩子，李硕勋的儿子，后来到苏联学习，

[1]《陈云文选》第三卷，人民出版社 1995 年版，第 300 页。

是学电的，回来以后在小丰满工作，我参观小丰满的时候还看见过一次。中央组织部第一次提出来的名单里头不是李鹏，到第二次，名单变了，是李鹏。这件事情刘澜波同志是力争的，说一定要提李鹏。为什么呢？他年纪轻，而且搞电是内行。刘澜波同志还跟我打了招呼，要我注意一下。就像这样的人，五十二岁，专门学电的，解放以后在电力部门工作了二十几年，还有争论！所以，我说，提五十岁左右的人可能争论少些，但不是没有争论，会有争论。[1]

陈云再三地说，必须“成千上万，几千，一万，两万”地提拔中青年干部。

清理“三种人”

陈云大力提倡提拔培养中青年干部之际，特别告诫人们：“绝对不要提拔那种头上长角、身上长刺的青年干部。”

1982 年 12 月 20 日，陈云同邓小平出席共青团“十一大”开幕式

[1]《陈云文选》第三卷，人民出版社 1995 年版，第 299—300 页。

1981 年 7 月 2 日，陈云在省、自治区、直辖市党委书记座谈会上，提到了“文革”中那位“头上长角、身上长刺”的王洪文。

这时，邓小平便插话道：

“1975 年，他（笔者注：指王洪文）到上海、杭州，第一句话就说，十年后再看。这句话可触动了我们，引起了我们的注意。”

正因为这样，不论是陈云还是邓小平，都不能不对“王洪文式”的人物格外注意，格外警惕。

此后，陈云在 1982 年 7 月 3 日召开的中共中央政治局扩大会议上，又一次强调了在提拔中青年干部时，要警惕“头上长角，身上长刺”的人。

陈云说：

> 党的干部交接班的问题历来是党的一件大事。这在国际共产主义运动中有过严重的教训，在中国党内也有过严重的教训。我们现在主动地有意识地来进行这项工作，证明中国共产党已经进一步成长为一个成熟的伟大的党。
>
> 对于提拔青年干部要注意：
>
> 一方面必须成千上万地提拔，决不是提拔几个或几十个；另一方面，在提拔中青年干部时，必须对“三种人”保持警惕，决不能提拔造反起家的人、帮派思想严重的人、打砸抢分子，对这些人一个也不能提拔，必须坚决撤下来。

从此，“三种人”成了一种专有名词。

1982 年 9 月 6 日，陈云在中共十二大上发言，强调了要警惕“三种人”。

陈云说：

> 关于提拔中青年干部问题，我要说的另一句话是：在“文化大革命”期间跟随林彪、江青一伙造反起家的人，帮派思想严重的人，打砸抢分子，这“三种人”一个也不能提拔，已经提拔的，必须坚决从领导班子中清除出去。
>
> 为什么一个也不能提拔呢？因为这“三种人”如果进到领导班子中，若干年后，到了气候适宜的时候，他们就会跳出来兴风作浪，再次为害国

家，为害人民。[1]

除了“三种人”之外，陈云还提出要警惕另外“两种人”。陈云说：

除了这“三种人”以外，还有两种人也不能提拔，这就是反对三中全会以后党中央路线的人，以及在经济领域内和其他方面严重违法乱纪的人。[2]

根据陈云的意见，中共中央于 1982 年 12 月 30 日，发出《关于清理领导班子中“三种人”问题的通知》。

通知指出，在中央提出对追随林彪、江青反革命集团造反起家的人，帮派思想严重的人，打砸抢分子这“三种人”不可重用以后，对“三种人”进行了初步清理。但由于多方面原因，在少数地方和部门，仍有一些“三种人”留在领导班子中或要害岗位上，继续受到重用，有的还被作为接班人已经提拔或准备提拔。

1982 年 9 月 6 日，陈云在中国共产党第十二次全国代表大会上发言

1983 年 10 月 12 日，陈云在中共十二届二中全会上，又一次强调了清理“三种人”的问题。

陈云指出，“三种人”为数不多，活动能力很强，活动范围很广，是一种不安定因素和不可忽视的潜在危险。必须坚决把他们从领导班子中清理出去，调离要害部门和要害岗位。

[1]《陈云文选》第三卷，人民出版社 1995 年版，第 316 页。
[2]《陈云文选》第三卷，人民出版社 1995 年版，第 317 页。

陈云说：

“文化大革命”对党造成的损害是严重的。有一批老干部（包括军队干部）在“文化大革命”中犯了错误，这些人虽然也有一定数量，但大家都知道，容易认识。最危险的是党内混进了一批“三种人”。

粉碎“四人帮”以后，对浮在面上的“三种人”，在揭批查中清理了一次。但因为各种原因隐藏埋伏下来的“三种人”和他们的“军师”还不少。

“文化大革命”中各地都有两派，发生了派性。现在有的领导干部用派性对待清理“三种人”的工作，只清理对立派中的“三种人”，而对自己支持的那一派中的“三种人”不积极清理，这是错误的。

“三种人”和他们的“军师”现在表现很“听话”，我们有些领导干部对这类人很赏识。

这次整党必须把“三种人”清除出党。为什么必须这样做？因为这些人是党内最不安定的因素，他们彼此间还有联系，若干年后，气候适宜了，他们还会兴风作浪。[1]

1984年7月31日，中共中央根据陈云的意见，又发出《关于清理“三种人”的补充通知》。

通知指出：

清理“三种人”的方针既要坚定，又要慎重；

既不要漏掉，又不要扩大化；

强调清理“三种人”要抓住重点，关键是防止“三种人”进入各级领导班子、要害部门和第三梯队，已进入的要坚决清除出去；

要求严格区分“三种人”和“文化大革命”中犯有严重错误的人。

对“文革”中犯有各种错误或罪行的人的清理和处理问题，补充通知也作出了明确的政策规定。

---

[1]《陈云文选》第三卷，人民出版社1995年版，第330—331页。

第十四章
最后岁月

◎ 虽然陈云年事已高，很少公开露面，但是外界仍高度关注着这位对中国命运产生过极大影响的老人的一举一动。

◎ 在中共十四大之后，陈云过着离休生活。

退居中央顾问委员会主任

1982 年 9 月 1 日至 11 日，中共十二大在北京召开。

陈云在会上作了讲话，着重谈中共干部新老交替的问题。

早在 1979 年，陈云便很风趣地谈及要培养“后排议员”：

我们这些人都快要“告老还乡”了，解放时，我四十五岁。那时，可以三班倒、四班倒，上午、下午开会，晚上同周总理谈，午夜去找毛主席，安排得满满的。现在我一个星期只能工作两个半天，多了不行。如果还要那样干，无非是向“八宝山”开快车就是了。我看是要有一些“后排议员”，这些人参与讨论问题，参与决定大政方针的事。培养这样的人，我看很有必要。[1]

中共十二大决定成立中共中央顾问委员会。

这次会议决定不再设立中共中央主席和副主席，只设总书记。

在中共十二届一中全会上，胡耀邦当选为总书记。

中共中央政治局常委由六人组成：

胡耀邦、叶剑英、邓小平、赵紫阳、李先念、陈云。

---

[1]《陈云文选》第三卷，人民出版社 1995 年版，第 258 页。

1982年9月12日，陈云（左二）同叶剑英、邓小平、李先念、徐向前、聂荣臻在中共十二届一中全会上

1982年9月13日，邓小平在中共中央顾问委员会第一次会议上，当选为主任。

同日，在中共中央纪律检查委员会第一次会议上，陈云当选为第一书记。

1983年6月，第六届全国人民代表大会举行，陈云不再担任人大副委员长。

此后，在1983年10月12日中共十二届二中全会上，陈云曾作这样的发言：

> 有些人看见外国的摩天大厦、高速公路等等，以为中国就不如外国，社会主义就不如资本主义，马克思主义就不灵了。对于这些人，我们要进行批评教育；对其中做意识形态工作的同志，经过教育不改的，要调动他们的工作。
>
> 中国现在还很穷，但我们是社会主义国家，我们的根本制度比资本主义优越得多。
>
> 在资本主义国家里有百万富翁，但他们的财富是剥削劳动人民得来的。资本主义必然要被共产主义所代替，这是无可改变的法则。

1984年2月14日，《陈云文选（1926—1949年）》出版发行。7月15日，《陈云文选（1949—1956年）》出版发行。

1984年10月20日，陈云在中共十二届三中全会上作书面发言，讲了一个颇为生动的事例：

> 有的地方总结“经验”，叫做“二菜一汤，生意跑光；四菜一汤，生意平常；六菜一汤，生意兴旺；八菜一汤，独霸一方”。据说，现在八菜一汤也不灵光了。还有的厂子，选两个二十多岁的漂亮姑娘当外勤人员，跑材料，推销产品，男外勤人员办不到的事，她们能办到。

陈云由此指出：“我们在抓物质文明建设的同时，必须抓精神文明建设，两个文明一起抓。”

据陈云的小女儿陈伟兰回忆：“1983年春节，父亲接见烈士子弟，气氛很热烈。大家散了以后，我陪他走回办公室，他情绪很激动，脸涨得红红的。他跟我讲，中国革命特别艰难，牺牲的人太多了，成千成万的人都牺牲了。这些人有些是我的上级，文化水平、工作能力都比我高，资历也比我老。中国有一大批老干部还在世，他们很多人对党有很大贡献。对这些老干部我们没有宣传过他们，当时也还没有这个条件。”

陈伟兰还说，父亲反复提出干部“四化”这个问题，他和小平同志讨论得也很多。小平同志已经讲过很多关于干部队伍要年轻化的话，但是我父亲提出这个问题以后，他就马上呼应，说应该注意考虑这个问题，而且要求在党的会议上正式地提出，要发文件。他们是从国家的长治久安，从国家长远的发展来考虑的。

自1984年起，陈云患帕金森症，身体开始走下坡路。

陈云的头发日渐稀疏，视力日衰，听力也在减退。

1985年6月13日，陈云在北京家中度过八十寿辰。那天，聂荣臻给陈云送去一个大蛋糕。

1985年9月，陈云在中国共产党全国代表大会上发言，再次谈了自己对经济问题的看法：

1985年9月23日，陈云在中国共产党全国代表会议闭幕会上讲话指出，计划是宏观控制的主要依据。计划包括指令性计划和指导性计划。两种计划方法不同，但都要运用各种经济调节手段

社会主义经济，还是要有计划按比例。

我们是共产党，共产党是搞社会主义的。

现在进行的社会主义经济体制改革，是社会主义制度的自我完善和发展。

从全国工作来看，计划经济为主，市场调节为辅，这话现在没有过时。

小平同志八月二日接见外宾，谈到我国工业发展速度太快时说，“听起来可喜，但有不健康的因素”。我赞成他的意见。

说到底，还是要有计划按比例地稳步前进，这样做，才是最快的速度。否则，造成种种紧张和失控，难免出现反复，结果反而会慢，“欲速则不达”。[1]

毕竟年岁不饶人。尤其是在1986年10月，哀乐三度响起，使邓小平、陈云、李先念这三位中国政坛的重量级老人，感到余日不多，必须做好交接班的工作：

10月11日，陈云和李先念出席了韩先楚上将追悼会，这位老将终年七十四岁；

10月16日，陈云和李先念出席了邓小平主持的刘伯承元帅追悼会，刘伯承终年94岁；

10月29日，陈云和李先念出席了邓小平主持的叶剑英元帅追悼会，叶剑英终年90岁。

从10月11日到29日，短短18天时间里，邓小平、陈云、李先念送走了三位老战友，感慨万千。

[1] 1985年9月24日《人民日报》。

1989年5月26日，陈云主持中共中央顾问委员会常委会议

这时候，邓小平已经八十三岁，陈云八十二岁，李先念七十八岁。在叶剑英元帅追悼会上，邓小平、陈云、李先念相约在翌日作一次深谈。

1986年10月30日上午，邓小平和李先念按照事先的约定来到陈云家中。

据陈云的警卫员赵天元后来回忆说："我刚走到值班室，电铃响了，我又赶紧转回，打开办公室门，看到李主席已起身往门口走。见我进来，三位老人都高声说：'烟，拿烟。'我赶忙向邓小平的秘书张宝忠要烟……谈话结束，邓小平和李主席走后，我看见烟灰缸里有六个过滤嘴烟头，邓小平在八十分钟内抽完了六支香烟。"

赵天元断定这六支香烟都是邓小平抽的，因为陈云和李先念不抽烟。

关于这三位中国政坛的元老谈了些什么，没有一位秘书或者警卫员在现场，只有三位老人知道。

一年之后的1987年10月19日，陈云在中共中央纪律检查委员会第九次全体会议上作书面发言，透露了在1986年10月30日他和邓小平、李先念共同决定"退下来"。

陈云的原话是这样说的：

> 去年十月，小平同志、先念同志和我共同商量，十三大时一起退下来。这是党的事业的需要。[1]

1987年10月25日至11月1日，中共十三大在北京举行。

[1]《陈云文选》第三卷，人民出版社1995年版，第363页。

陈云年事已高，退出中共中央领导工作，他不再担任中共中央政治局常委，也不担任中共中央纪委第一书记，改由年轻的乔石担任中共中央纪委第一书记。

11月2日，在中共中央顾问委员会全体会议上，陈云当选为主任。

陈云虽然从第一线退下来，毕竟他曾是富有经验的中国经济的掌舵人。在这段时间，中国的经济不时出现问题，陈云多次指出：

> 搞活经济是对的，但权力太分散就乱了，搞活也难。
>
> 中央应该集中必须集中的权力，尤其是财力。
>
> 中央的政治权威，要有中央的经济权威作基础。没有中央的经济权威，中央的政治权威是不巩固的。[1]

邓小平十分赞赏陈云的意见。1988年9月22日，邓小平在听取有关经济问题的汇报时指出：

> 党中央的权威必须加强。陈云同志讲，各路诸侯太多，议而不决，决而不行，各自为政。这个批评是正确的。[2]

1987年时的陈云

为席懋昭洗去冤屈

陈云在中共十一届三中全会之后复出，不仅提出为薄一波等六十一人的所谓“叛徒集团”一案平反，为彭德怀、潘汉年等重大冤案平反，而且还亲自为

[1]《陈云画册》，中共中央文献出版社1995年版，第298页。

[2] 中共中央文献研究室综合研究组，《党的文献》编辑部：《三中全会以来的重大决策》，中央文献出版社1994年版，第135页。

帮助陈云出川的席懋昭

席懋昭洗去冤屈。

席懋昭，1935年6月，护送陈云出川的那位天全县灵关殿小学的校长。他给陈云留下了深刻的印象。

最出乎陈云意料的是，1937年11月29日当他搭乘苏联专机从迪化（乌鲁木齐）飞抵延安时，席懋昭居然出现在欢迎大会上！

陈云与席懋昭能够在延安相会，备感欣慰，当即约席懋昭翌日详谈。

第二天，席懋昭如约去看望陈云。席懋昭告诉陈云，在重庆朝天门码头送别陈云之后，他马上从重庆沿着原路返回，去追赶红军，不料在半途被捕入狱。由于他是仪陇县人，被捕之后转送仪陇监狱。地下党组织请求著名民主人士张澜出面帮助，这才使他在1937年保释出狱，9月赴延安中央党校学习。临别时，陈云拿出一双呢子拉链棉鞋和一听罐头，送给席懋昭，这在当时的延安算是很珍贵的礼品了。

1938年2月，席懋昭结束了在延安中央党校的学习，回到四川，在中共四川省工委从事地下工作。此后，中共仪陇城关支部成立，不久又组建为中共仪陇特支，席懋昭回到家乡仪陇，担任特支书记。1941年，席懋昭出任仪陇观音乡乡长，以此公开身份掩护地下工作。1942年10月，席懋昭又被捕入狱，1943年初经联保获释。出狱之后，席懋昭无法在仪陇县立足，转移到天全、雅安、懋功、泸定等地从事地下工作。这一带的土豪劣绅联名告发席懋昭："民国二十四年加入过赤匪，接受过组织重大派遣，是个共党重要人物。"于是席懋昭遭到国民党政府通缉。1948年3月8日，由于叛徒出卖，席懋昭在雅安市区被国民党特务逮捕，不久被秘密押送到重庆渣滓洞集中营。

1949年11月30日，重庆解放。就在重庆解放的前三天——11月27日——国民党特务疯狂地对"中美合作所"、白公馆、渣滓洞集中营进行大屠杀，300多名共产党员和进步人士倒在血泊之中。席懋昭就是在这次"一一·二七"大屠杀中牺牲的，年仅三十七岁。

重庆解放后，1950年1月，由重庆烈士资格审查委员会对"一一·二七"大屠杀中的牺牲者进行烈士资格审查，杨虎城、罗世文等236名被害人员被宣布为革命烈士。此外还有近百名牺牲者，一时难以准确地评定他们的政治身份和表现，其中包括席懋昭。曾任中共川东特委负责人的邓照明在《巴渝鸿爪》一书中回忆当时评定烈士的标准说："当时的依据大概是，这些人被捕后的影响如何，当时有些什么传闻，和从集中营脱险出来的人所提供的情况。我们当时只能根据这些来确定烈士名单。"当时，只凭脱险难友的一两句话，称"席懋昭在狱中所说的参加过长征及西康组织，是假的""表现不好"，就决定席懋昭"不列名"，即没有列入烈士名单。

陈云在抗日战争以及解放以后，也一直关注席懋昭的踪迹。不过时隔多年，陈云只记得席懋昭是天全县灵关殿小学校长，不记得他的名字，所以未能查找到席懋昭。

在 1965 年前，虽然当时的西南军政委员会曾经发出了继续搜集那些"不列名"牺牲者的材料的通知，但是未能专门组织力量调查、核实，只追认钟凌云等十一人为烈士。

1981 年 12 月，中共中央组织部发出抓紧复查未定烈士人员的通知。根据中共中央组织部的通知，中共四川省委组织部立即组织力量进行复查工作。于是，在"不列名"的名单上，开始核查席懋昭的政治情况。由于席懋昭是仪陇县人，中共四川省委组织部请中共仪陇县委落实核查席懋昭的任务。

1983 年初，席懋昭问题有了重大突破。中共仪陇县委在地下党的档案中发现一份席懋昭写的自传，其中写及护送陈云出川，一下子就引起高度关注。于是，中共四川省委组织部向陈云核实这一问题。

1983 年 7 月 12 日，陈云委托秘书复信中共四川省委组织部，写了证明材料：

1935 年红军长征过大渡河后，中央决定派他去上海恢复白区党的组织，当时确有一位在灵关殿做小学校长的地下党员护送他到成都、重庆，以后在延安还见到过这位同志，但姓名记不得了。如席做过灵关殿的小学校长，即可肯定席就是当年护送过他的那位同志。

陈云非常关注这一情况，8 月 28 日，他又委托秘书给四川省委办公厅打电话，催问查询结果。

10 月 8 日，中共四川省委组织部致信陈云办公室说：经查历史档案，席懋昭在 1934 年和 1935 年确实当过天全县灵关殿村小学校长。同时附寄了《席懋昭情况简介》，请陈云提供一份证明材料。

陈云希望中共四川省委组织部能够提供席懋昭的照片，以求最后确定这一问题。

1983 年 12 月中旬，中共四川省委组织部派出专人把复查席懋昭的材料以及照片送给陈云。

陈云于 1983 年 12 月 20 日写下详细的证明材料：

一九三五年春，红军长征过了大渡河后，中央决定派我回上海恢复党的组织。当时我化装成小学教员，组织上派了一位担任天全县灵关殿小学校长的地下党员护送我。我们为了躲避国民党的追击部队，走的是山路，经荥经、雅安到达成都。在成都，我和他分开活动。我持刘伯承同志的亲笔信，找到他在中美银行任董事的朋友。那人一见我，就说外面风声很紧，情况很危急，要我快走。我在他那里住了一夜，第二天便和护送我的同志前往重庆。在重庆，我又持刘伯承同志的信找到他在药铺的弟弟，在他家里住了几天，买好去上海的船票。到此，护送我的那位同志完成了任务，和我分手。一九三七年，我到延安后曾见过护送我出川的那位同志，记得他当时正在中央党校学习。不久，他又被派回四川做地下工作，从此没有再听到有关他的消息。我由于记不起护送我的那位同志的名字，便要办公室查一下这位席懋昭同志当年是否担任过灵关殿小学的校长，他的爱人是否也在该校当过教员。最近，四川省委组织部送来材料，证明席懋昭同志确曾担任过灵关殿小学的校长，他的爱人也在该校当过教员。另外，还送来一张他的照片。这些情况以及照片，和我的记忆完全吻合，因此可以断定，席懋昭同志就是当年护送我从灵关殿到成都、重庆的那位同志。我认为，应当肯定席懋昭同志为革命烈士，并记下他在完成护送我出川这一党的重要任务中的功绩。

陈云的这一证明材料，为席懋昭洗去了冤屈。

1984 年 5 月 28 日，四川省人民政府追认席懋昭、黄宁康、唐建余、陈本立等四位“一一·二七”大屠杀牺牲者为革命烈士，其中席懋昭因护送陈云出川有功，被追记大功一次。

1986 年 11 月 20 日，在“中美合作所”被害的未定烈士人员的调查核实工作结束。经多方查证，已查清了八十三人的情况，其中席懋昭、张露萍等六十四名遇难人员经四川省人民政府批准被追认为革命烈士。

在杭州和上海过着离休生活

虽然陈云年事已高，很少公开露面，但是外界仍高度关注着这位对中国命运产生过极大影响的老人的一举一动。

早在 1987 年，久未露面的陈云引起港台媒体的猜疑，纷传陈云病重。

1987 年 4 月 4 日上午 10 时左右，正在杭州的陈云来到西郊被列为西湖新十景之一的“云栖竹径”，在那里与当地干部群众一起植树。天气还有点凉，陈云却取下帽子。警卫员劝他戴上帽子，陈云说：“戴帽子照相看不清楚。”

向来为人低调的陈云，很少这样摆好架势让记者拍照、录像。

过了几天，薄一波到杭州看望陈云，说：“我在电视里看你种树，使劲还挺大哩。”

陈云笑道：“台湾报纸说我‘半身不遂’，香港报纸说我是‘重病在身，卧床不起’。老汉走路还可以嘛，还可以种树嘛。”

薄一波也笑了，说道：“植树辟谣，谣言不攻自破呀。”

1987 年 4 月 4 日，陈云在杭州参加植树

在1989年春夏之交发生的政治风波，引起陈云的高度关注，他态度鲜明，赞同邓小平采取坚决的措施。

1989年5月26日，陈云在中共中央顾问委员会常务委员会会议上指出：

关于反对动乱问题，我讲两点意见。

第一，现在是关键时刻，不能后退。如果后退，两千万革命先烈用人头换来的社会主义的中华人民共和国，就会变成资本主义的共和国。

第二，我们作为老同志，现在就是要坚决拥护以邓小平同志为核心的中国共产党，坚决拥护李鹏同志代表中共中央政治局常委会在首都党政干部大会上的讲话。同时，要主动地多做干部和群众的工作。[1]

1990年5月25日，陈云在写给中共中央顾问委员会常委会的信中，又这样指出：

一九八九年的这场风波，是建国以来发生过的非常复杂的政治事件，也是我们党内在特定历史条件下的一场特殊的政治斗争。当时中央常委有两种不同的声音，加上中央有些报纸进行了错误的宣传，使得中央和地方的不少领导同志都不了解真实情况。所以我主张，对于这场政治斗争，应该采取正确的党内斗争方针来处理。就是说，应该从全局的观点，即从党的最高利益、长远利益为出发点来处理。对犯有错误的同志的审查，应该是实事求是的。当然，对于那些触犯法律的，应当依法惩办。

在我们党的历史上，开七大的时候，一些犯过错误的同志还是被选进中央委员会，李立三同志就是其中的一个。去年我们撤销了赵紫阳同志的党内一切职务，但并没有开除他的党籍。对于胡启立同志，仍然保留中央委员。我认为这样做是很好的，是有利于安定团结的，有利于教育团结绝大多数人的。中国现在是十一亿人口的社会主义大国，动乱不得。[2]

---

[1]《陈云文选》第三卷，人民出版社1995年版，第368页。

[2]《陈云文选》第三卷，人民出版社1995年版，第369页。

这场政治风波之后，江泽民出任总书记，用邓小平的话来说，算是完成了从第二代中央领导集体向第三代领导集体的顺利过渡。1992 年 10 月召开中共十四大。

在中共十四大之后，陈云过着离休生活。

陈云是南方人，习惯于南方的气候。晚年，每到秋天，他常住杭州和上海，往往在南方过冬，住大半年。从 1977 年至 1992 年，陈云几乎每年都来杭州，住上一两个月、三四个月。他常住在紧挨西湖的汪庄，很喜欢美丽而又宁静的西湖。

自 1993 年起，由于他的健康状况大不如前，医生认为西湖边上的空气太潮湿，而且杭州的医疗条件毕竟不及上海，所以建议他常住上海。此后，他便没有再来杭州。但是，他仍每日喝杭州的龙井茶。

陈云在杭州，最爱去的地方是云栖竹径。1983 年 5 月 11 日，陈云题写了“云栖竹径”四个大字。这四个字，后来被刻在石碑上，竖立在杭州云栖竹径景区。

笔者在采访于若木时注意到，陈家所用的白瓷茶杯上绘着墨竹。我问于若木，这是不是因为陈云喜欢竹子的缘故？

于若木点头说，确实，陈云很喜欢竹子。在杭州，陈云常去云栖竹径。到了那里，陈云心旷神怡，真可谓“云”栖“竹”径。

陈云爱竹子的刚直，也爱竹子的俭朴。

陈云的另一爱好是评弹。多年来，陈云作为一位“老听客”，跟评弹界有着许多交往。

早在 1960 年，陈云在上海开会时，听了余红仙用评弹演唱的毛泽东怀念杨开慧的词《蝶恋花》之后，大为赞赏，向周恩来推荐。周恩来听了，也非常赞赏。于是，这一节目走红全国，后来，以致招来江青的嫉恨——因为毛泽东的词所颂扬的是他的前妻“骄杨”（杨开慧）。

1981 年 4 月 5 日，陈云曾与上海市评弹团负责人作了题为“出人、出书、走正路”的谈话。

陈云说：

漫步云栖（1986 年 4 月）

陈云和夫人于若木在杭州西湖

对于你们来说，出人、出书、走正路，保存和发展评弹艺术，这是第一位的，钱的问题是第二位的。

走正路，才能保存和发展评弹艺术。要以正派的评弹艺术，打掉艺术上的那些歪风邪气。

要出人，出书。出人，不一定要求一下子出十几个，能先出三五个人就很好，逐步提高，逐步增加。过去，艺人大都是千方百计钻研艺术的。艺术必须靠自己集中心力去钻，勤奋出人才，同时还要有竞争。[1]

---

[1]《陈云文选》第三卷，人民出版社 1995 年版，第 287 页。

1983年12月，中国曲艺出版社出版了《陈云同志关于评弹的谈话和通信》一书。

在陈云晚年，评弹界每周向他提供的评弹新节目录音带不下于十小时。陈云总是抽时间听，听毕，还往往托人告知他的意见。

陈云很喜欢上海评弹团徐檬心创作的新书《真情假意》，甚至听了不下四十遍！[1]

1982年4月，陈云在杭州会见上海、江苏、浙江评弹界著名人士

[1] 饶明华:《上海评弹界缅怀陈云同志，追思“老首长”、“老听客”》，《文学报》1995年4月27日。

1986 年 3 月，陈云在杭州会见苏州评弹学校师生代表

陈云晚年，除了喜欢听评弹之外，还有两个爱好：

一是每日练书法。陈云从小就喜欢练字，尤其是在商务印书馆，往外寄书，陈云总是在邮包上端端正正写毛笔字。到了晚年，陈云把练字变成健身之法，所以经常用毛笔写大字。

二是双手不离“健身球”。陈云的“健身球”是两个核桃。

陈云女儿陈伟华记得，父亲陈云七十多岁的时候，医生建议他多活动活动关节。当时，陈伟华还在北京怀柔辛营公社的农村小学工作，那里盛产核桃，所以她每年放假回家都带一些核桃。陈伟华回忆说：“后来父亲问，能不能从农村找两个核桃，用来活动手部关节？我回去跟我们公社的老乡说了，他们就从核桃里一挑再挑，选出两个特别匀称的、个大的核桃送给父亲。父亲看了特别高兴，以后这对核桃就放在他的沙发旁边，听评弹的时候，思考问题的时候，还有秘书给他

陈云用来活动手的核桃

读文件、读报纸的时候，他手里就拿着核桃，后来都磨得发亮了。父亲常常对家人讲，‘这就是我的健身球’。”

夫人于若木成了营养学家

在陈云晚年，他的夫人于若木常以营养学家的身份在社会上出现。她最常说的一句话，便是“民以食为天”。

例如，1993 年“六一国际儿童节”到来前夕，她发表谈话，赞赏上海牛奶公司专为中小学生供应“课间牛奶”。她说：

“牛奶是一种非常好的东西，英国前首相丘吉尔曾说过，没有比这项投资更重要的投资了：那就是把牛奶送进儿童的嘴里……”[1]

1992 年时的陈云

我问起于若木怎么会成为营养学家的。

于若木说，早在抗日战争前，北京的燕京大学、上海的圣约翰大学、南京的金陵女子大学就设有家政系，家政系里设有营养科。她的二姐去日本留学时，大姐曾建议她去学家政系，但是二姐因二姐夫学化学，结果去学化学了。当时，于若木曾希望有机会学家政系，但是后来去了延安，也就没有机会去学家政了。

“文革”中，在“五七干校”，干部们营养不良，加上又不讲卫生，往往用刚刚拿过饭票的手去拿馒头，肝炎大流行。这时，于若木想从事营养学研究，但是在那样的年月，谈何容易。

[1]《新民晚报》1993 年 6 月 1 日。

直至中共十一届三中全会之后，在中共中央书记处研究室工作的于若木访问了许多营养学家，开始着手营养学方面的调查、了解、研究。她常常口问手记，记录速度相当快，能够很完整地记录专家们的谈话。她向专家们学习，渐渐地也就深入到营养学领域。

1982年，在于光远等主持的社会经济发展战略讨论会上，于若木强调“民以食为天”，作了关于重视、发展营养学的发言，受到会议的重视。不久，内刊《调查与研究》发表了于若木的发言。王忍之同志读后，觉得很好，便推荐在1983年第17期《红旗》杂志上以“营养——关系人民体质的大事”为题公开发表。

于若木的文章，使营养学的问题引起了全党全国人民的注意。

于若木指出：“人民的营养状况如何，是关系到人民的体质强弱，关系到民族繁衍昌盛的大事；人民的营养状况也是衡量一个国家经济和科学文化发达程度的标志。发展体育运动是增强人民体质的重要手段，而改善营养则是增强人民体质的物质基础。”

于若木的文章阐述了这样的一些观点：

> 营养学是一门很有用的学问；
> 营养普查是国家的一项基础性工作；
> 满足人民对蛋白质的需要是重大的课题；
> 要按照合理的营养配制食品。

于若木的这篇文章在1984年荣获“优秀理论文章”奖。《营养学报》于1984年12月在第6卷第4期予以全文转载。

从此，于若木更加深入地研究营养学，发表了许多论文，如《关心婴幼儿的健康成长是当代人的天职》《食堂和营养配餐》《位卑未敢忘忧国》，等等。对于学生的营养午餐、对于大众快餐、对于宣传母乳喂养的重要性、对于婴儿的断奶食品、对于形成儿童保健网络等，于若木都给予关注并发表许多重要意见。

其中，特别是对于“护苗系统工程”，于若木花费了很大的精力，为加强广大学生的营养做了大量的工作。她强调要培养“更健康的下一代”。她说：“保护儿童的运动是人类进步的运动，是人类良知的体现。儿童营养学家、儿科医生、儿童食品专家，以及这一领域的组织者和领导者，一切为儿童的健康作出贡献的人们，都在从事着一项神圣的事业。他们的工作常常是默默无闻的，有时又是十分艰苦的，意义却是极其重大的。因为他们是为未来而工作，是为创造下一世纪的文明打基础。”

于若木关心下一代，成为“护苗”的一位辛勤园丁。

在1986年评高级职称时，于若木被正式评为研究员。所以，有的报纸上称于若木为“营养学教授”，便是这么来的。

我问于若木，陈云对她的营养学研究工作持什么态度。

于若木用四个字回答：“尊重，支持。”

“饮食有节，起居有时”

在采访于若木时，我又问起一个特殊的问题：于若木作为一位营养学家，是怎样从营养学的角度照料陈云的呢？

于若木说，陈云同志的饮食其实很简单。陈云体弱而能长寿，除了大夫们的精心护理之外，可以归结为八个字，即“饮食有节，起居有时”。

谈起起居，于若木说，1950年代陈云工作非常繁忙，常常早班接中班，中班接夜班。

陈云一度累垮了，不得不向中央请假休息。这时，陈云很注意锻炼身体，他选择了适合自己的体育运动，比如打太极拳，也打乒乓球、台球。

毛泽东曾建议陈云每天用冷水擦身体。从1953年至1979年，陈云坚持冷水擦身达二十六年。

步入晚年，陈云主要是靠散步、做体操、悬腕练字来锻炼身体。他每天散步，上午半小时，下午二十分钟。他自编了一套体操，以适合自己的身体状况。

他到了晚年，才真正做到了“起居有时”。

通常，陈云在每天晚上11时做就寝的准备工作，11时半上床，12时左右就睡着了。翌日早上8时起床，8时半进早餐。中午要午睡。

陈云原本和家人一起进餐，步入晚年之后，由于他的饮食与家人不同，也就分开单独进餐。

他的早餐，从喝一杯牛奶改为喝一杯豆浆，这主要是考虑到豆浆无胆固醇，更适宜于老年人饮用。另外，他还吃两片面包，喝一碗稀饭，吃十二粒煮花生米。

于若木说，陈云的中餐和晚餐也很简单，中午一荤一素，晚餐一个豆制品、一个蔬菜。米饭中午二两、晚上一两半，几十年如此。

除了接待外宾，陈云几乎不出席应酬性的宴会。

陈云很注意节约，每一回都吃光菜，连汤都喝得干干净净，从不浪费。

陈云的菜谱，大体上做到一个星期内不重复——除了早餐“千篇一律”之外。

陈云是南方人，喜欢吃点带鱼、黄鱼，也爱吃上海的“鳝糊”以及“烂糊肉丝”。豆制品是他的常备菜，不过，总是变点花样给他吃，比如，做豆腐干丝、上海的“百页包肉”，还有豆瓣泥，等等。

此外，总是给他炒点青菜、大白菜。所以，他的饮食很简单。

锻炼身体（1983年7月于办公室）

陈云每顿中饭吃二两米饭，晚餐则吃一两半米饭。不过，由于他的牙齿不好，对于饭的软硬要求颇为“严格”。

所谓饭的软硬，无非是控制好加水量罢了。有一段时间，陈云的厨师病了，就由于若木“顶班”，顶了将近一年。在这一年中，于若木有所“发明创造”：她用硬纸片剪成两个圆筒，再亲手用线缝上底。她用这两个一大一小的圆筒盛米，再用秤称米，使大圆筒正好盛米二两，小圆筒盛米一两半。这样，给他做中饭，用大圆筒量米就行了，做晚饭则用小圆筒量米。后来，陈云和她到上海去，她把这特殊的“量具”也带去了。上海招待所的服务员见了，就用铁皮焊了两个圆筒给她。这两个铁圆筒，竟一直用到他的晚年。

至于控制加水量，于若木也有所“发明创造”：她做了个“量水器”，专门测量加水后米层上面水的高度。经过一次次试验，在陈云以为软硬最合适的时候，她在“量水器”上划了个刻度。从此，她一直照这个刻度加水，做出来的饭不软不硬，恰到好处，陈云都很满意。

本来，陈云吃梨、苹果等水果，在晚年，改为三顿都吃香蕉，这是考虑到香蕉是润肠的，可以防止大便干燥。通常，他每次吃一根大香蕉或者两根小香蕉。此外，陈云从不吃零食。

在“文革”前，因工作关系，陈云偶然赴宴。“文革”之后，陈云从不赴宴，总是粗菜淡饭，独自进餐，如此而已。

陈云上午喝白开水，午睡起来之后，喝一杯淡淡的龙井绿茶。他不喝酒，也不喝其他饮料。

于若木从营养学角度知道，微量元素硒有着抗衰老的功能，又得知陕西省紫阳县所生产的“紫阳保健茶”天然富硒，她就汇钱给紫阳县茶厂，购买这种“硒茶”。她把硒茶掺在龙井茶里给陈云饮用。先是加少量的硒茶，陈云没有提出异议，她就慢慢增加，以至增加到百分之四十、百分之五十，最后增加到三分之二。

于若木知道灵芝具有抗衰老作用，同时对于促进安眠、减轻肺气肿具有一定的效果，所以她就向保健医生建议，让陈云服用灵芝提取液制的灵芝胶囊。

她也曾把花粉制剂掺在豆浆里，给陈云服用。

陈云那么孱弱的身体，能够长寿，确实是和于若木这位营养学家的细心调理分不开的。

于若木还说，“淡泊明志，宁静致远”，这是陈云一生最好的写照。陈云有很强的自我控制能力，即使是身处逆境，仍能豁达乐观。这是陈云能够长寿的心理因素。

红色的家风

1978年，我曾在北京三里河中国科学院拜访了当时在院部工作的陈云夫人于若木，我听说她是骑自行车上下班，很惊讶！

在1978年的中共十一届三中全会上，陈云已经重新当选为中共中央政治局常委、中央副主席，并兼任中央纪律检查委员会第一书记。然而，作为陈云夫人，于若木每天从中南海骑自行车到三里河上班。

其实，从中南海骑自行车到三里河上班，对于于若木来说还是“小意思”。于若木在1961年担任陈云秘书。1964年12月于若木调中国科学院植物研究所工作，上班的地方在香山植物园，陈云家当时在离北京中南海不远处的北长街，于若木竟然每天骑几十里路，直到有一天于若木被车撞了，才不让她到那么远的香山上班。

陈云的家风甚严，他给家人定下“三不准”，那就是子女不准搭乘他的车，子女不准接触他看的文件，子女不准随便进出他的办公室。

陈云和于若木共有五个子女：长女陈伟力、长子陈元、次女陈伟华、小女儿陈伟兰和次子陈方。

陈云特别交代，孩子上下学不许接送，不许搞特殊化，要让他们从小就像一般人家的子女一样学习和生活。

陈云、于若木及女儿在吉林通化（1947年）

陈云对于自己子女的教育非常严格。于若木说，陈云教育子女的两条基本原则就是“读好书”和“做好人”。

陈云给子女开出了必读书目：《马恩全集》《列宁选集》《毛泽东选集》《鲁迅全集》，并规定了一些必读篇目，如《共产党宣言》和《社会主义从空想到科学的发展》等。

陈云的长女陈伟力回忆说，在她六岁上小学一年级的时候，父亲就叮嘱她不要说是谁的孩子。陈云让孩子以普通学生的面目出现在学校。

还有一回，儿子陈方在上中学的时候，一次因急用钱去找陈云秘书，从父亲的工资里拿了点钱买东西。

陈云知道之后，问陈方："我的工资谁给的？"

陈方答道："人民给的。"

"人民给我的工资，你为什么用？"

"我是你的儿子，你是我爸爸。"

陈云语重心长地对儿子说："记住，节约一分钱是节约人民的钱。我看你的行动。"从那以后，陈方再也不随便用钱了。

我采访陈云夫人于若木之前，在北京一所中学里访问了陈云的次女陈伟华。

1966年，陈伟华高中毕业。1968年，她被分配到北京郊区怀柔县辛营公社，在那里当一名乡村小学教师。

陈伟华记得，那是她第一次离开家，到一个陌生的山区工作，实在非常想家。她回忆说："有一次不是周末，我也没向学校请假，走了几十里山路冒雨赶回家。没想到，爸爸看到我回来，非但没有显出高兴的样子，得知我没请假后，还严厉地批评了我。"陈伟华永远记得当时父亲对她说的话："孩子们的功课缺不得，你应该在那儿安心教好书、育好人，在农村干出好成绩。"

第二天一大早，陈伟华就赶回了怀柔。

从此，陈伟华勤勤恳恳地工作，跟当地的老师、孩子打成一片。后来陈伟华每一次回城，都要忙于替乡亲们买这买那，陈云高兴地说："南南（陈伟华的小名）每次回来，还要为老乡买东西，真成一个怀柔人了！"

1974年10月，陈伟华加入了中国共产党。1975年，她被怀柔县教育局评为优秀教师。

在恢复高考之后，1978年陈伟华考入北京师范大学历史系。1982年陈伟华大学毕业后，先是被分配到国家机关工作。当时，中小学老师社会地位不高，待遇也不好，导致师范学校招生困难，中小学师资严重不足。陈云对陈伟华说："你是师大毕业的，就应该教书。"陈伟华听从了父亲的话，于1985年来到北京一所中学担任历史教师。陈伟华作为高干子弟，能够这样长期安心平凡工作，确实体现了陈云的红色家风，受到一致好评。

陈云的子女们在陈云的教育下，依靠自己的努力，都在各自的工作岗位为社会奉献。

长女陈伟力毕业于中国科学技术大学，后来分配到中国科学院物理所搞磁学研究。她1983年到美国做访问学者，在加州斯坦福大学攻读经济学，回国后，曾任中国国际技术智力合作公司总经理，现已退休。

长子陈元从初中时就阅读《马克思传》，高中和大学阶段自学哲学，通读《资本论》，并做了大量的读书笔记。陈元于1970年毕业于清华大学，1970年至1978年在第七机械工业部第三研究院任技术员，1981年毕业于中国社会科学院研究生院工业经济专业，获硕士学位。1982年至1988年任中共北京市西城区区委书记、北京市委常委、商贸工作部部长。1988年至1998年任中国人民银行党组副书记、副行长。1998年至2008年任国家开发银行党委书记、行长。2008年任国家开发银行股份有限公司党委书记、董事长兼中国国际商会副会长。陈元是中共十六届、十七届中央候补委员。

陈云的三女儿陈伟兰毕业于解放军艺术学院，曾在西藏工作三年，后来担任国家行政学院副院长。

陈云的小儿子陈方担任广东中山实业公司经理。他这样回忆父亲：

> 父亲对我们要求很严格，但绝不会束缚每个人的个性发展，从不刻意让我们按照什么标准去生活，或是按照他设定的想法去工作，他给我们创造了一个宽松的成长环境。
>
> 父亲常教导我们怎么做人，怎样做一个正派的人，做一个心态平和的人，做一个普通人，不能以革命功臣的子女自居。他常给我们讲“不唯上、不唯书、只唯实，

为孩子们拍照

交换、比较、反复”这十五个字的含义。他讲了在什么条件下，是哪些事情促使他产生、总结和归纳出这几句话的，他要求我们要努力践行这十五个字。现在我越来越认识到这十五字对我工作、生活的指导意义。

在我们记忆中，他从没有办过生日祝寿活动。一九八五年六月十三日，是他老人家八十寿辰。这之前，妈妈和他身边工作人员由于知道父亲除外事活动外，从来不参加也不设什么宴会，所以曾提议召集一些老同志在一起吃顿便饭，共同为他简单地庆祝一下。但即便是这个提议，父亲知道后也坚决不同意。经过协商，最后决定全家照张相，为父亲过了八十岁生日。

《南华早报》的提问引起陈云注意

陈云在离休后，很少发表文章，期间最为重要的公开发表的文章是1992年7月21日为李先念去世而写的《悼念李先念同志》一文。

这篇文章除了追溯他在1937年4月第一次和李先念在新疆结识以及李先念的功绩之外，还谈及一个重要问题——他和李先念“都没有到过特区”！

陈云写道：

> 先念同志和我虽然都没有到过特区，但我们一直很注意特区建设，认为特区要办，必须不断总结经验，力求使特区办好。这几年，深圳特区经济已经初步从进口型转变成出口型，高层建筑拔地而起，发展确实很快。现在我们国家的经济建设规模比过去要大得多、复杂得多，过去行之有效的一些做法，在当前改革开放的新形势下很多已经不再适用。这就需要我们努力学习新的东西，不断探索和解决新的问题。[1]

陈云在这里所谈到的“特区”，即“经济特区”。

1979年7月，中共中央、国务院同意试办四个“出口特区”，即深圳、珠海、汕头和厦门。

---

[1]《人民日报》，1992年7月23日。

1980年改称“经济特区”。

1984年，邓小平考察了深圳、珠海、厦门三个经济特区，给予充分肯定。

1988年4月，七届一次全国人大批准成立海南经济特区，使中国的经济特区增加到五个。

1992年初，邓小平视察深圳、珠海，发表南方谈话，又一次肯定了经济特区。

陈云的那篇文章发表后，在海外曾引起一些反应，认为陈云不支持经济特区。

笔者在采访中了解到，陈云曾准备考察深圳特区，已经作了安排，由于临行时生病，未能成行。后来，他派秘书去深圳了解情况，并向他作了汇报。[1]

邓小平在1992年初的南方谈话中，有一句这样的话：

“回过头看，我的一个大失误就是搞四个经济特区时没有加上上海。要不然，现在长江三角洲，整个长江流域，乃至全国改革开放的局面，都会不一样。”[2]

1992年4月26日，陈云在听取吴邦国、黄菊关于上海工作情况的汇报。左起：陈国栋、陈云、吴邦国、黄菊

[1] 1995年6月28日笔者采访陈云秘书周太和于北京。

[2]《邓小平文选》第三卷，人民出版社1993年版，第376页。

笔者注意到在邓小平南方谈话发表不久，敏感的海外记者们马上注意起陈云对上海浦东开发的态度。那是在 1992 年 3 月 10 日上海市政府举行的新闻发布会上，香港《南华早报》记者在发布会一开始，便向上海市市长黄菊问及了这一问题。报道说：

当《南华早报》记者问到陈云先生对浦东开发的进程和未来蓝图的意见时，黄菊说：老一辈革命家对上海浦东开发的支持，包括了陈云同志对浦东开发的支持。去年，他在接见我们时就非常关心浦东开发的进程，他希望上海浦东开发和经济的振兴，包括南浦大桥的建设等，搞得更快些、更好些。[1]

陈云马上注意到这一动态。这样，在 1992 年“五一节”前夕，他在上海特地接见了中共上海市委书记吴邦国和上海市市长黄菊。

1992 年 5 月 2 日，上海《文汇报》便在头版头条以醒目标题推出报道：《陈云鼓励上海同志加快改革开放 表示非常赞成开发浦东开放浦东》。报道说：

陈云笑着对黄菊说：“不是有新闻记者向你打听陈云对开发开放浦东的态度吗？你回答得很好，我非常赞成开发浦东，开放浦东！”

陈云此言，显然是对香港《南华早报》记者提问的回应。

报道接着写道：

吴邦国、黄菊说：“有以江泽民同志为核心的党中央的领导，有小平同志、您和先念同志等老一辈无产阶级革命家的关心和支持，开发开放浦东一定能成功。目前，浦东开发进展很快，许多海外商人、大企业家纷纷前来投资。”

[1] 上海《文汇报》1992 年 3 月 11 日。

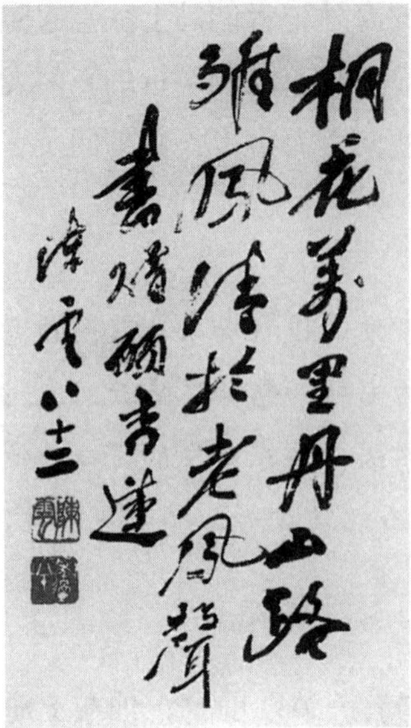

陈云手书李商隐诗句

陈云听了高兴地说："你们的工作做得很好。"

吴邦国说："上海开发开放浦东新区，打的是'中华牌'，欢迎全国各地前来上海投资。"

陈云说："是啊！应该这样。上海有很好的基础，尤其有人才优势，上海今后的发展一定会很快。"

陈云十分关心上海人民的生活情况。吴邦国、黄菊向他详细汇报了上海粮食、煤炭、副食品储量充足，市场购销两旺的景象，还汇报了上海交通道路建设、棚户区改造和苏州河治理等工程的进展情况。陈云听了十分满意地说："好！"

陈云书赠吴邦国、黄菊两句古诗："桐花万里丹山路，雏凤清于老凤声。"吴邦国、黄菊说："我们要向老一辈无产阶级革命家学习，一定不辜负您和其他老一辈无产阶级革命家的勉励和期望，努力把上海工作做好。"

陈云亲切地说："就是要'雏凤清于老凤声'嘛！"

陈云所引用的，是唐代诗人李商隐的诗。李商隐在诗中，把韩冬郎（即晚唐诗人韩偓，其父韩瞻为李商隐故交、连襟）父子比作凤凰，"雏凤清于老凤声"表明青出于蓝。传说凤凰产在丹山，它爱栖息于梧桐树。"雏凤声清"，表明了诗人对后辈的真切情意。

陈云在晚年喜欢书法，每日上午站着用毛笔写大字，作为一种锻炼身体的方法。

他写下许多条幅，诸如：

闻鸡晨舞剑，借萤夜读书。

横眉冷对千夫指，俯首甘为孺子牛。

实践是检验真理的唯一标准。

不唯上、不唯书、只唯实。

陈云在写字

笔者在采访陈云的一些友人时，常见到他们的客厅里挂着陈云手书。

笔者曾问陈云夫人于若木，陈云是否写诗词。她说，陈云喜欢诗词，晚年，他常练书法，喜欢抄录古典诗词名句，但是他自己并不写诗填词。陈云往往借古典诗词名句，抒发自己的情怀。他给中共上海市委领导人赠李商隐的诗句，就是一例。

陈云还曾书写唐朝诗人白居易的《放言五首》中的诗句，赠给天津市艺术博物馆。

那是1991年5月28日，刘少奇夫人王光美参观这家博物馆，见到馆内收藏着朱德、董必武、宋庆龄、刘伯承、郭沫若等人的墨宝。馆方请王光美帮助，希望能请中国共产党老一辈领导人为该馆题词。王光美回京后，给于若木打了电话。于若木当即答应捐赠陈云的墨宝。

陈云所写的白居易的诗句是：

周公恐惧流言日，
王莽谦恭未篡时。
向使当初身便死，
一生真伪复谁知。

这四句诗的大意是：

“用周公、王莽两人的事例，说明做人做事要经得起历史的考验，不能只凭一时一地的现象就下结论，否则就会把周公当作篡位者，把王莽当成谦谦君子。”[1]

陈云晚年写字，有一习惯，即末尾不写年月日，而写“时年 ×× 岁”。不过，这岁数写的是虚岁。

1993 年 5 月，陈云在上海接见了他的家乡上海青浦县以及练塘镇的领导人。据当时任中共练塘镇党委书记的吕健康回忆，陈云向他们强调说：“我们共产党是执政党，一定要廉洁奉公，取信于民。”

据当时在座的青浦县县长李金生回忆：

“原定二十分钟的接见，一直持续了四十分钟，陈云同志兴致很高，对家乡的关切之情溢于言表。他详细询问了青浦的农业生产、农民生活及农村教育。当听说全县单季稻亩产平均超过一千斤，农民家家喝上自来水，农村孩子个个进学校后，陈云舒心地笑了。”[2]

1993 年 5 月 25 日，陈云在上海会见青浦县及练塘镇党政负责人

[1] 云希正：《陈云墨宝》，《今晚报》1991 年 8 月 7 日。

[2]《青浦人民缅怀陈云同志》，《新民晚报》1995 年 4 月 18 日。

最后一次荧屏亮相

陈云在离休后很少公开露面，只是每年春节前夕，和邓小平一起在上海“亮相”——这几乎成了“惯例”。

邓小平是从1988年起在上海过春节的。此后，每年春节，邓小平总在上海露面，接见上海市党政领导。陈云也照邓小平之例，每年春节来上海。这样，每年春节之际，人们必定可以从电视屏幕上见到他们的形象。

1993年1月20日，新华社记者陈毛弟从上海发出这样的电讯，报道陈云在上海过春节：

> 鸡年新春即将来临之际，上海市党政领导同志今天上午看望了正在上海的老一辈无产阶级革命家陈云同志。
>
> 中共中央政治局委员、上海市委书记吴邦国首先代表上海一千三百万人民向陈云同志拜年，祝陈云同志新春愉快、健康长寿！
>
> 陈云同志满面春风地说：谢谢！
>
> 吴邦国向陈云同志介绍了振兴上海、开发浦东的进展情况。他说：上海的形势是好的，一九九二年我们着重抓了转换机制，调整结构，经济速度是近年来少有的，但我们基本上做到产品有市场、有质量、有效益，上海的基本建设和信贷规模都没有突破国家下达的指标。
>
> 陈云同志听了非常高兴，说：你们按照江泽民同志讲的既要解放思想，又要实事求是的精神工作是对的，你们的工作是干得很好的。你们给我拜了年，我也向你们拜年，同时向上海人民拜年。

晚年陈云

吴邦国说：这是陈云同志对我们的鼓励。

这时，陈云同志问：新华社记者来了没有？

新华社记者答：来了。

陈云同志说：请你们报道的时候带一笔，我乘这个机会向解放军全体官兵拜年！向全国人民拜年！[1]

1993年圣诞节前，笔者在美国匹兹堡用电脑查资料时，居然查到一条关于邓小平在上海的消息：那是摘自香港《南华早报》的报道，称“八十九岁的邓小平，本月去上海，将在上海过春节”。

我在1994年1月中旬回到上海，很快就从朋友那里得到证实，邓小平确实在上海。

邓小平来上海，行踪往往严格保密，不过，熟知内情的人，很快就会从某些“细节”中获知。比如，有人如从上海电视台调京剧的新录像带，特别是京剧名角言兴朋的带子，就表明邓小平来了！那是因为邓小平夫人卓琳喜欢看京剧，尤爱看言兴朋的表演。

邓小平每年到上海过春节，已成“惯例”。大抵已摸透“规律”，上海电视台在除夕便处于高度紧张状态。摄像师做好一切准备，待命而动。一接到中共上海市委的电话，那个特殊的摄制组就立即出发。电话往往只说来西郊宾馆一趟，上海电视台的领导便知是拍邓小平接见。

1994年邓小平来上海，看上去明显比过去苍老。他有过两次外出视察，都由上海电视台的摄制组跟随拍摄。

一次是去视察新建的杨浦大桥。那天下着细雨，相当阴冷。原计划邓小平乘车过桥看一下，不料，到了桥上，邓小平却要求下去走走。他以年近九旬的高龄，居然冒着很大的江风，冒着细雨，在桥上走动，足见他的身体尚可。

另一次，则是在深夜12时到南京路视察。由于那时行人稀少，他不会被人发现。

至于陈云，身体不如邓小平，他来上海极少外出视察。陈云爱听评弹，他

[1]《人民日报》1993年1月21日。

从上海电视台调看新录制的评弹录像带，透露了他在上海的行迹。

1994年春节，邓小平和陈云在上海过节的镜头在荧屏上出现之后，人们对他们的身体状况加以比较，普遍看好陈云。那是因为出现在屏幕上的邓小平，比往日消瘦了许多。陈云却不同，坐在沙发上谈笑风生，不断地打着手势……

1994年2月9日，新华社记者陈毛弟从上海发出电讯，报道陈云在上海过春节的情况。原文如下：

> 中共中央政治局委员、上海市委书记吴邦国和上海市长黄菊等同志，今天向正在上海的陈云同志拜年，祝他新春愉快，健康长寿。
>
> 陈云同志高兴地接待了上海同志，并同大家进行了亲切交谈。
>
> 吴邦国向陈云同志汇报了去年上海改革开放、发展经济和保持社会稳定等方面所做的工作，以及今年工作的打算。陈云同志听了很满意。他说，上海工作是做得好，不是一般的好，而是很好。
>
> 陈云同志说，从一九七八年党的十一届三中全会以来，全国经济发展很快，人民生活水平有了很大提高，这是有目共睹的事实。当然，目前还存在不少困难和问题。要解决这些困难和问题，首先要维护和加强以江泽民同志为核心的党中央的权威。如果没有中央的权威，就办不成大事，社会也无法稳定。
>
> 陈云同志说，中央决定从今年起实行分税制，使中央逐步集中必要的财力。上海和全国其他各地都表示赞成，说明大家是顾全大局的，我很高兴。
>
> 陈云同志说，从全国来看，当前经济工作要特别注意的一个问题，就是建设规模一定要与国力相适应，而且要留有余地。同时，要把注意力集中到提高经济效益上来。
>
> 陈云同志强调，现在的中央领导班子是坚强的、有能力的，工作是做得不错的。全国上下都要同心同德，团结一致，不折不扣地贯彻落实党中央、国务院采取的一系列方针、政策和措施。把中国经济搞上去是大有希望的，社会主义中国是大有前途的！[1]

---

[1]《人民日报》1994年2月11日。

陈云这次和中共上海市委负责人的谈话要点，以“要维护和加强党中央的权威”为题，收入《陈云文选》，成为《陈云文选》最后一篇文章。笔者查对了一下，收入《陈云文选》的《要维护和加强党中央的权威》一文，其实就是把当时报道中开头三段删去，把“陈云同志说”“陈云同志强调”删去，用陈云当时原话组成《陈云文选》的最后一篇文章。

在邓小平和陈云这次荧屏“亮相”之后，香港报刊多次出现所谓“邓小平病危”的消息，可是却从无关于陈云病重的猜测。

陈云在病中审阅了他1994年春节和上海市委负责人的谈话要点，并同意收入《陈云文选》第三卷。1995年1月19日，陈云在《陈云文选》再版补充文稿的送审本上签下“陈云”两字，成为他一生的绝笔。

1995年春节，打破了这一“惯例”，邓小平和陈云都没有来上海，电视上也没有出现邓小平和陈云的镜头。人们以为，这大概是由于邓小平病了，不能上屏幕。邓小平不上屏幕，自然陈云也就不便上荧屏——谁也未想到陈云病重！谁也没有想到，1994年春节，陈云在荧屏上那谈笑风生的画面，是他一生的最后一次公开露面！

陈云病逝

在北京春暖花开之际，1994年5月13日，陈云回到北京，回到他在中南海的住所。

12天后——5月25日——陈云住进北京医院220病房，那是因为他在上海时曾感冒，回京转为轻度肺炎，大夫认为必须住院治疗。

没有想到，陈云这一次住院，是他人生的最后一站。他在北京医院度过了最后的321天。

据于若木告诉笔者，陈云所患的是“吸入性肺炎”。得这种病，在进食、喝水时，很容易被吸入气管，引起咳嗽，并引起肺炎。

为了防止病菌进入气管、肺部，大夫不得不用抗菌素杀菌，而抗菌素用得多，又使肠内有益的双歧杆菌也被杀死，也减低了身体的免疫力。他的消化能力变差了。

病情好转的时候，他站着练字，每天写二三十分钟。

陈云毕竟已是一辆开了九十个春秋的“木炭汽车”，虽经北京医院的大夫们精心治疗，但病情时好时坏，日渐不支。

不过，陈云在病中头脑始终是清醒的。虽说他的右耳听力已很差，但左耳听力尚可，所以他仍不仅听《新闻联播》，而且听评弹录音。

1995 年春节，陈云在北京医院里度过。江泽民来医院看望他，他很仔细地听了江泽民关于中央工作情况的谈话，还跷起大拇指说：“谢谢你们！”李鹏也来向他拜年。听说中共中央其他领导人也要来，陈云说，江泽民、李鹏可以代表大家了，其他同志可以不要来了，谢谢大家。[1]

在陈云住院期间，邓小平委托秘书前往医院看望。

1995年4月10日清早5时多，陈云突然血压下降，并出现混乱性房性心律。经大夫救治，趋于稳定。

于若木说，当天中午，当薄一波来看望陈云时，陈云的神志都还很清楚。薄一波跟他说话时，他都有反应。

薄一波走后，陈云还听了一会儿评弹，然后午休。

将近下午 2 时，陈云突然血压急剧下降，大夫马上赶来抢救。中共中央总书记江泽民得知陈云病危，也赶来医院。陈云终究年事已高，心力衰竭，于下午 2 时 4 分去世。

我问于若木，陈云是否有写日记的习惯？她说，不记日记。但每天气象他都记录，每天生活起居也都作记录，大便的时间、量的多少都记。

我又问，陈云有无遗嘱？她说，他在 1959 年 2 月 10 日给中央写过一封信，表示赞成死后火葬。陈云在信中写道：

“前几年，有一次中央委员会全体会议上自愿签名死后火葬，那一次我未出席会议，所以没有签字。我是赞成火葬的，特补此信，作为我的补签字。”

陈云还写道：

“同时我还赞成尸体解剖，因为这无损于死者而有益于医学。因此，如果我死后医生觉得哪些器官需要解剖来证实一下当时诊断医疗是否正确，请让

[1] 牟信之等：《陈云同志最后的三百二十一天》，《人民日报》1995 年 5 月 29 日。

1995 年 4 月 17 日，江泽民、李鹏、李瑞环、朱镕基、刘华清、胡锦涛、荣毅仁等党和国家领导人到医院沉痛送别陈云

医生解剖。”

此外，陈云并没有专门的关于身后事的遗嘱。

于若木告诉笔者，陈云死于肾衰竭引起的心衰竭。

在毛泽东、刘少奇、周恩来、朱德、陈云几个人之中，陈云的体质是比较差的，但是除了朱德也是九十而逝之外，陈云的寿命是最长的了。

袁宝华记得：

> 1950 年我到中央财经委员会去看他的时候，发现他很消瘦。我说：“陈云同志，你要注意身体啊。”那一年他才 45 岁，但他却笑着伸出五个手指说：“我这个人是长期病号，能活到 50 岁就够本了。”这句话，充分反映陈云同志心胸开阔，性情豁达。[1]

陈云去世时，中共中央、全国人大、国务院、全国政协、中央军委的讣告

[1] 袁宝华：《深切怀念陈云同志》，《光明日报》1995 年 6 月 23 日。

中称陈云“享年九十岁”。

陈云有句名言：“少做多活就是多做，多做少活就是少做。”他在漫长的九十个春秋中，做了大量的工作。

1995 年 4 月 11 日晚 7 时，当中央电视台在新闻节目中首先播出陈云于 10 日下午 2 时 4 分病逝的消息时，人们普遍感到意外……

陈云去世的那个月，工资为人民币 1336 元，各种补贴为 250 元，扣除所得税 31 元，所以他实际上月收入为 1550 元人民币，只相当于 187 美元。

按照国家规定，在他去世之后，1995 年 5 月起就没有工资也没有补贴了，只是一次性发给家属相当于十个月的抚恤金，即 13360 元。[1]

陈云去世时，只有不到两万元的稿费存款。本来，《陈云文选》出版，他是有一大笔稿费的，可是，他要全部作党费上交。秘书劝他先存起来，以后可以捐给某项事业。陈云听进去了。后来，他把《陈云文选》的稿费，分别捐给了希望工程和新成立的北方曲艺学校。[2]

他的“遗产”，还有七百多盒评弹录音磁带……

“天地同悲悼国殇”

一代巨星敛华光，
天地同悲悼国殇。
延安灯火闻教诲，
辽东砥柱知兴亡。
重整经济新建国，
探求改革奔小康。
何期飞絮沾疏雨，
泪洒太液清波长。

[1] 牟信之等：《陈云同志最后的三百二十一天》，《人民日报》1995 年 5 月 29 日。
[2] 刘家栋等：《党的优良作风的光辉典范》，《人民日报》1995 年 6 月 23 日。

这首悼念陈云的诗，出自袁宝华的笔下。陈云去世那天，袁宝华刚刚由北京飞抵日本。他写下这首诗，表示了对于陈云之逝的一片哀情。

陈云去世之后，4 月 12 日，全国各地的报纸都在头版头条位置刊登了中共中央、全国人大常委会、国务院、全国政协、中央军委的讣告和陈云遗像。

讣告对陈云的评价是：

陈云同志是伟大的无产阶级革命家、政治家、杰出的马克思主义者，是中国社会主义经济建设的开创者和奠基人之一，党和国家久经考验的卓越领导人。

他的一生，是为中国各民族人民彻底解放、为在中国建设社会主义社会而顽强奋斗的光辉的一生。

他在七十余年的革命生涯中，对共产主义崇高理想和伟大事业坚贞不渝，对党对人民无限忠诚，堪称楷模。他始终坚持并善于把马克思主义基本原理同中国具体实际相结合，创造性地领导革命斗争、经济建设和党的建设，表现出了无产阶级革命家的远见卓识和杰出的领导才能。他的思想和观点，集中表现在他的三卷文选中。他的著作是他留给党和人民的宝贵的精神财富。他具有坚强的无产阶级党性，一贯顾全大局，坚持原则，维护团结，遵守纪律，光明磊落，谦虚谨慎。他始终坚持实事求是的原则和严谨的科学态度，善于倾听不同意见，具有注重实践、亲自动手、踏实细致、多谋善断的工作作风。他联系群众，关心群众，尊重群众的创造。他爱护干部，珍惜人才，尊重知识。他艰苦朴素，克己奉公。他在国内外享有崇高的威望，深得全党、全军和全国各族人民的尊敬和爱戴。

陈云去世后，中共中央和中国政府收到许多外国政党和领导人的唁电。其中，古巴共产党中央委员会的唁电，言辞恳切：

中国共产党中央委员会：

惊悉敬爱的陈云同志逝世，我们深感悲痛。陈云同志是老一辈革命领导人、民族解放斗争和新中国社会主义经济建设的杰出战士，他为新中国献出了毕生精力和才智，为党的事业作出了重要贡献。

陈云同志的逝世使中国共产党和中国人民失去了一位杰出的、划时代的领导人。

对这一令人痛惜和无法弥补的损失，我们谨向中国共产党中央委员会的同志们及陈云同志的家属表示最深切的哀悼。[1]

陈云遗体上覆盖着镰刀斧头图案的中国共产党党旗，安放在北京医院告别室。用黑纱制成的横幅上写着“沉痛悼念陈云同志”。遗体前，摆放着陈云夫人于若木和亲属们敬献的花篮，花篮的缎带上写着：“我们永远怀念您！”

4月17日上午8时30分，江泽民、李鹏、李瑞环、朱镕基、刘华清、胡锦涛、荣毅仁等到北京医院告别室向陈云遗体告别。乔石当时在国外，致电表示哀悼。

灵车载着陈云遗体驶向八宝山。按照陈云遗愿，他的遗体器官献给医学事业。陈云遗体火化后，骨灰一部分埋撒在八宝山革命公墓的一株雪松下，另一部分则安葬在上海龙华烈士陵园。

就在陈云遗体火化的这天，《人民日报》等主要报纸发表了、新华社播发了长篇电讯《陈云同志伟大光辉的一生》，同时刊登一整版陈云生平照片，题为“伟大光辉的一生　永不磨灭的功勋”。

5月23日，《人民日报》等主要报纸发表了宋平的文章《缅怀陈云同志》。此后，开始陆续刊出纪念、怀念陈云的文章。

6月13日，是陈云九十诞辰，中共中央举行了隆重的“《陈云文选》(一～三卷)、《陈云画册》出版发行暨纪念陈云同志诞辰九十周年座谈会”。

这回出版的《陈云文选》(一～三卷)是新版本，书中收入陈云一百九十篇著作，共七十多万字。这三卷新版《陈云文选》，共增补陈云著作三十三篇。其中，第一卷增补六篇，第三卷增补二十七篇，第二卷没有增补。

至于《陈云画册》，也就是本书一开头就提到的被陈云“压”了七八年

[1]《人民日报》1995年4月20日。

陈云的家人将他骨灰的一部分埋撒在八宝山革命公墓一株茂盛的雪松下

的那本画册。直至病重，陈云这才终于在中共中央文献研究室的力劝之下，同意出版。

在座谈会上，江泽民发表了长篇讲话，对陈云作出高度评价。

江泽民指出：

> 曾经以自己的毕生精力和卓越才智，投身于现代中国伟大历史创造活动的杰出人物的逝世，留给历史和人民的不会仅仅是悲痛。他们的精神永在。陈云同志的业绩和著作，他的思想、品德和风格，属于我们伟大的党，属于我们伟大的国家和民族。他永远是我们学习的楷模。
>
> 陈云同志的一生是坚贞不渝的共产主义者的一生。他对共产主义崇高理想、对党和人民的伟大事业无限忠诚。[1]

[1]《人民日报》1995 年 6 月 14 日。

江泽民还指出：

陈云同志是以毛泽东同志为核心的党的第一代中央领导集体和以邓小平同志为核心的党的第二代中央领导集体的成员，他对党、对人民的贡献是巨大的、多方面的。特别是他为中国社会主义经济建设的开创和奠基所建立的功勋尤为卓著。[1]

就在纪念陈云九十诞辰之际，6月12日至14日，陈云生平与思想研讨会在北京举行。会议用三句话，对陈云的生平、思想和作风，作出这样的评价：

陈云同志的一生同党和国家的历史息息相关；

他的思想丰富而深刻，是取之不尽的宝库；

他的作风凝聚着我们党和中华民族的优秀传统，值得大力倡导和学习。[2]

[1]《人民日报》1995年6月14日。

[2]《光明日报》1995年6月15日。

附 录

陈云事略

1905 年

6 月 13 日，出生于江苏省青浦县章练塘镇（现上海市青浦区练塘镇）。

1907 年

三十八岁的父亲陈梅堂积劳成疾，病逝。陈云年仅两岁。

1909 年

母亲廖顺妹病逝。当时尚不足四岁，和姐姐陈星成了孤儿，只得靠外祖母廖陈氏抚养。

1911 年

外祖母廖陈氏病逝，被舅父母收养，作为养子，改名廖陈云。

1914 年

进入练塘镇贻善国民学校读书，根据已有文化程度，被分在三年级。

1919 年

受五四运动影响，在练塘镇茶馆里参加演出剧目《叶名琛》。

12 月 8 日（农历十月十七），十四岁小学毕业后，由于无钱升学，经老师张行恭介绍入上海商务印书馆，在发行所当学徒。

1925 年

8、9 月间，由中国共产党商务印书馆小组组长董亦湘和党员恽雨棠介绍，加入中国共产党。

8 月中旬，和茅盾一起领导了商务印书馆的大罢工，获得胜利。

9 月，担任上海商务印书馆发行所职工会委员长。

1926 年

7 月，以笔名“怀民”在上海商务印书馆发行所职工会编辑的《职工》第 10 期上，发表《中国民族运动之过去与将来》。

秋，至 1927 年春，参加了中共发起的为配合国民革命军北伐而举行的上海工人第三次武装起义。

1927 年

受中共江苏省委派遣，回到家乡青浦，领导农民运动。

1928 年

1 月初，“沪杭路（松江段）农民革命军”成立，出任党代表。此后担任中共青浦县委书记、中共淞浦特委组织部部长。

9 月下旬，行踪被敌人察觉，悄悄离开青浦练塘，前往上海。

1929 年

任中共江苏省委委员、常委兼农委书记，中共上海闸北、法南区委书记，从事工人运动。

11 月 24 日，在中共江苏省第二次代表大会第七次会议上作《江苏农民运动的趋势和今后的斗争》的报告。

1930 年

9 月 24 日，在中共六届三中全会当选为中共中央候补委员。

1931 年

1 月 7 日，在中共六届四中全会当选中共中央委员。

不久，担任中共中央特科书记。

9 月，中共中央临时政治局成立，成为九位成员之一，进入了中共临时中央领导核心。

1932 年

3 月，陈云在上海担任中共临时中央常委，兼中华全国总工会党团书记。时年二十七岁。

年底，在上海会见鲁迅，并将瞿秋白夫妇接出，安全转移。

1933 年

1 月下旬，和博古同行，秘密地离开了上海，进入江西苏区。到瑞金之后，仍负责工会工作。

6 月，到福建长汀县考察工人运动。

7 月，在中共苏区中央局机关报《斗争》第 18 期发表两篇文章，指导苏区工人运动。

1934 年

1 月 15 日至 18 日，在瑞金出席中共六届五中全会，被选为中共中央政治局委员、常委，并任中共中央白区工作部部长。

1 月 21 日至 2 月 1 日，在瑞金出席中华苏维埃共和国第二次全国苏维埃代表大会，当选中华苏维埃共和国中央执行委员会委员。

10 月 18 日，随中央红军后卫部队第五军团从江西兴国曲利出发，开始长征。起先任第五军团中央代表，后来改任军委纵队政治委员。

1935 年

1 月，参加遵义会议。在会上和周恩来、张闻天、王稼祥等一起支持毛泽东，批判博古、李德。会议增选毛泽东为政治局常委，确立了毛泽东在党内、军内的领导地位。

在红军占领遵义期间，任遵义警备司令部政治委员。

2月（或3月），在行军途中写了关于遵义会议的传达提纲。

5月，在云南省禄劝县金沙江皎平渡口担任渡河司令部政治委员，和司令员刘伯承一起成功地指挥了红军渡河。

6月，在出席泸定桥会议后，被中共中央派往上海从事秘密工作。

7月，到达上海。

8月，离沪赴苏联。9月，到达莫斯科，向共产国际汇报遵义会议及红军情况。此后留在中共驻共产国际代表团工作。

1936年

3月，在莫斯科以化名“廉臣”写出的《随军西行见闻录》，在法国发表，又在苏联和中国先后出版发行。

在苏联列宁学校学习，并在东方大学任教，先后在苏联住了一年七个月。

10月26日，为纪念鲁迅，发表《一个深晚》一文。

12月8日，离开莫斯科回国。因爆发“西安事变”，在途中停留于阿拉木图四个多月。

1937年

4月，回国，来到新疆迪化（今乌鲁木齐），担任中共中央驻新疆代表。

5月，和滕代远赴新疆、甘肃交界的星星峡地区，接援李先念等领导的红军西路军余部四百余人进入迪化（今乌鲁木齐）。

11月29日，从迪化（乌鲁木齐）飞抵延安。

12月9日至14日，出席在延安举行的中共中央政治局会议。会上被增补为中央书记处书记，任中央组织部部长。

1938年

3月，在延安和于若木结婚。

9月，在延安抗日军政大学作题为“论干部政策”的演讲。

9月29日至11月6日，出席在延安举行的中共扩大的六届六中全会。

11月20日，在日军飞机轰炸延安时差一点中弹。

1939 年

2 月 25 日，为《新中华报》题词："为全中国人民彻底解放而奋斗。"

5 月 30 日，在中共中央机关刊物《解放》发表《怎样做一个共产党员》，被列为延安整风运动的学习文件。

6 月 1 日，出席延安抗日军政大学建校三周年纪念会，并发表讲话。

6 月 10 日，发表《支部》一文。

9 月 18 日，在中共中央主办的《共产党人》创刊号上发表《巩固党与战区的群众工作》。

12 月，写出《学习是共产党员的责任》。

1940 年

3 月 19 日，为抗大第五期毕业学生作题为"党的铁的纪律"演讲。

10 月 1 日，发表《巩固秘密党的几个问题》。

11 月 29 日，撰写《关于干部工作的若干问题》。

1941 年

5 月 1 日，为中共中央起草《关于党员参加经济和技术工作的决定》。

12 月，发表《大后方党组织的彻底改组和扩大党外的活动》。

1942 年

3 月 9 日，出席延安各界公祭张浩大会。

3 月 24 日，为延安《解放日报》写了社论《到什么地方学习》。

5 月，担任以毛泽东为主任的中央总学习委员会委员，领导延安整风运动。

10 月 7 日，在延安军事干部会议上作题为"干部要严格要求自己"的演讲。

1943 年

3 月 10 日，在延安党的文艺工作者会议上作《关于党的文艺工作的两个倾向问题》讲话。

12 月，和毛泽东一起参观陕甘宁边区农业生产展览会。

1944年

3月，调离中共中央组织部，担任西北局委员、西北财经办事处副主任兼政治部主任，主持陕甘宁边区的财政经济工作。

12月3日，在陕甘宁边区第二届第二次会议上作《陕甘宁边区的财经问题》的发言。

1945年

2月1日，在陕甘宁边区财政厅工作检讨会上作《怎样做好财政工作》的讲话。

4月23日至6月11日，出席中共第七次全国代表大会。在6月9日的中共七届一中全会上，当选中共中央政治局委员，并任中央书记处候补书记。

9月15日，从延安飞往东北。途中遇险。

9月18日，到达沈阳，任中共中央东北局委员。

11月2日，任中共中央北满分局书记，后又兼任北满军区政委。

11月下旬，从哈尔滨转移到宾县，主持中共中央北满分局会议。

11月29日、30日，起草并向中共中央发出电报《对满洲工作的几点意见》。

1946年

6月16日，担任中共中央东北局副书记兼东北民主联军副政委。

7月，为中共中央东北局起草《关于形势与任务的决议》。

10月下旬，和萧劲光一起南下，取道朝鲜，辗转一个月，到达辽东地区，出任中共中央南满分局书记兼辽东军区政委。

12月，在吉林省临江市七道江村出席辽东军区师以上干部会议。

1947年

在南满参加指挥“四保临江”战役，粉碎国民党军队的夏季攻势。

8月，在通化出席中共中央南满分局会议。

1948年

1月，回到哈尔滨，继续参加中共中央东北局的领导工作，同时兼任东北军区副政委。

8月，在哈尔滨主持召开第六次全国劳动大会。8月3日、4日，在会上作《关于中国职工运动当前任务》的报告。

9月，在吉林省陶赖昭松花江大桥通车典礼上讲话。

10月，当选为中华全国总工会主席。

10月27日，出席中共中央东北局常委会议。被委派为东北局全权代表，担任中国人民解放军沈阳军事管制委员会主任。

1949年

1月，以中华全国总工会主席身份出席沈阳工人代表大会并发表讲话。

5月，奉命前往北平，参加并主持中央财政经济委员会工作。

7月27日至8月15日，在上海主持召开华东、华北、华中、东北、西北五个地区财经工作会议。

8月25日，在上海总工会筹备委员会扩大会议上发表讲话。

9月21日至30日，出席全国政协第一届全体会议。

10月1日，中华人民共和国中央人民政府成立。出任政务院副总理兼任财政经济委员会主任，主持全国财政经济工作。

之后被任命为重工业部部长。又因工作过分忙碌，自1950年1月起由何长工任部长。1950年4月起不再兼任重工业部部长。

1950年

3月3日，为政务院起草《关于统一国家财政经济工作的决定》。

3月10日，为《人民日报》撰写社论《为什么要统一财政经济工作》。

6月，由于中共中央书记处“五大书记”之一的任弼时高血压症日益严重，根据中共七届三中全会决议，陈云出任中共中央书记处代理书记。

6月6日，在中共七届三中全会上，作《关于调整公私关系和整顿税收》的报告。

6月15日，在全国政协一届二次会议上作经济形势报告。

9月25日，在全国战斗英雄代表会议和全国工农兵劳动模范代表会议上致开幕词。

10月，在任弼时去世后，出任中共中央书记处书记。

1951年

4月4日，出席中共中央召开的第一次全国组织工作会议并发表讲话。

5月，在北京参加主持和平解放西藏的谈判。

9月3日，在中央人民政府委员会第十二次会议上作关于财政工作的报告。

10月25日，在全国政协一届三次会议上作财经工作报告。

1952年

1月15日，起草与薄一波、李富春联名给中共中央的报告《一九五二年财经工作的方针和任务》。

4月19日，在中央人民政府委员会第十五次会议上作财经工作报告。

8月17日至9月22日，在周恩来总理的率领下，作为中国政府代表团成员访问苏联。

12月4日，在全国地质工作计划会议上发表讲话。

12月5日，与薄一波联名回复中共上海市委负责同志的信《解决上海失业问题的办法》。

1953年

9月，提出实行粮食计划收购和计划供应的建议，得到毛泽东的赞同。

10月，中共中央作出实行粮食计划收购和计划供应的决定。

11月，中央人民政府发布命令，实行粮食计划收购和计划供应的制度。

1954年

2月，担任中共中央编制第一个五年计划草案工作小组组长。

2月6日至10日，出席中共七届四中全会，批判高岗、饶漱石。

6月，出席中华人民共和国宪法起草委员会第七次全体会议。

6月17日，在中央人民政府委员会第三十一次会议上作《关于国家预算问题》的报告。

6月30日，向中共中央汇报《关于第一个五年计划的几点说明》。

7月13日，为中共中央起草《加强市场管理和改造私营商业》的方案。

9月15日至28日，出席第一届全国人大第一次会议，被任命为国务院副总理。在10位副总理之中，排名第一。

9月28日，同毛泽东、刘少奇等在北京会见金日成率领的朝鲜政府代表团。

9月30日，出席中华人民共和国成立五周年庆祝大会。

10月15日，出席国务院第一次全体会议。

1955年

1月中旬，回到了故乡上海青浦。

3月21日至31日，出席在北京中南海怀仁堂召开的中国共产党全国代表大会。在会上作关于发展国民经济第一个五年计划的报告。

5月下旬，又一次回故乡青浦调查研究。

7月21日，在第一届全国人大第二次会议上作坚持和改进粮食统购统销工作的报告。

9月23日，在全国人大常委会第二十二次会议上报告经济工作。

10月7日，在中共扩大的七届六中全会上作关于农业合作化问题的发言。

11月16日，在中共中央政治局召开的关于资本主义工商业改造会议上，作题为“资本主义工商业改造的新形势新任务”的长篇报告。

1956年

1月25日，在毛泽东主席主持的第六次最高国务会议上作《关于公私合营中应注意的问题及农业生产问题》的报告。

9月15日至27日，出席中国共产党第八次全国代表大会，当选为中共中央委员。

9月27日，主持中共八大闭幕会。

9月28日，在中共八届一中全会上，当选为中共中央政治局常委、中央副主席。

11月，兼任商业部部长。

12月15日，在中华工商联合会第二届会员代表大会上作报告。

1957年

1月，中央经济工作五人小组成立，出任组长。

1月18日，在各省、市、自治区党委书记会议上讲话，根据第一个五年计划的实践经验，提出建设规模要与国力相适应的观点。

3月，去故乡青浦了解防治血吸虫病情况。

5月25日，陪同苏联最高苏维埃主席团主席伏罗希洛夫游览长城。

9月6日，在全国粮食工作会议上作总结报告《重视粮食工作》。

9月20日，毛泽东在中共八届三中全会第一次公开批评了“反冒进”。这一批评主要针对陈云及周恩来。

10月，在齐齐哈尔视察第一重型机器厂，在长春视察第一汽车制造厂。

1958年

1月，毛泽东在“南宁会议”上又一次批判了“反冒进”。

2月18日，在毛泽东于北京主持召开中共中央政治局扩大会议上作关于“反冒进”的检查。

6月，任中央财经小组组长。在北京十三陵水库工地参加劳动。视察甘肃玉门油矿。

7月，视察武汉钢铁公司、无锡国棉二厂。

9月，兼任国家基本建设委员会主任。

10月，视察哈尔滨亚麻厂。

10月28日，出席首都各界欢迎中国人民志愿军归国大会。

1959年

3月，视察桂林钢铁厂。

4月，视察南京中山植物园。

5月11日，经过仔细调查，向中共中央政治局报告，“钢材的可靠指标可以初步定为九百万吨，钢的生产指标就是一千三百万吨”。这一关于降低钢铁生产指标的意见，终于被毛泽东所接受。

5月15日，就钢铁指标问题写信给毛泽东。

6月30日，在苏州视察刺绣研究所。

7月，因患冠心病没有出席在江西庐山召开的中共中央政治局扩大会议和中国共产党八届八中全会（“庐山会议”）。

7月27日，视察长春电影制片厂。

1960年

4月12日，出席在北京钓鱼台举行的中共中央政治局常委扩大会议。

6月14日至18日，出席中共中央在上海举行的政治局扩大会议。

10月，在安徽芜湖、合肥以及河南洛阳、三门峡视察。

11月，视察济南化肥厂。

1961年

1月14日至18日，出席中共八届九中全会。

1月19日，在中央工作会议上作题为“安排市场要网开一面”的讲话。

3月，出席毛泽东在广州主持的中央工作会议。

5月16日，为中央化肥小组起草给中共中央的报告《加速发展氮肥工业》。

5月30日，在外贸专业会议华北区会议上作题为“做好外贸工作”的讲话。

5月31日，在中央工作会议上作关于精减职工和动员城市人口下乡的报告。

6月27日至7月11日，在上海市青浦县小蒸公社作农村调查。

8月8日，报送青浦农村调查的三份报告。

1962年

1月11日至2月7日，出席中共中央在北京举行的扩大的中央工作会议。

2月26日，在国务院扩大会议上，作了长篇讲话，题为“目前财政经济的情况和克服困难的若干办法”。

3月，出席重新恢复的中央财经小组第一次会议。

7月，和毛泽东谈话，主张“包产到户”，受到毛泽东批评。从此，长期疗养。

1966年

8月18日，在毛泽东接见红卫兵时，在天安门城楼上与毛泽东交谈。

"文化大革命"中，除保留中共中央委员的名义外，被解除了在中共中央、国务院的一切领导职务。

1969 年

11 月 9 日，到达南昌，从此"下放"在那里的江西化工石油机械厂"蹲点"，住在南昌市青云谱福州军区离休干部管理所 8 号。

1970 年

8 月 23 日至 9 月 6 日，以中共中央委员身份出席在江西庐山召开的中共九届二中全会。

1972 年

4 月 22 日，告别南昌，乘火车回到北京。随即受周恩来委托研究国际经济形势和我国发展对外贸易的问题。

1973 年

5 月 1 日，在北京中山公园观看庆祝五一国际劳动节文艺节目。

6 月 7 日，和中国人民银行负责人谈要研究当代资本主义。

10 月 10 日，为对外贸易部起草向国务院的请示报告《进口工作中利用商品交易所的问题》。

10 月 12 日、16 日，在听取对外贸易部汇报时，作关于利用国内丰富劳动力生产成品出口的谈话。

12 月 4 日，在听取中国工艺品进出口总公司汇报时，作关于工艺品出口问题的谈话。

1974 年

8 月 14 日，与对外贸易部负责人谈对港澳贸易问题。

1975 年

1 月，当选为第四届全国人大常委会副委员长。

8月，在齐齐哈尔、哈尔滨等地视察。

1976年

10月，积极参与粉碎“四人帮”的斗争，到叶剑英住地，对叶剑英讲：“这场斗争不可避免。”

1977年

3月13日，在中共中央工作会议上，作书面发言，坚决支持为“天安门事件”平反，要求让邓小平重新出来工作。

6月15日至17日，出席在杭州召开的评弹座谈会。

7月31日，出席庆祝中国人民解放军建军五十周年招待会。

1978年

2月26日至3月5日，出席第五届全国人民代表大会一次会议，继续当选为人大常委会副委员长。

11月10日至12月15日，中共中央召开了历时三十六天的工作会议。分别在11月12日和12月10日作了两次重要发言，要求为“天安门事件”及彭德怀、“六十一人叛徒案”等平反，并提出关于当前经济问题的五点意见，引起极大的震动。

12月18日至22日，出席中共十一届三中全会，当选为中共中央副主席、中共中央政治局委员、政治局常委兼中共中央纪律检查委员会第一书记。

12月24日，出席彭德怀、陶铸追悼会，并为陶铸致悼词。

1979年

1月，主持召开中共中央纪律检查委员会第一次全体会议，并于1月4日作了讲话。

3月，担任国务院财政经济委员会主任，又开始主管中国的经济工作。

3月8日，撰写《计划与市场问题》提纲。

3月14日，和李先念联名致信中共中央，提出用两三年时间调整国民经济的比例关系，以免再出现“折腾”。

3月25日，在国务院财经委员会第一次会议上讲话。

5月，专程去上海了解宝钢问题。

6月16日，在国务院财经委员会全体会议上谈建设好宝钢。

7月1日，在五届人大第二次会议上重新被任命为国务院副总理。

9月18日，在国务院财经委员会召开的汇报会上讲话，强调经济建设要脚踏实地。

年内发现患结肠癌，做了切除手术。手术很成功。

1980年

2月，在中共十一届五中全会上，提出要做好领导干部新老交替工作。

3月，国务院财政经济委员会撤销。

5月17日，出席刘少奇追悼会。

9月，在五届人大第三次会议上，辞去国务院副总理职务。

11月，在中共中央纪律检查委员会召开的座谈会上，指出党风问题是党的生死存亡问题。

12月16日，在中共中央工作会议上作关于经济形势与经验教训的报告。

《陈云文稿选编（1956—1962年）》在本年内部发行。

1981年

2月5日，在北京向教师祝贺春节。

3月，为起草《关于建国以来党的若干历史问题的决议》同邓力群作了四次谈话。

4月5日，同上海评弹团负责人谈话，指出“出人、出书、走正路”。

5月12日，在杭州会见上海评弹演员。

6月，中共十一届六中全会召开，继续当选中共中央副主席。

7月2日，在省、市、自治区党委书记座谈会上，指出要成千上万地提拔中青年干部。

9月24日，在北京同党和国家领导人会见参加实兵演习部队的指战员。

11月19日，对林彪、江青反革命集团的审理工作发表意见。

12月10日，提议恢复古籍整理出版规划小组，直属国务院，国务院予以采纳，并任命李一氓任组长。

《陈云文稿选编（1949—1956年）》在本年内部发行。

1982年

1月12日，会见全军政治工作会议代表。

1月25日，同国家计委领导同志座谈。

7月，致函中共中央政治局常委，提出要改善中年知识分子的工作条件和生活条件。

9月6日，在中共十二大上发言。发言稿发表于翌日《人民日报》。

9月，在中共十二届一中全会上继续被选为中央政治局委员、政治局常委。继续担任中共中央纪律检查委员会第一书记。

9月23日，在中共中央纪律检查委员会全体会议上发表讲话。

12月2日，在第五届全国人民代表大会第五次会议上，与上海代表团部分代表座谈时，谈搞活经济是“鸟”，而国家计划就是“笼子”。

12月20日，出席共青团“十一大”开幕式。

1983年

2月13日，春节，在家中与一批烈士子女团聚，要求他们处处从党的利益出发，维护党的利益。

6月，第六届全国人民代表大会举行。不再担任人大副委员长。

6月30日，在中央工作会议上谈现代化建设和接班人培养问题。

8月4日，在北京会见参加夏令营的少先队员。

8月9日，对编写《辽沈战役》一书发表意见。

10月12日，在中共十二届二中全会上谈清理“三种人”。

12月，中国曲艺出版社出版《陈云同志关于评弹的谈话和通信》一书。

1984年

春节，邀请曲艺界著名人士侯宝林、骆玉笙等到中南海欢度春节。

2月15日，《陈云文选（1926—1949年）》正式出版发行。

7月15日，《陈云文选（1949—1956年）》正式出版发行。

10月20日，在中共十二届三中全会上作书面发言。

11月26日，在北京会见朝鲜劳动党总书记金日成。

12月24日，在北京会见苏联部长会议第一副主席阿尔希波夫。

年内患帕金森氏病，身体渐衰。

1985年

2月18日，在中共中央政治局扩大会议上谈钞票发行权和外汇储备问题。

6月29日，在全国端正党风工作经验交流会上，作书面讲话，指出端正党风问题时，要两个文明一起抓。这一书面发言稿，发表于当年7月1日《人民日报》。

9月23日，在中国共产党全国代表大会闭幕会上讲话。

9月24日，在中共中央纪律检查委员会第六次全体会议上作书面发言。

1986年

2月，邀请北京市中小学和幼儿教师的代表到中南海座谈，勉励他们：为人师表，无上光荣。

5月18日，视察上海宝钢。

1987年

1月16日，在中共中央政治局扩大会议上讲话。

4月4日，在杭州参加植树。

7月17日，与中共中央负责同志谈身负重任和学习哲学。

10月，中共十三大在北京举行。因年事已高，退出中共中央领导工作，不再担任中共中央政治局常委。

11月2日，十三届一中全会批准陈云担任中央顾问委员会主任。

1988年

8月27日，给李鹏、姚依林写信，强调治理污染、保护环境。

10月8日，与中共中央负责同志谈当前经济工作中的八条意见。

1989 年

5 月 26 日，主持中共中央顾问委员会常务委员会会议并发表关于要反对动乱的重要讲话。

9 月 8 日，与中共中央负责同志谈话，指出帝国主义本性没有改变。

1990 年

1 月 24 日，与浙江省党政军负责同志谈“不唯上、不唯书、只唯实”，“交换、比较、反复”。

4 月 4 日，给江泽民写信，指出“要高度重视利用宗教进行渗透的问题”。

5 月 25 日，给中顾委常委各同志写信，谈对 1989 年那场政治风波中犯有错误的同志的审查应该实事求是。

6 月 6 日，在张光斗、陈志恺合写的《我国水资源问题及其解决途径》一文上作了批示，指出要“从战略高度认识水的问题的严重性”。

同日，与中共中央负责同志谈话，指出“工作要抓实”。

1991 年

5 月 9 日，在上海与朱镕基交谈。

1992 年

五一节前夕，在上海特地接见了中共上海市委书记吴邦国和上海市市长黄菊，对浦东开放、开发表示支持。

7 月 23 日，在《人民日报》发表《悼念李先念同志》。

10 月，中共十四大召开。在中共十四大之后，过着离休生活。

11 月 16 日，在上海同江泽民交谈。

1993 年

1 月 20 日，春节，在上海接见上海市党政领导，向上海人民拜年。

5 月 25 日，在上海会见青浦县及练塘镇党政领导同志。

1994 年

2月9日，春节前夕，在上海接见上海市党政领导，谈“要维护和加强党中央的权威”。这是最后一次公开露面。

5月13日，从上海回到北京。

5月25日，因肺炎住入北京医院，度过一生中最后的321天。

1995 年

4月10日下午2时4分病逝于北京，终年九十岁。

4月12日，中共中央、全国人大常委会、国务院、全国政协、中央军委就陈云去世发表讣告。

4月17日，遗体在北京火化。

6月13日，中共中央举行《陈云文选》(一~三卷)、《陈云画册》出版发行暨纪念陈云诞辰九十周年座谈会，江泽民发表重要讲话。